人の生き方の
変容を問う

―大人と子ども・男と女の境界線―

景山雄二 著

大学教育出版

は し が き

　本書は「人の生き方の変容を問う　〜大人と子ども・男と女の境界線〜」と題し、戦前から戦後、そして現在にかけての人の生き方がどのように変わったのかを様々な角度から探るものです。

　戦前の天皇主権の大日本帝国憲法下での教師や父母の言うことを素直に聞き入れるという忠孝の精神は、戦後間もなく国民主権の日本国憲法に変わり、その後の高度経済成長が進展するとともに次第に色あせることになり、それを良しとしない人たちの「昔はよかった」と嘆く声が新聞の投書欄に数多く見られる時期があったのですが、その一方では、上意下達式に命令する大人に対する子どもの反発心が高まり、後の学校崩壊、家庭崩壊となるような事件が全国各地で多発したのです。何ゆえにそのようになったのか、そして今、その「大人の都合による押しつけ」といわれる言動は解消されたといえるのでしょうか。

　男と女の関係ですが、戦前は「男に尽くすために女が存在する」という表現が大げさではないほどに男尊女卑の社会だったようです。それが戦後の新憲法で男女同権が謳われ、男女共学による学校教育が進展すると、「戦後強くなったのは女性とストッキングだ」と言われる時期もあったのですが、戦後70年を経過した今、男と女の関係、ならびに女性の立ち位置としてはどのようにあるのでしょうか。

　日本の人口は次第に減少していますが、それは何と言っても出産数の減少によるものです。なぜ、出産数が減少したのかを考えると、それは第一に、子育ての主体者である母となる女性の出産と育児に対する心境の変化にあると思われます。

　今ではノーマライゼーションが謳われ、人として生きるための権利は障害者を含むすべての人が獲得できるように進展しつつあるように思うのですが、ニューハーフといわれる人や性同一性障害者の抱える悩みなどが多くのマスメディアに取り上げられるなど、そうした人の立ち位置が大きく変わることになっています。

　大人と子どもの関係において、大人が幼稚化し、子どもが早熟化することで双

方の距離が近くなったといわれるのですが、では、その大人とはどういう人のことを指すのでしょうか。そして、その大人の幼稚化とはどのような形で進み、子どもはどのようにして早熟化するのでしょうか。

　人と人が関わり合う場として、バスや電車等の車内、人が行き交う道路、図書館等の公共的場所……における人としてのルールやマナーについてはどのように変わったのでしょうか。

　現在、どこに行っても電子機器類を持っている人の多さが目につきます。そうした電子機器類が一台あれば、電話で話したり、Ｅメールなどで交信をしたり、最新の情報をいち早く検索・収集したり、各種のゲームで遊んだり、場合によっては自宅の家電製品の遠隔操作さえも可能な大変便利なモノです。そうした機器の導入は人の生活をより便利にしたといわれるのですが、その一方では、どのような課題をもたらすことになったのでしょうか。

　上記の項目に加えて問うのは、人の他人に対する気遣い・気配りです。何も必要以上を求められるものではないのですが、他の動物とは違う形での人として他人への迷惑をかけないことを前提にし、その上での自己主張や自己表現であってほしいのですが、はたしてその観点から見て、人の生き方は変わっているのでしょうか。

　2017年6月

著者

人の生き方の変容を問う
── 大人と子ども・男と女の境界線 ──

目　次

はしがき …………………………………………………………………………… i

序　章　大人と子ども ……………………………………………………… 1

第1章　戦前と戦後の考え方と生活 …………………………………… 7

第2章　戦前・戦後と現在の考え方と生活 ……………………… 17
第1節　人と犯罪 …………………………………………………………… 18
（1）子どもと犯罪　20
（2）大人と犯罪　32

第2節　子育て ……………………………………………………………… 52
（1）子育て論　54
（2）子育て論と子育て　59
（3）子育てに関する知見　65

第3節　情報と生活 ………………………………………………………… 67
（1）ラジオと漫画　67
（2）テレビ　69
（3）情報通信　79

第3章　人の外面的、数量的変化 ………………………………… 87
（1）人の一生　87
（2）人口と年齢層の推移　88
（3）体位と体力、運動能力等　90
（4）進路　94
（5）家庭・学校関連事業　98
（6）意識の変化　111

第4章　生活上の変化 ……………………………………………… 121
第1節　日常生活における変化 ………………………………………… 121
第2節　服装と化粧 ……………………………………………………… 126
第3節　性とその立ち位置 ……………………………………………… 128

目　次　　v

　　第４節　日常生活で気になること　……………………………………………… *139*

　　　（１）気になる言葉　*139*

　　　（２）気になる行為　*141*

　　第５節　その他　……………………………………………………………… *145*

第５章　ルールとマナー　………………………………………………… *153*

　　第１節　交通ルール　…………………………………………………………… *153*

　　　（１）歩行者とルール　*154*

　　　（２）自転車とルール　*157*

　　第２節　マナー　……………………………………………………………… *162*

　　　（１）車内でのマナー　*162*

　　　（２）図書館とマナー　*169*

　　　（３）マスクとイヤホン　*171*

第６章　人間関係模様　……………………………………………………… *175*

終　章　……………………………………………………………………………… *193*

あとがき　……………………………………………………………………… *201*

新聞資料Ⅰ　……………………………………………………………………… *204*
新聞資料Ⅱ　……………………………………………………………………… *210*

序 章

大人と子ども

　人が人として変容したのか否かを問うにあたって、人の社会を実質的に動かしている大人とはどういう人のことを指すのでしょうか。

　広辞苑によると、大人とは「十分に成長した人。一人前になった人。成人。考え方・態度が老成しているさま。分別のあるさま」としています。

　また、インターネット（以下ネットと略）上のウィキペディア（http://ja.wikipedia.org/wiki/　2015.12.15から抜粋）では、以下のように述べています。

> 大人とは、精神構造が熟成していて目先の感情よりも理性的な判断を優先する人、もしくは自立的に行動し自身の行動に責任の持てる人の事を指す場合もある。別の表現では、目先のことだけに感情的に反応したり単細胞的に反応したりせず、長期的・大局的なことを見失わず理性的な判断ができる状態、とも言えよう。また、「子供」というのが依存状態にあるのと対比して、自立的に行動できる状態とすることもある。また、「子供」というのは、自分のやったことの後始末も自分でできず親に「尻拭い」をしてもらう状態であるのに対して、「大人」は自身のやったことについてはしっかりと自分自身で後始末をするなど自分の行動に責任の持てる人のことを指す場合もある。「子供」は往々にして無軌道で、衝動的で、自分の行動を律することができないのに対して、「大人」は自分を律することができる人、というニュアンスになることもある。

　そこで、筆者は以下のように考えます。

　㋐ 成人した（現在の日本では20歳になった）人。㋑ 生きていくために自立した生活力のある人。㋒ 生きる上で、自らを律し、他者に対しての配慮ができる人。㋓ 物事に対して客観的な判断力ができ、社会的な責任を負える人、のことです。

　そうすると、㋐㋑㋒㋓の条件を当てはめてみて、それぞれの条件に大きく外れた場合には大人とはいえないのですが、現実の社会では形式的な㋐の年齢で

2

区別することが一般的です。

つまり、改めていうことではないのですが、人の社会は大人と大人とはいえない成人と、そして子どもが混在する中で日々の生活が営まれていることになります。

人は年齢的に成人に達し、形の上で大人の仲間に入ることになれば、それまでに周りの大人たちから当然のようにあれこれと言われていたであろうことが少なくなるでしょうし、成人したのだから、自分の言動に責任を持つべきだ、などと意識し始めるのが一般的です。ですが、そういう意識が希薄なままに年齢を重ね、成人に達し、そして親となる者も少なくないのです。

人の親については、結婚しない未成年男女間においても親となることは珍しいことではなく、年少であろうとも子ができたときから必然的に親となります。無論、成人で結婚した男女が親となる場合の方が圧倒的に多いことはいうまでもないことです。しかしながら、そのいずれによって親になったとしても、必ずしも人として大人といえるわけではないのです。

そうした大人と子どもの関係について、加藤秀俊氏は『子どもの文化史』（チャイルド本社　1984　121頁）の中で次のように述べています。

> 現代社会というのは「おとな」と「子ども」との境界線がぼんやりし始めている時代である。
> すくなくとも、「子ども」という観念で意味される年齢の上限がすこしずつせりあがってきている時代である。「子どもの早熟化」は顕著になってきているし、いっぽう大人の側の幼児性も社会のいたるところにみうけられる。とすれば、まことに皮肉なことだが、現代社会はことごとく未成熟な人間たちによって充満しており、そこには「おとな」と「子ども」とを峻別するような原則がみあたらないようにも思えるのだ。

加藤氏は、現代社会は「おとな」と「子ども」との境界線がぼんやりし始めていると言っているのですが、それを裏返せば、それ以前は大人と子どもの境界線がはっきりしていたことを示すのです。

また、「子どもの早熟化が顕著になる一方で、成人の幼児性が至る所で見受けられ、大人と子どもとを峻別するような原則が見当たらない」ほどだと言うのです。そしてまた、ここでの「子どもの早熟化」とは主として身体的な面を、「大人の幼児性が見られる」は精神的な面を指していると思われます。

佐藤直樹氏は「のっぺりした「大人／子ども」時代が始まった」（『別冊宝島
462　子どもは変わった』宝島社　1999　225頁）の中でテレビの影響による大人
と子どもの関係の変化を次のように述べています。

　　文化が伝承されるなら、文字が読めなくても、言葉がしゃべればいい。テレビは7、8
　　歳どころか36ヶ月で理解できるんです。だとしたら、文化が伝達されるのに大人である
　　必要はない。つまり大人と子どもの境目がなくなって、中世と同じように、子どもは
　　「小さな大人」である状況が生れるのです。テレビが理解できなければ動物と一緒で、理
　　解できればみんな大人。あるのは年齢の違いだけです。動物である時期を過ぎて、一定
　　の年齢になると、「大人／子ども」としか区別できない時期に入り、それからあるところ
　　で老人になる。近代には存在した明確な「子ども期」がなくなり、「大人／子ども」の
　　のっぺりした状態が長く続くのです。現代の資本主義が中世化しているというのは、ま
　　さにこの点、子どもが「小さな大人」化している状況にあるからです。

　佐藤氏は「テレビが理解できれば大人、違うのは年齢だけで、子どもが小さな
大人化している」と言うのですが、それは今、大人と子どもの関係が「のっぺり
した」ものであって、「テレビが理解できれば大人」という範疇に陥ることに
なった現実をもどかしく捉えることになっています。
　小谷敏氏は『子ども論を読む』（世界思想社　2003　73－74頁）の中でマンガ
文化を通じて、大人と子どもの関係を次のように述べています。

　　理念として作られた「子ども期」は明確な終わりを持たない。「子ども」という存在に作
　　られたが、それを「大人」と区別する年齢段階が提示されることはなかった。しかも
　　「子ども文化」に対抗するはずの「大人文化」は曖昧なものにすぎない。こうして現実の
　　子ども期は長期化し、またある意味では永遠のものになってしまった。（中略）　した
　　がって「子ども」はいつまでたっても「子ども」のままで「大人」になることはできな
　　い。その結果「子ども文化」を捨てられない成人が非常に多くなり、さらにはそうした
　　成人が親になることで、親と子の文化的な差異は消滅してしまった。（中略）　1960年以
　　降を「子ども」として過ごした現在の成人は「子ども文化」を捨てることができず、「子
　　ども」のまま成熟してしまった。すなわち、マンガ世代とは「大人」に変態することが
　　できないネオテニー（幼生成熟）なのである。（中略）　成人の文化が子どもと同じなら
　　ば、成長して「大人」になる必要はない。まして、将来の目標を持つ必要などなく、現
　　在を「子ども」として楽しめればよいことになる。

小谷氏は「1960年以降を子どもとして過ごした成人は子ども文化を捨てられないままに成人し親になったが、子ども文化と大人文化が同じならば、成長して大人になる必要はなく、子どもとして楽しめればよいことになる」として、子どもの文化を持ったまま成人年齢に達することを「現代の成人は文化的なネオテニー（幼生成熟）にある」とするのです。

このように上記の3氏は子どもの文化を通して、大人と子どもの関係を述べるのですが、そこから読み取れることは、子どもの早熟化、精神的に大人にならない成人が人の親となる割合が増加していることで共通し、そういう世代が担うであろう日本社会の将来を危惧することになります。

大人と子どもには身体的容量と機能に違いがあり、そこから生じることとして、大人にできて子どもにできないことがあります。ですから、子どもの身体的成長にとって負の要因になることを避けるための処置として、大人には許されて子どもには許されない禁止事項が設けられることになっています。例えば、飲酒や喫煙は成人年齢に達した者が認められ、自動車の運転免許取得は18歳以上として法律で定められています。また、判断力に基づくこととして、成人に達すると選挙権を獲得できます。そのほかには、子どもだけでは利用できない施設があったりもします。このように、子どもとして制限されていることがある中で、逆に、乗り物、各種の施設の入場料等の公共料金の類は子どもであるがゆえに低額での利用ができるようになっています。

そうしたことについては今も昔も大きな変化はないと思われるのですが、ではここでいう「大人と子どもの境界線」とは何を指すのでしょうか。

それを挙げるとすれば、何といっても大人一般は1人で生きていくための何らかの生業を持つことになります。その生業により子どもは食べ物や着る物、住む場所、学校で必要とするモノ、娯楽となるモノ等を得ることができるのですから、ここでの境界線とは「生業による生活力の有無」といえます。

いつ頃からか、「子どもの早熟化、小さな大人化」などと、そして、大人は「子ども文化を持ったままの成人、大人にならない成人」などと言われ、それが大人と子どもの間の距離を近くするというのです。

その「子どもの早熟化・小さな大人化」の「子どもの早熟化」とは、今の子どもは決して大人ではないのに、体位的な成長が早く、性的にも早期に成人に近くなることを示し、「小さな大人化」とはテレビ・ビデオ・ゲーム機・漫画・携帯電話類・パソコン・服・化粧等、法律で禁止されていないモノを成人と同じように使い、身につけ、"大人っぽく"時間を過ごすことになっています。

そして、「子ども文化を持ったままの成人、大人にならない成人」は、子どもの頃に親しんだ上述のモノの多くを持ったまま成人し、生業を持つことで見かけは大人ですが、先に筆者の示した大人の条件㋐㋑㋒㋓中の㋐㋑は満たしたとしても㋒㋓を満たさないで完成してしまう成人のこと、のように解釈しました。

かつて、その境界線が明確であった頃、境界線越しに大人から子どもへ発する言葉の多くは今流行の言葉でいえば、上から目線であり、それを子どもが聞き入れることが当たりまえの時勢の中では、それに背くことは親だけでなく社会に逆らうことになる、という認識が子ども一般にあったと考えられます。

ところが、高度経済成長が進むにつれて、欲しいものが簡単に手に入るようになります。それに加えて、そこにテレビの普及が人の人としての生活に大きな変化をもたらすことになります。それは子どもが親や学校の教師のいうことより、テレビ映像が発信する情報に感化されることになれば、"子が親の言いつけを守るという常識"に異変が生じることになり、そのあたりから「境界線がぼんやりし始めている」ことになったのではないかと思うのです。

第1章

戦前と戦後の考え方と生活

　日本では、1872年の「学制」発布により公教育が始まったのですが、その時期は高額授業料のため小学校の就学率は30数％（実質はさらに少ない）であったようです。そして、1889年には大日本帝国憲法公布、1890年には教育勅語発布（天皇制公教育制度）となる。以降、1907年小学校令を改正、尋常小学校（義務教育）を6年に延長、高等小学校を2年もしくは3年制とする。1925年ラジオの普及。1941年太平洋戦争勃発。国民学校の創設…初等科6年、高等科2年を義務教育とする。1945年終戦。

　1946年の新憲法公布により主権在民となる。1947年教育基本法公布。学校教育法公布。男女共学となる。1955年テレビ・洗濯機・ミキサー・コタツ等による家庭電化時代始まる。1959年の皇太子殿下ご成婚パレードのテレビ中継とともにテレビが普及。

　というように時代が進むのですが、戦前の大日本帝国憲法から日本国憲法へと変わったことにより、大人と子どもをはじめとした人間関係と生活はどのように変わったのでしょうか。

　『昔の子ども　今の子ども』（小沢昭巳　理論社　1957年2月）は、発刊当時に富山県高岡市立伏木小学校で6年生のクラス担任をしていた小沢氏が、社会科の授業の中で行った「学校と子どもの歴史」の学習での記録をまとめたものですが、戦前の子どもたち（親の世代）の生活とその当時の子どもたちの生活や生きる上での意識の違い等について、子どもの世代が親や祖父母、地域の人達を通じて調べたこと[注1]や、授業での話し合いの中から得られたことなどが載せられています。

　この書から戦前と戦後の人々の生活の違いと大人と子どもの人間関係はどのよ

8

うに展開されたのかを探るのですが、ここで対象とした当時（1956年度）の６年生クラスの子どもたち（61名）は、その時に満11、12歳にあたることから終戦前の1944年、あるいは直後の1945年生まれの子どもたちです^{注2）}。

そこでの子どもの世代が生まれた頃は、日本中が食べ物もその他の物資もない、つまり“その日をどうやって生きようか”という困窮した時代であり、その中で認められた著書中の記述により戦前と戦後の子どもと大人の関係の違いを見ることにします。

> 「学校と子どもの歴史」をどんなふうに進めようか、子どもたちに相談してみよう。（中略）　子どもたちはぽつぽつ思いつきを話していく。「学校が初めて建った頃の様子は」「昔の子どもはどんなふうに勉強していたか」「昔の子どもはどんなことで叱られたか」「今の子どもと昔の子どもとどちらがいいか」といったふうに。黒板が一ぱいになった所でやめ、これらの問題についての考え方などを検討していく。「今の子どもと昔の子どもと比べたらどちらがいいか」という問題の所で「どうだい、どちらの方がいいと思うかい」ときいたら答える者はいない。「じゃ、家の人はどういうかい」と子どもたちにいったら、「悪いというな」と残念そうに異口同音。驚いた。念のために手を挙げさせると「今の子どもの方がいい」は０人。「悪いと思う者」27人。あとはどちらともいえない。「そんならね。どんなことが悪いの」と聞いたら、「習字の墨200円のを買ってといったら『昔の子どもは20銭か30銭の墨でまじめに書いた。今の子どもは、字もろくに書けないくせに贅沢だ』―とお母さん。」「『お使いにいっておいで』というのにもたもたしていたら『母ちゃんなど、18で嫁に来て、ごはんたきから洗濯までした。今の子どもは何や』―とお母さん。」私も。私も。教室は騒がしくなる。次に「ではね、みんなの心からの意見を聞こう。今の子どもは本当に悪いのかい、どうだい。」と問いかけると、今の子どもが悪い14人。今の子どもの方がいい０人。どちらともいえない47人。（14～15頁）

この記述中の子どもと大人のやりとりの中の一節を分析してみることにします。「『悪いというな』と残念そうに異口同音」というのは、子どもが日常生活の中ですべきことに対して、親から何かと言われていたということが分かるとともに、“日頃、親からあれこれ言われているのだから自分たちのことを悪く言うだろう”という子どもたちの日頃の親の言動を分析した結果による発言だと思われます。

また、「習字の墨200円のを買って……書けないくせに贅沢だ」についても、墨の価格は昔と比べると高くなってはいるが、それでももっと安いものはあるのに

高いものを欲しがる。それに、私たちが子どもの頃は（欲しくても我慢をした）もっと字が書けたのに贅沢だ、という親の気持ちを読んだ上での子どもたちの話し合いだったと思われます。

そして、「母ちゃんなど、18（満年齢では16、7歳）で嫁に来て、ごはんたきから洗濯までした……」という記述には、親世代の子ども時代と比較した子どものあり方に対する親世代の不満が感じられます。その不満の多くは、今の子どもの生活を見た時、自分たち親世代が子どもの頃に受けた教育により、"子どもとはこうするものなのだ"と思っていたが、親になった今、今の子どもたちの言動を目の当たりにして、自分たちの子どもの頃の言動とのあまりにも大きな違いに対する戸惑いからくるものだろうと推察されます。

そうした中で、子どもたちは親に対して「口答えをする」こともあるのですが、「口答え」を振り返ってみたとき、親の指摘に反発するだけではなく、理解できる部分があるからこそ、親の気持ちを受け止めながら発言しているように受け取ることができるのです。

また、この授業展開の中で、子どもの方が悪いが27人から14人に減ったのは教師の問いかけがきっかけとなったといえるのですが、"教師の一言"の持つ意味の大きさという点で、子どもたちに与える教師の存在は昔も今も共通したものがあると思われます。

次に、ここでの子どもたちが家族や近所の人たちから取材した昔の子どもと、その当時の子どもの違いをまとめ、次頁の表１のようにしました。

調査に応じた親世代は、教育勅語による教育を受ける中で、「素直に聞くこと」ができない場合には罰が与えられたのです。その罰は「むちで叩かれる、廊下に水を入れたバケツを持ったまま立たされる、正坐をさせられる、運動場等を走らされる」等であったことが記されています。そうした罰を受けるのがいやで、口答えなどせずに「素直に聞く」ことになった可能性は高いのです。また、ここでの子どもたちの「たたかれたら大げさに泣く」は、これも親世代からすると、「自分たちは歯を食いしばり我慢をしたのに今の子どもはすぐに泣く」というような印象を持ったことから出た発言であったと思われます。

表１に挙げたことの中から、〈悪い所〉として大人から指摘された中で特に件数の多かった項目に対して、子どもたちは「なぜそのようにいわれるのだろうか」

表1　親世代の見た今（1956年頃）の子ども*1

昔の子ども	今の子ども
皆にがい顔をしていた。歯をくいしばりがまんをし、次の日からなおしていく。服装汚い。勉強熱心。夜寝ないでした。（先生に叱られるので）　しぶい顔をしてあまり笑わない。行儀がよかった。言葉遣いがよかった。泣かずにがまんした。総合して昔の方がよい。先生に叱られるかと思って、自分の思うことをはっきり言わなかった。行儀がいい。柿とったりして悪い子がおった。*ぽっこてだめやった**2。勉強した。家の手伝いをよくさせられた。ぐずぐずしていた。母や父にしかられ、しかられて、勉強した。先生は、子どもの相手は勉強だけだった。昔の教育の仕方は、しかられしかられて勉強した。だからいつもさみしいくらしをしていた。昔の子どもは、映画など一つもみんと、漫画の本なんか一つもみんと、勉強の本ばかり読んでいた。私はそれを聞いてびっくりした。昔の子どもはかたかったのかな。口答えをしなかった。すなおだった。映画を見ると先生に事務室に入れられた。	にこにこしている。たたかれたら大げさに泣く。服装がきれい。頭が進んでおり、口答えをする。総合して昔より今の方はいい。楽しそうだ。教え方がよくなったせいか勉強せんのになんでもよく知っている。叱られたらすぐに泣く。行儀が悪いね。自分の思っていることをはきはきいえる。頭が進んできたから何でもうまい。いいところ多い。学校もいいし、先生の教育がいいのか、かしこい。無駄遣いをする。親思いせん。映画ばかり観る。遊んでばかりで勉強しない。勉強する時間が多く、幸せだ。頭がよくて、元気がいいしはっきりしている。ほがらかでいい。映画の事も大人と一緒に混じって話をしている。教育はとてもりっぱだ。子どもたちは昔より恵まれている。自立の精神が幼い時から養われている。子どもも私たちの時代よりしっかりしてきている。反面、あまりにもチャッカリしていて、わりきりすぎ、情の方面に欠けるのではないか。*糠に釘*。大人が気をはって、子どもがえらい気になっている。

*1　調査対象者はLTの父母（年齢不明）、魚店のおばちゃん（33歳）、河のおばちゃん（36歳）、うちの母ちゃん（35歳）、Hのおばちゃん（年齢不詳）、Nのおばちゃん（43歳）、Uのおじさん（74歳）、おかあさん（43歳）、安定所人夫（53歳）、おじさん（55歳）等。ここでの昔と今の子ども比較において、昔の子どもが1941年の開戦時に小学生の場合、非常事態の中であれば比較が困難になるが、調査対象者で一番若い魚店のおばちゃん（33歳）でも太平洋戦争開戦時には18歳であり、小学校尋常科を修了していることから比較可能である。

*2　「ぽっこてだめやった」のような地域の方言と思われる記述は斜体文字で示した。以下同様。

という疑問を持ち、その理由を親世代に尋ねたのです。

　例えば、「礼儀に乏しい」については、子どもが家に帰り両親に「昔はそんなに礼儀正しかったか」と尋ねると、「昔きゅうくつであんまりおとなしすぎたが

でないがけ（37頁）」と言いながら曖昧な返事があったのです。

　また、「口答えばかりする」については、「大人が古い考えでいる場合があり、全部が全部、子どもが反抗的になったといえない」というＰＴＡ新聞への教師の記述を子どもが読み上げると、「その通りだ」と二人とも返事をしたということです（38頁）。

　そして、「ぜいたく」については、「昔の着物は高いし、簡単に洗濯もできない、動きにくいのに比べて今の洋服は動きやすく、洗濯もしやすいし、買うのも安いのでお金を使う（36頁）」からだと答えるのですが、その回答は二転三転し、曖昧であったのです。

　さらには、親世代の子どもの時は「あまり笑わない。行儀がよかった。言葉遣いがよかった。泣かずにがまんした」であったと回答をしており、実際にそのような子どもであったのかもしれません。しかし、子どもに聞かれて回答した結果の親世代の指摘でありながら、その指摘理由を問われたときに、答えられなくて避ける様子さえ見られ、明確な理由を示さなかったのです。というよりも明確な理由がなかったのではないかと思われます。

　そのことは、親世代は自分たちの受けた強制的な教育体制の中で"ああしなさい、こうしなさい"等の大人の意向に対しても反論するどころか、"そうするべきだという"意識を積み重ね、その結果、成人し、親になっていったのだと推察できるのです。

　つまり、自分たちの子どもの頃にはなかったことを子の世代は学びながら生きていることに対して、親の世代は子どもたちの生活を羨ましく思えたようです。

　その大人の世代が羨ましく感じたと思われたことを挙げると、「かつては男子が１割弱、女子は２割弱が12歳から就労し、14歳以降は男子の約７割弱が、女子の８割強が就労していた[注3]、それが子どもの世代には15歳までが義務教育となったこと。親の世代ではなかった英語、ローマ字等を子どもの世代で学習していること。男女別学が男女共学になったこと」……等の教育制度や教育内容の変更によるもの。また、自分たちが子どもの頃には叶わなかった日常生活に必要な物が簡単に入手できるようになったことも大きな要因として挙げられます。

　このように双方の世代を比べると、それぞれを取り巻く環境が大きく変わった中で、戦前の教育体制下で大人になった人たちが、戦後生まれの子どもたちに新

憲法・教育基本法の下で子育てをしたことは明確な事実です。しかも、子育てをする側の大人としては自分たちが受けた教育・子育てとは大きなギャップのある中での懸命な子育てであったことも事実ですが、そのことが"自信がない"という親世代の態度・発言につながったとも考えられます。

　では、そうした事案の分析をもう少し続けることにします。調査時に40歳になるＴさんのお母さんにインタビューしたことを基にし、子どもたちが自分の家族を含めた地域の人達にインタビューをして調べたこと（表1と重なる項目も含む）や、それについて話し合いをした記録（40～45頁）と「お母さんの時代・おばあさんの時代」（49頁～）、それに「お母さんの子どもの時の思い出調査」（71～74頁）、卒業生の声（148頁）等を加え、表2の「大人世代の見た昔と今の生活」としました。

　親世代の子どもの頃は「天皇・皇后の外出に対して極寒・極暑の時にも土下座した。男女別学。勉強は違うとひどくしかられてたたかれた。先生はこわく、話しにくい。服は和服。ラジオのない家が多い。昼食は弁当か自宅に帰って食べる……」のような生活だったようです。

　ところが、日本国憲法が公布された後、約10年を経た時期の子ども世代は「天皇・皇后の外出に対する土下座はない。男女共学。勉強はひどくしかられることが少ない。先生は子どもとよく遊び、友達みたい。服は洋服。ラジオのある家が多い。昼食は給食。……」のように生活が変わったのです。

　その中で、戦前は教科の最初の科目として位置づけられていた修身科が、戦後は教科から外され「道徳」として設けられ、"人間関係は縦の道徳から横の道徳"に変わったことを示すのですが、ここでの「縦の修身」とは、改めていうまでもないことですが、天皇と国民、上司と部下、教師と生徒、親と子、年長者と年少者、等における上意下達式の人間関係であったのです。

　話題を変えますが、当時の「家制度」に関して、次のような卒業生の声が見られました（148頁）。

　　日本の古い"家"は親と子の間に、多くの壁をつくっていた。子どもを育てるにも親自身の思う通りにはできず、その"家"の意向に基づかねばならなかった。

　この記述は、当時の「家」重視の制度が家族・親子の間に壁となっていたこと

第1章　戦前と戦後の考え方と生活　*13*

表2　大人世代の見た昔と今の生活

	昔	今
行幸・行啓	天皇・皇后の外出に対して極寒・極暑の時にも土下座した。	土下座等の行為は廃止。
男　女	男女別学。男女格差が大。自分さえよけりゃよい。一緒に遊ばない。男の子は乱暴で女の先生を泣かす。言葉づかいがよい。	男女共学。教室で助け合う。仲良し。男の子は今の方がおとなしい。特に女子の言葉遣いが粗くなった。
先　生	休み時間は事務室へ。子どもと話をしない。子どもが懐かない。怖い。自分のいいと思う人ばかりかわいがる。むちを持ち、悪いことする者はたたき、女はバケツに水にいれてもたされた。	休み時間に子どもと遊ぶ。先生と子どもの距離が近くなった。今の子どもは先生を友達だと思っている。
勉　強	違うとひどくしかられてたたかれた。家のしつけもきびしかった。	はきはきと自分の思っている事をいえばよい。知識は今の子どもはよく身につけている。
礼　儀	たたみに手をついておじぎをした。2、3時間もすわっていた。今の何十倍も教えられた。	客の前に立ってあいさつ。30分もすわれず足を投げ出す。今では昔ほど言われなくなった。
学芸会	同じ人ばかりが出ていた。	交代で出る。
エンピツ	1年に1本。	1ヵ月に2本。
けしゴム	小さいこゆびのつめほどになるまで使った。	昔のように小さくなるまでは使わない*3。
服	着物。	軽い服で動きやすい。
昼　食	弁当か自宅に帰って食事。	給食。
おやつ*4	いっぺんだけ。	数回。
はきもの	ゴム靴1足（金持ちは革靴もあり）。	サンダル、雨ぐつ。ズック、ビニールぐつ。
ラジオ、新　聞	ラジオがなく、新聞はとっていない家が多かった。	ラジオがあり、新聞はたいていとっている。
洗　濯	洗濯は手洗い。	電気洗濯機の普及（お金持ちの家にだけある）
病　気	医者が少ない。	医者が多い。
乞　食	多かった。	ほとんどいない。
家計と差　別	貧富の差が大。遠足にも行けない者もあり。耳だれが臭いと言われた。	貧富の差が小。
映　画	映画に行くと怒られて、バケツに水一ぱいもたされた。	映画映画というて毎日お金ばかりもっていく（1ヵ月に3回しか見ないのに）。

＊3　筆者の推定
＊4　おやつについては「昔はいっぺん」「今は数回」となっているが、実際には昔も今も家庭により格差があると推察される。

を示し、戦前と戦後を比較する上での大きな要素となるものです。これに関連して小沢氏は次のようなコメントを記しています（148頁）。

> 日本の家を覆っているこの重苦しい緊張感は、現在すべてが解き放たれたとはいえないが、この頃からみると、それは比べものにならない差であろう。

これは、戦前の「家制度」の持つ重苦しい緊張感というものがいかに大きいものであったかを示唆するとともに、戦後10年経っても、長い年月をかけて蓄積されたものは簡単には拭い去れずに、依然として現実社会に残存していたことを指摘するものです。

以上を要約すると、大日本帝国憲法の下で培われた忠孝の精神は、日本国憲法に変わったことにより、上意下達や家制度、男尊女卑、男女別学等という悪しき制度を解き放つべき、義務教育制度の9年制、男女共学への移行という民主的方向に進路を向けることとなったのです。

また、それにより日本社会は敗戦からの復興とともに高度経済成長へと向かったのです。その中で、日常生活は衣食住や娯楽まで大幅に変貌していくことになりますが、特に著しく変わったものとして、衣服は着物から洋服へ、電灯の普及、公的交通機関の充実、娯楽はラジオからテレビの普及へと移行するなど、日常生活に必要とするものが戦前と比べ物にならないほど進化し、便利になったことです。それに加えて看過できないことは、上意下達式の戦前の教育体制の中で育ち、親となった世代が、戦後の新教育体制の中で見る自分たちの子どもの日々の生活から感ずることは、親世代が自分たちの子どもを見て、自分たちの受けた教育と生活を比較したなかで、子どもが大人一般に対して自由に発言ができるようになったことだったのです。

【注】
1）『昔の子ども　今の子ども』69頁の「昭和19年7月24日午後4時ごろ僕は生まれたそうです……」という記述から1944年と1945年生まれということが確認できる。
2）第1問「今の子どもは昔の子どもに比べていいか悪いか」、第2問「いいところが多いか、わるいところが多いか」、第3問「どんなところかよくて、どんなところがわるいか」をインタビューしたこと等による。
3）卒業生動向についての昭和7年の実績を下記の表に示す（174頁より）。

昭和7年尋常科卒業生動向

	男子（人）	女子（人）
中等学校	44	22
高等科（小学校）	83	91
家事手伝い	10	27
合　計	137	140

　この時の中等学校は戦後の中学校とは全く別な学校であり、高等教育の入口となる学校。その中等学校への進学の割合は男子約32%、女子16%、のように男女の格差は大である。また、尋常小高等科の割合は男子61%、女子65%とやや女子の方が多くなっている。家事手伝いは男子7%、女子19%である。

　これを見ると、中等学校への進学率の違いと家事手伝い率の違いから男は上級学校へ女は家庭の仕事をという傾向が見られた。

第2章

戦前・戦後と現在の考え方と生活

　前章で述べた舞台は、終戦から12年後のことでした。そこでの子の世代、すなわち団塊の世代[1] は、終戦後の教育を受けて育ったとはいえ、親世代が感じたほどには自由に育ったわけではなかったのです。

　なぜなら、戦争という目的のために何もかもすべてを犠牲にされ、国土をずたずたに破壊されての敗戦により、敗戦後の当分の間の生活は、今を生きるために食べ物や着る物、住いを求めるという極限の生活に、すべてにおいて選択の余地はなかったのです。例えば、現在であれば見向きもしない野草やその根っこを食することもあったようですし、遠足等特別な日に限っての弁当の時だけにありつけた白いご飯に卵焼き、兄弟姉妹や従兄弟姉妹等で使い回しをした有料の教科書、衣服は兄弟姉妹や従兄弟姉妹たちのお古を使用したりすることも珍しいことではなかったのです。冬の寒い時期は、狭い部屋で消し炭を熱源とした炬燵に家族全員が足を入れて寒さを凌いだのです。子どもの顔の表面は〈はたけ〉のため肌が白くカサカサなっている者が少なくなかったといわれています。

　学校では教師の指導に従わなければ、往復ビンタなど珍しくはなく、日常茶飯事のことであったといいます。しかし、体罰を受けた子どもの多くは"自分が悪いのだから体罰を受けても仕方ない"として済ましていたようです。それは、前述したように、新体制の下とはいえ、旧体制の中で大人になった人達による教育であり、前章の『昔の子ども　今の子ども』の中で展開されたような民主的な学校教育や家庭教育はあくまでも旧体制で育った親世代の見た比較であるのですが、それだけ制度上の格差が大きかったことを示すものです。

　そういう状況から月日を重ね、高度経済成長とともに、次第に食べ物や着る物の選択ができるようになっていったのです。その結果、日々における人々の生活は、生きるためにその日に必要なものを追い求める必要がなくなっていくのです。

なぜなら追い求めなくても欲しい時に必要なものが得られる世の中になっていったのです。

　人の心というものは、追い詰められたときには必死になり、必要なものを求めようとするのですが、それを求める必要がなくなったときから別の方向に目が向けられるのです。それは、ただ単に生きるためではなく、日々をどれだけ便利に楽しく、あるいは日々の生活をいかに煩わしさから避けて過ごすかという価値観のために生活しているのではないかということです。そして、生きるために必要なものを求めていた生活から、必ずしも必要ではないものまで求めるケースも見られるようになり、そのあたりから少しずつですが、人々の生活が変わり、親と子、父と母、子ども同士等の人間関係に変化が生じることになると思われます。

　概して、幼少の子どもであれば、大人の言うことを素直に聞くことができやすいのですが、子どもが年齢を重ねるにしたがって、いろいろなものの比較ができるようになり、大人の言動に批判的な態度をとるようになることは一般的なことです。その批判的態度が不満として爆発したとき、往々にして犯罪となることがあります。

　戦後にはそういう状況を背景にして生じた事件記事を数多く目にするのですが、戦前にも無かったとは言い切れない中で目にすることはできなかったのです。それは、忠孝を標榜する戦前の社会の中で、子どもが大人の指図に逆らうことから生じる事件があったとしても、それを報道することは「子どもが大人に逆らうこと」を煽ることになりはしないかという世情が報道を押しとどめさせた可能性があるのです。

第1節　人と犯罪

　人が人の社会で生きていく際、必ずそこに我欲が存在し、時としてその我欲を満たすために、その社会におけるルールを犯すことがあり、そのルールを犯すことにより、往々にして自分以外の人に、あるいは社会に対して加害をするという事態が生じる場合があるのです。

　人は我欲を満たすための手段として、1つは加害をしないで満たすという方法がありこれが一般的です。もう1つは自分以外の人への加害を行うことによって

我欲を満たすことであり、それが犯罪です。加害は、時には無意識あるいは偶発的な加害もあり得るのですが、意識して行うことがほとんどだと考えられます。

人が人の中で生きるためには様々なルールがあります。そのルールを犯せば犯罪となるのです。最も大きな犯罪は殺人ですが、その他には傷害、放火、窃盗、強要、わいせつ、賄賂……等、数多くの犯罪があります。

その数多くの犯罪の各々の犯罪がどういうものであるかについては法律で定められていますが、その一部を紹介すると、以下の通りです。

> 殺人罪とは、人を殺すこと（殺人）を内容とする犯罪であり、広義には刑法第2編第26章に定める殺人の罪（刑法199条〜刑法203条）を指し、狭義には刑法199条に規定されている殺人罪を指す。日本の刑法における殺人罪は故意による殺人をいい（刑法38条参照）、過失により人を死に至らしめた場合は過失致死罪（刑法210条）の問題となる。
> 傷害罪とは、人の身体を害する傷害行為を内容とする犯罪である。
> 窃盗罪とは、他人の物を故意に断りなく持っていくことや使用することを禁止する犯罪類型のことである。違反して窃盗を犯した者は刑罰によって処断される。

犯罪については大人であれば誰でも知っているはずです。しかしながら、犯罪者の多くは罪になることを知っていながら犯罪行為を行うのです。

例示した法律用語を、殺人罪は「人を殺す」、傷害罪は「人にけがをさせる」、窃盗罪は「人のものを盗む」のように言い換えれば小学生には無論のこと、幼児にもある程度は理解できることのように思われます。

小学校、中学校の義務教育課程では、人を殺してはいけない、人にけがをさせてはいけない、人のものを盗んではいけない、火をつけてはいけない、を通常の指導には組み込まれてはいません。そして、保育所や幼稚園等の幼児教育機関での教師役による「生きものを殺してはだめよ」「□□はしてはだめよ」「○○はこうしようか」などという指導場面がしばしばあったとしても、犯罪防止への具体的指導計画はないのが一般的です。しかしながら、保護者による家庭でのそうした指導は少なくとも幼児教育機関より機会が多いと思われます。

その結果、家庭を中心とした教育により、上述したような犯罪を起こしてはならないということを小学校何年生かになれば理解できるようになると思われます。言い換えれば、犯罪につながる行為に対する確たる指導のないままに生活を積み重ねているということです。そしてそれは、人と人が関わり合う中で、ほと

んどの人が理解し犯罪に結びつかないように自制することができるのです。

では、人と人が関わり合う中において争いにならないように関わり合う力、争いが生じた場合に暴力に至らないようにする自己抑制力等々、そういう力というものは、時代の進展に伴って向上しているか否かが問われるのです。

現在のような情報化社会では、ネットを通じて世界中の出来事が瞬く間に伝わることも可能になった中で、現代の子どもに関わる問題として、子どもの犯罪、幼児・児童虐待、不登校、児童買春等が挙げられます。

そうした事件を取り上げるにあたって概していえることですが、いつの時代でも、様々な事件を起こすのは多くの人たちの中のごく一部の人たちです。しかし、一部の人の起こす事件とはいえ、それぞれの事件はその時代の世相を反映した事件であることが多いのも事実です。そこで、各時代の事件を比較することにより、子どもや大人にどのような違いがあるのかを見てみることにします。

(1) 子どもと犯罪

戦前と現在の比較のために、子ども[注2]が起こした万引き・自殺・殺人事件を取り上げ、双方の違いを見ていきます。

ア　万引き

1935年6月4日付東京日日新聞[注3]には「我子の万引きを喜ぶ父と母、一家総出でデパート荒し」と題した次のような記事が報道されています（抜粋）。

> 去る5月27日品川駅前デパートで反物を万引きし調べられている少年－渋谷区代々木植木職松本（58）長男義雄（13）＝いずれも仮名＝は義男を頭に6人の子どもがあり、貧しく小遣いも貰えない（中略）　「母とし（42）のいいつけで万引きした」と申し立てた。

ここでの親は6人の子どもを抱えての生活が苦しいことから子どもに万引きをするように言いつけたようですが、"子どもが窃盗をしても子どもだから許される"とでも考えたのでしょうか。ましてや、犯行前に"犯行後の子はどうなるだろうか"などということは到底考えもしなかったと思われます。

その事件から63年後の1998年9月1日付読売新聞[4]には、「小六悲し　家族の弁当万引き　母に頼まれ4人分　借金に負われ、北九州→大阪」との見出しによる類似の記事が報道されています。

第2章 戦前・戦後と現在の考え方と生活 *21*

> 31日午後１時50分ごろ、大阪市中央区難波千日前のスーパーで、不審な男児に店員が気付き、持っていた布製バッグの中身を確認したところ、商品の弁当やお茶、スナック菓子、チューインガムが４個ずつ入っていた。（中略）　調べでは、北九州市の小学六年生。母親（44）、姉（18）、弟（10）の４人で店の前まで来て、母親から「弁当を家族分、万引きしてこい」と言われたという。（中略）　男児の話では、借金の取り立てから逃れるため、７月に家族で北九州の家を出た。（中略）　母親から問い合わせの電話などはなく、男児は児童相談所に保護された。署員は「律儀に家族のお茶まで盗んだ子供のことを、母親はどう思っているのか、寂しい話だ」と話していた。

　子に万引きを命ずる以外に空腹を満たす方法はなかったのか。借金に負われ、子を連れて逃亡するような親ですから、切羽詰まっての行為だったようです。

　前述の事件とこの万引き事件を比較すると、兄妹の人数は異なるのですが、双方ともに両親が揃っていたこと、母親が犯行を命じたことで共通しています。そして、子どもに犯行を命ずるということは、子の将来への配慮が欠落していること、欲求を満たすための安易な考え方による生き方であることも共通しています。また、戦後における個人の人権を尊重するという観点からいえば、後者の親には、"子は自分の子であっても自分のモノではない"という認識があってもいいと思うのですが、残念ながらここではそれを感ずることはできないのです。

　いずれにしても、前者と後者の事件には長い年月を経て、生きる上での生活環境は成熟方向へと変わっているのですが、我が子に万引きを命じた母の行為にはどこにも進化らしさを見ることはできないのです。

　次の1975年12月20日付山陽新聞の「目立つ小、中学生の万引き　岡山県警が警告　昨年より７割も増加　中流、共働き家庭に多い」という見出しで始まる記事①と、2003年４月21日付読売新聞の「広場欄」の高校３年生の「子の万引き、認識ない親」と題した投稿記事②は、万引き犯である中学生の母親の万引きに対する罪の意識の低さを報じたものです。

> 万引きに走る動機も以前の「小遣いが少ないから」など"貧困型"は影をひそめ、「スリルが味わいたかった」「友人が盗んだ品をみせびらかしたので」など触発的な"遊び型"が目立つ。また罪の意識が少ないのも特徴。補導した少年から「払えばよかろう」「運がなかった」などの声を聞くという。一方、家庭は少年たちの行動には無関心で、新しい衣服を着ていても、勉強部屋にレコードや釣具が増えていても親達は気がつかないというケースがほとんど。ある窃盗グループの中には盗んだ自転車で通学していた者もいた

が、保護者は全く気にも留めていなかった。補導センターでは「補導する子供に共通しているのは我慢とか忍耐力の不足。金さえ与えておけば……という最近の親の風潮が少年の非行を助長している」と指摘する。　　　　　　　　　　　　　　　　　　　①

テレビで、万引きをして捕まった中学生の姿が映っていた。雑誌を盗み、店の人にいろいろ質問をされているうちに、母親がやってきて、中学生に言ったひとことは、「何やってんの？塾はどうしたの？」でした。母親は盗んだことをしからずに、塾にいかなかったことに対してしかったのです。店の人はあぜんとして雑誌を盗んだことに話を変えると母親は「お金なら払いますから！もういいですか!?」といって、まったく子どもが盗んだという認識がなかった。店の人が警察に通報すると話したとたんに、母親の態度が変わり謝りました。テレビを見ていて、「子が子なら親も親だ」と、こっちが恥ずかしくなった。　　　　　　　　　　　　　　　　　　　　　　　　　　　　　　②

　①の山陽新聞の記事は小中学生の万引きについて、1975年以前と比較しての1975年の万引きの悲惨さを嘆いたものですが、その記事を分析してみます。
　1975年以前の小中学生の万引きは、「貧困型」だったといわれ、お金がないことによる犯行と見られています。それが1975年には、昨年比で7割も万引きが増加。万引きをする者は中流、共働き家庭に多く、「必ずしも金がないから盗むわけではない」というのです。親は子どもの持ち物の異変にも無関心で、「金さえ与えておけば」子どもは万引きをしないであろうという認識を持っているようですが、それなのに万引きをするということは、「スリルを味わいたかった、友人に盗んだ品をみせびらかしたいので」という子どもの発言が示すように、彼らにとって今や、万引きは遊びという意識と、見つかった場合には金を支払えば済むという認識があるというのです。それは、万引きにより被害者がどれほどに困るのかという認識を持てるだけの思考に至らない者が多いということです。
　2003年の②の記事を見ると、1975年から27年余月を経過し、その間の科学技術の進歩は目覚ましく、1975年の頃と比べたらより一段と便利な世の中になっています。ですから人々の暮らしにおける社会性の向上を期待したいところです。そして、この記事の投稿者のような考え方を持つのが高校生一般であると思いたいのですが、この記事を読むと、そうではなく、投稿者のような考え方を持つ方が少数なのだろうかと疑いたくなるのです。いずれにしても、科学技術の進歩による生活上の便利さとは裏腹に社会性の向上は置いてきぼりの感さえあるのです。

第2章　戦前・戦後と現在の考え方と生活　*23*

イ　自殺

　次は、子どもの自殺事件から戦前と戦後を比較します。自殺とは、自分で自分の命を絶つことですが、大人であれ、子どもであれ自殺をするにはそれ相応の事情があるのは当然のことですので、戦前と戦後の子どもの自殺事件にはそれぞれの時代背景による違いがあるのではないかと思われます。

　その観点から戦前の1935年（以下前者と略）と60年後の1995年（以下後者と略）の子ども自殺事件を東京日日新聞、読売新聞、山陽新聞、朝日新聞[注5]の4紙から以下のような記事を抽出しました。（なお、1935年は自殺未遂事件を含む）
〈凡例：9／3は9月3日　記事は筆者が要点のみ記す。ここでの文末に付した※印は他の新聞にも見られた事件を表し、他の掲載記事は割愛。以下同様〉。

　　東京日日新聞　1935年9／24
　　　　急行電車に高等科二年生M君（15）が飛び込み自殺　母のいいつけでした風呂だきを叱られ。
　　読売新聞1935年
　　2／3　鉄工場見習工K男（16）は青酸カリを嚥下し自殺。寝小便を女中に見つけられて笑われたのを苦にした。
　　4／20　スリッパ製造業に雇われたB男（16）は「馬鹿の大食」と主人や同僚達にひやかされ猫イラズを飲み絶命。
　　6／22　叱られた女中　土木請負業女中M子（16）は家人の留守中ガス管をくわえて自殺を図るが発見が早く助かる。
　　8／29　セルロイド加工場の少年工（16）は荒川で死体て発見。虚弱で仕事が出来ないのを悲観しての自殺らしい。
　　8／29　電車に飛込んだが危く轢死を免れた。少女（16）は電気器具商（43）方の女中奉公中、主人に暴行された死を決意。※
　　大阪朝日新聞1935年
　　6／13　轢死体の少年は小学三年生Z君（9）と判明。Z君は家出する前日長兄（12）と喧嘩したのを家人から叱られた。
　　10／9　定期券に「さよなら」を残し　阪神電車特急に神戸一中三年君（16）は、教師に叱られ父兄呼び出しを苦に。
　　朝日新聞大阪　1995年
　　1／7　小学校六年の長女（12）がロープで首つり死。遺書があったが動機につながる記述はなかったという。※
　　2／6　飛び降り自殺　男子生徒（14）が死亡していた。自室の机に自殺をほのめかす

ような遺書があったという。※

2/23　中2男子が自殺　自宅で首つり　いじめ訴える遺書　　自殺したのは会社員の長男（14）。※

4/17　いじめ苦に自殺　金融機関職員（45）方で長男の市立中学二年生、A君（13）が自分の部屋で首をつった。※

6/1　いじめ苦　市立中学三年の男子生徒（14）が、自宅アパートで首をつっているのを近所の人が見つけた。

7/11　市立小学校6年生の次女（11）が柱にひもをかけて首をつった。日記帳に私立中学校への進路問題。

11/29　テスト当日、遺書なく　会社員（33）の長男で市立中学校二年生（14）が押入れの中で首をつって死亡。

12/9　中学二年のTさん（13）「学校でいじめられた」との遺書を残して自宅で首つり自殺をしていた。

読売新聞　1995年

1/9　愛知県で中学一年生男子（13）が自宅で首つり自殺をした。兄から成績が良くないことを注意されていた。

1/13　中学校二年の女子生徒（13）が昨年11月の首つり自殺は所属のクラブ顧問の男性教諭（35）の厳しい指導による。※

3/18　中一男子（13）が首つり自殺　埼玉県　　遺書はなかったが、日記に好きな相手に冷たくされた。※

4/11　中二（13）、首つり自殺　「いじめ」ほのめかす遺書　福岡県　　SOSサインを見逃す。

6/27　マンション13階から中学三年生男女飛び降り　男子即死、女子重体　八千代市。※

7/4　中一男子、メモ残し自殺　友人あてのメモには「学校に行くと先輩がいろいろ言うので嫌だ」とあった。

毎日新聞　1995年

2/23　栃木では登校拒否の中3　雑木林で中学三年の男子生徒（15）が木の枝にビニールひもをかけ首つり自殺。

2/24　いじめ訴え「チクマリン」と呼ばれた　相談する友も失い　遺書　に切々、自殺の中2。

4/13　中2女子が自殺　千葉県市原市の踏切で同市の女子中学生（13）が電車に跳ねられ、即死。

5/21　「お母さんは、ぼくのしんどさしらない」奈良の中2自殺　両親が直前の日記、本社に　学校は"いじめ"否定。※

山陽新聞1995年

　　4/29　いじめ苦に？　中学二年の女子（13）が自殺。男子生徒の名前を記した遺書あり。※

　　11/28　いじめ苦に中１自殺　遺書に同級生の名　新潟　27日午前３時半ごろ。※

　以上の記事をまとめ、1935年を表１に、1995年を表２として双方の比較をすることにします。

　時代が変わっても人の自殺には、各々に理由があると思われますが、その理由の大部分は自殺者にとって、死ぬこと以外に解決方法がないほどに困窮していたということで共通するところです。

　戦前の自殺方法５例中の３例が薬物によるものですが、それは子どもでも簡単に入手できる場所に自殺に使用できる劇薬物が置かれていた、つまりは薬物の管理意識が低かったことを示しています。

　一方、戦後の1995年には劇薬物による自殺は見られないことから、そうした劇薬物の管理意識が厳しくなってきたことが分かり、そういう意味での子どもを取り巻く環境は改善されたといえます。

　さて、子どもの自殺の表１と表２を比較して気づくことは、なんといっても、自殺理由としての人間関係です。自殺の背景となる人間関係を挙げると、1935年は自殺をする子どもから見て、ほとんどが年上の人達との関わりです。ところが、

表１　1935年の子どもの自殺

報道月日	満年齢	性別	自殺理由	立ち位置	遺書	自殺方法
9/24	13か14	男	風呂焚きで叱られ	高等科二年生		電車飛び込み
2/2	14か15	男	寝小便を笑われ	鉄鋼場見習工		青酸カリ服用
4/20	14か15	男	馬鹿の大食いと笑われ	スリッパ製造業見習	あり	猫いらず服用
6/22	14か15	女	叱られ	土木請負業女中		ガス自殺
8/29	14か15	男	仕事ができないゆえ	セルロイド化工場工員		入水
8/29	14か15	女	主人に暴行され	女中奉公		電車飛び込み
6/13	7か8	男	父に叱られ	小学三年生		電車飛び込み
10/9	14か15	男	授業中の注意から父兄呼び出しを受け	旧制中学三年生	さよなら	電車飛び込み

＊報道月日の順不同については、掲載新聞ごとに記したことによる（以下同様）。

表2　1995年の子どもの自殺

報道月日	満年齢	性別	自殺理由	立ち位置	遺書	自殺方法
1／7	12	女	不明	小学六年生	あり	首つり
2／6	14	男	不明	中学二年生	あり	飛降り
2／23	14	男	いじめ	中学二年生	あり	首つり
4／17	13	男	いじめ	中学二年生	あり	首つり
6／1	14	男	いじめ	中学二年生		首つり
7／11	11	女	私立中への進学問題	小学六年生	日記	首つり
11／29	14	男	不明	中学二年生	なし	首つり
12／9	13	男	いじめ	中学二年生	あり	首つり
1／9	13	男	兄から成績のことを言われ	中学一年生		首つり
1／13	13	女	クラブ顧問の厳しい指導	中学二年生		首つり
3／18	13	男		中学一年生	日記	首つり
4／11	13	男	いじめ	中学二年生	あり	首つり
6／27	13か14	男女	心中	中学二年生		飛降り
7／4	12か13	男	いじめ	中学一年生	あり	首つり
2／23	14か15	男	（不登校）	中学三年生		首つり
2／24	13か14	男	いじめ	中学二年生	あり	
4／13	13	女		中学二年生		電車飛び込み
5／21	13か14	男	いじめ	中学二年生	日記	
4／29	13	女	いじめ	中学二年生	あり	
11／28	12か13		いじめ	中学一年生	あり	

＊記事中、各項目に該当する言葉があれば、そのまま記し、該当する言葉がない場合には文意を記入。
　また、記事に不明とあれば不明を記し、文意から読み取れない場合は空欄とした。

1995年は母親や教員との関わりも見られますが、そのほとんどが同い年か年齢の近い先輩との関わりです。つまり、戦前は縦の関係から生じる自殺が多かったのですが、戦後は横の関係から生じる自殺が多くなったということです。

　しかも、戦前における自殺理由は「風呂焚きで叱られ」「寝小便を笑われ」「馬鹿の大食いといわれ」「叱られ」「仕事ができないゆえ」等……そのほとんどが、親等、目上の視点から見て、"できるはずのことができない"となっており、それゆえに子どもは叱られたり笑われたりし、本人にとっては"恥ずべきことで死ぬしかない"としての自殺であったと思われます。それは、表1に見られるよう

第2章　戦前・戦後と現在の考え方と生活　　27

に日常生活が年齢的に縦の関係で展開される中での年少者の就労は珍しいことではなかったのです。そして、年長者の中における年少者の就労あるいは生活ぶりは、概して、年少者は年長者のように上手にはできないことが多い中で、年長者は年少者が理解しやすいように年少者の目線に合わせて指導したのかは疑問です。叱咤叱責、それでもできない場合には、咎めたり非難したりすることが多かったと推察されます。それを言われた年少者の多くは我慢をし、泣きながらできるようになっていったと思われます。その結果、できるようにならなかった子どもの中には、自ら命を絶つこともあったと考えられます。

　したがって、そのような過程を経て大人になった人達が、戦後に生まれた子どもを見れば「今の子どもたちは我慢ができない」と感じたことは当然のことのようにも思われます。

　表2における1995年の記事を見ると、件数20件中の不明3件と、空欄2件を除いた15件中のうちの10件、つまり、過半数が「いじめ」を自殺理由としたものです。この「いじめ」は1980年代の初期から発現し、1996年と1997年の2003件をピークとした件数が生じている[注6] のですが、そこでは同年齢あるいは同年代の者からの「いじめ」による自殺者が多くなっています。

　そして、上述したように子どもにとっての前者と後者の生活環境の比較をした場合、便利さという点では両者には格段の差がある中で、前者であれば職場も学校も家庭も縦の人間関係の中での自殺であったのです。

　一方、後者の子ども期における自殺に職場はないのが当然ですが、学校での教師一般はサービス業といわれるほど児童生徒に対するソフトな関わり方に変わり、児童生徒から見れば教師は友達のようであり、家庭での親子関係一般も友達のようで、縦の関係が濃密な中における横の人間関係の中での自殺です。

　つまり、縦の人間関係であった前者の子どもの自殺原因はシンプルな傾向にあったのですが、子どもと子どもだけではないにせよ、横の人間関係の中で生じる後者の子どもの自殺原因は複雑な傾向に変わってきているのです。言い換えれば、前者では多くのことが上意下達式に指示されたことが行為として始まり、結果として上意下達式に結論づけられることが多かったのです。

　他方、後者でも前者的な人間関係がなくなったとは言えないのですが、表面上は子どもが主役として子どもの都合を優先するあまりに、人間として未成熟な子

どもに対して、人として日常生活に必要な人間関係のあり方を身につけさせることをしないままに……つまり、子どもでも成人と同様の日常生活をすることが人としてのステータスであるというようなことになれば、他人の痛みを理解する方向からずれてしまうと思われます。

ウ　殺人

「人を殺める」とは、一言でいえるのですが、それは簡単にできることではありません。命あるものは、例え植物であっても育てていたものが、ちょっとした不注意で枯れてしまえば命を奪うことになるのです。飼っている愛玩動物であれば、家族の一員として過ごすであろう、その命が尽きたときには、共に生きるものとしては悲しみが募るのです。ましてや、人の命を人が奪うということは、とても考えられないのが人一般の気持ちではないでしょうか。

とはいうものの、人が人を殺めるという行為は、人と人が関わり合うこの世の中では必ずや生じている現実があるのです。

戦前には、以下のような子どもによる殺人事件が報道されています。

山陽新報[注7] 1927.7.21
秋田県に小鬼熊　九歳の少年草刈鎌で　八歳の少女を惨殺　山林中に逃走、村民総出で捜査　S長男G郎（9）は20日午前11時ごろ草刈中、小学校一年生三沢K子（8）が学校の帰途「Gの馬鹿」といったので憤り五八郎は草刈鎌をふり上げ即死せしめ山中に逃亡　　　　　　　　　　　　　　　　　　　　　　　③

山陽新報　1930.1.29
十二の少年が友人を刺殺す　自殺を図って果さず　福島県旅館島本の次男仮名（12）は師範科三年生吉Y（18）と些細なことから口論し小刀を取り出し　　④

③のK子を殺したG郎は満年齢では7歳か8歳の男子で小学2年生だと思われるのですが、1年生の女子に馬鹿にされたことで憤り、草刈鎌を振り上げて即死させたということです。凶器を振り上げたら死に至るということを考えることができなかったということは自己抑止力が備わっていなかったといえます。

④は、子どもの殺人事件として戦前に最も多く見られるけんかが原因によるものです。また、殺人には至らないまでもけんかによる殺傷事件はとりわけ戦前に多く、戦後70年を経た今では少なくなっていますがなくならない状況です。

この事件はけんかをしてカッとなり殺してしまったのですが、このような状況での小刀を所持する事例は数多く見られるものです。殺してしまったことに責任を感じ自殺を図るのですが、死にきれなかったという事件です。

それに対して、戦後には以下のような子どもによる殺人事件が見られました。

　　読売新聞　1997.5.28
　　　小六の切断頭部 "捕まえてみろ" 唇に紙片「連続通り魔」現場近く　神戸市須磨区の
　　　中学校前で27日、近くの小学校六年H君（11）が殺害され、その頭部が見つかった。
　　　　　　　　　　　　　　　　　　　　　　　　　　　　　　　　　　　　　⑤

　　読売新聞　2003.7.11
　　　12歳の衝撃（中）あっさり謝罪　凶行とギャップ　長崎の中一（12）が４歳児を誘拐、
　　　殺人　　　　　　　　　　　　　　　　　　　　　　　　　　　　　　　⑥
　　読売新聞　2004.6.1
　　　小六女児、同級生に刺され死亡　給食中、カッターナイフで佐世保の小学校　　⑦

この３件の記事の補足をしますと、1997年の⑤の事件は中学２年生男子が２人の小学生を殺し、３人の小学生に重軽傷を負わせ、そのうちの１人の少年の頭部を「捕まえてみろ」という警察等への挑戦状をつけて校門に置いたものです。

2003年の⑥の事件は、「加害者の少年が、大型家電量販店に家族で来ていて、一人でゲームコーナーで遊んでいた４歳の男児をそこから連れ出し、パーキングビル屋上で男児を全裸にし、腹などに殴る蹴るの暴行を加え、ハサミで性器を数箇所切り付けた上、男児を抱き上げ手すり越しに屋上から約20m下の通路に突き落として殺害したもの」です。

2004年の⑦の事件は小学６年生の女子が給食時間中に別室で同級生の女子をカッターナイフで頸部を切り殺害したものです。

このうちのまず、1997年の⑤の事件に関連し、1997年６月３日付読売新聞に投稿された40歳の女性学習塾経営者による「漫画にも自主規制機関必要」と題した記事を見てみます。

　　神戸で起きた小学生殺人事件の犯人像について、本紙８日付の夕刊で、「漫画やアニメに
　　影響を受けている」と指摘する識者や、「事件のようなホラーゲームが人気」というゲー
　　ム雑誌編集者のコメントを読んだ。（中略）　知り合いの漫画家によると、過激な描写や
　　内容のものを要求してくる傾向が出版社にはみられ、純粋なものを描こうとすると、掲
　　載を断られることもあるという。さらに問題なのが、それらの描写や表現方法に法的規

制がなく、その気になれば、小学生でも、自由に手に入れることができるという点だ。

　投稿者は学習塾を経営する立場から多くの子どもたちと接し、日頃の彼らの言動を観察する中で、子どもによる猟奇事件を知り、そこから「子どもに悪影響を及ぼす過激な漫画やアニメやホラーゲームの制作等には自主規制機関が必要」とする投稿に至ったと思われます。

　ここで注目すべきは、出版社が漫画家に要求するものの傾向は「過激な描写や内容」の漫画だということです。出版社側にすれば、出版物は売れてこそ商いが成り立つという経営理念だけで運営しているのでしょうか。そうだとすれば、子どもたちの中にはそうした漫画の影響を受け、現実と仮想の見極めができなくなる者が出現する可能性が高くなることになります。

　⑥の事件に関連して2003年8月12日付の読売新聞の「気流」欄には、「少年事件の陰に無責任な大人が」と題した豊中市の57歳の主婦の投稿記事が報じられています（抜粋）。

> 低年齢化した少年の事件が相次いでいるが、親の姿は見えない。「自分が、自分が」という精神が親子の間に存在しており、「あなたはとても必要な子どもなのよ」というメッセージがないような気がする。（中略）　子供をしつけるには自らを律せねばならない。とても苦しい時もあるが、その苦痛を逃れようとする親が増えているように思える。子供を産めば、一人の人間として育て上げる義務があるのに、自分のことを子育てより優先させる親が増えているような気がしてならない。その結果、無責任にも放任してしまう。

　主婦Hの意見は、自らの子育て経験に基づいたものと思われるものですが、「子どもをしつけるには自らを律せねばならない。……苦痛を逃れようとする親」の箇所はとりわけ共感を覚えるところです。

　そのような意見に関連して、読売新聞は2003年10月1日付で「子供の異変　長崎男児殺害で指摘された共感性の欠如」と題して以下のような記事を掲載しています。

> 決定書では、少年の対人関係形成のコミュニケーション能力の低さを随所で指摘している。例えば、「少年のコミュニケーションは一方的で相互性はなく」「他人に対する共感性の乏しさ」などだ。また、この少年には運動能力の低さや不器用さがみられ、母親が改善のための特訓をするなど熱心に養育している。だが、逆にそのことが「同世代の子

どもと交友する機会を減少させ、少年の相互コミュニケーションのつたなさ、(他者への)共感性の乏しさに拍車をかけることになった」としている。佐賀のバスジャックの少年の両親は手記に「息子のためにと思いつつも、親として前に立って引っぱっていた。息子のそば、それより少し後ろから見守り、ゆっくり育てていく大きな構えが必要だった」(文芸春秋2000年12月号)と書いている。

このように読売新聞が「加害少年の共感性の欠如」を指摘する中で、少年の運動能力についての母親の子どもに対する養育を紹介したのですが、他の報道機関には、「近隣等周辺への共感生を無視したと思われる母親の子育てが、子どもに影響を与えたのではないか」[注8]を感じさせられるような報道も見られます。

2004年の⑦の事件に関して、2004年6月2日付読売新聞は次のように報じています。

　　佐世保の小六女児殺害　チャットに潜む危うさ　感情的になりがち　専門家指摘　　かつて女の子の間で盛んだった交換日記が、今は、携帯電話やパソコンに移行している。

⑦の事件を再度補足すると、加害者と被害者の女子はお互いのホームページ上のチャットでの交流もあり仲良しの関係であったのですが、現実生活の中でちょっとした行違いがあったようです。そのことを直接話し合って解決するのではなく、ネット上のチャットでやりとりをしています。そこで加害者がキレてしまい、ホラービデオ等を参考にした殺人計画を立て、それを実行してしまったということのようです。そうした状況をふまえての携帯電話やパソコンによる「チャットに潜む危うさ」を指摘した新聞の報道であったようです。

また、⑤の事件と⑦の事件については、殺人の動機が探られてきた中で明白な結論を出すには至ってないようですが、双方の事件に共通して、加害者が殺人メモあるいは殺人ストーリーを残していたのです。もう1つは⑦の事件の加害者は被害者の死に対して「生き還る」というような認識を持っていた、という報道[注9]があったのです。そのメモ等により、殺人の実行までの過程を捜査の結果、加害者の周辺からテレビやビデオによるホラー映像、マンガによる殺人ストーリー等の存在が指摘され、それらが事件に影響したという報道がその後も見られ[注9][注10]ます。

このようなことから、この⑤、⑥、⑦例の事件の加害者である子どもには、「人の命に代わりはない」あるいは「人の命は生き還らない」という認識が欠落

していたのではないかと思われるのです。

そして、ここでの加害者である子どもに影響を与えたであろう「ホラー映像、それに関連のマンガやゲーム等」は、同じ時代の中で生きる多くの子どもたちのそれぞれの育ちにも、何らかの形で影響していると考えられます。

戦前と戦後の子どもによる殺人事件の違いは、何といっても子どもが関わる道具や情報の種類です。後者の事件を起こした子どもたちはいずれも電子ゲーム機が絡むことで共通するのですが、それによって、子どもとはいえ、現実の社会に生きる上で、幻想の世界との識別をすることができなくなった典型的な例として見ることになります。

（2）大人と犯罪

ここでは大人による犯罪行為を通じて1935年頃と1965年頃とそして1995年以降の大人と子ども、あるいは人と人との関係について述べることにします。

ア　児童虐待

戦前の虐待事件について、新聞紙上には次のような見出しによる記事が報道されています。

　　山陽新報　1930.6.1
　　　　七人の貰子殺を自白　殺人鬼Ａ男検挙さる　日大専門部出た元朝鮮巡査　養育料を目当てにこの恐ろしい罪を一人の子供に廿円から百円　養育料を貰っては殺害す　女房には絶対秘密で（後略）
　　朝日新聞　1933.6.4
　　　　子守虐待の鬼夫婦取調　全身きずだらけ　　秋田県のＫ（40）は家計の苦しさから同郷人の斡旋によって次男Ｓ（11）を徴兵検査までムコウ11年間わずか120円の前借金で子守として千葉県Ｎ（50）方へ奉公にだしたが（後略）

当時にあっては、この２つの記事内容に類する極めて多くの件数の新聞記事が報道されているのですが、この１例目は、時期をずらして貰子をし、養育料を受取った後にその貰子を殺し、病気のために死んだとして届け出た上で、また別の貰子をして養育料を得るという、この時期、紙上で頻繁に見られた虐待事件です。それにしても、子どもをモノとしか扱っていないことから考えると、まさに鬼畜の行為としかいいようのない行為です。

第2章　戦前・戦後と現在の考え方と生活　*33*

　2例目の記事は、子守として預けられた11歳（満年齢では9歳か10歳）の男の子が虐待される事件ですが、この子どもも金のために犠牲になったものです。

　この2つの記事のいずれも、子どものことはまったく考えない自分本位の行為であり、大人の顔をした身勝手な成人者の起こした事件です。

　戦後の児童虐待に関する事件として以下のような記事を見ることができます。

　　山陽新聞　1956.1.18

　　　幼女の口に炭火　ひどい折檻　養母を逮捕　養女の夜尿を治すためお灸、焼け火箸などで養母が逮捕された。この養母（35）は子供がいないことから昨年夏、◇◇の長女A（7）を養女にもらったが、Aが夜尿をするたび養女の口に炭火を投げ込む、灸をすえるなど乱暴をしていたといわれる。小学校の先生はAが欠席がちで身体に生傷が絶えないことから不審に思い調べた結果わかったもの。

　　読売新聞　1999年9月2日付

　　　息子（16）保険金殺人　容疑者の看護助手で母親（40）が夫（38）殺害も認める　古美術商S（52）容疑者と共謀　長崎県警。

　　読売新聞　1998年2月27日付

　　　1歳の長女餓死させた夫婦を殺人容疑で逮捕「二女誕生でかわいくなく」　半年、満足に食事与えず　97年夏、三女殺害の疑いも　　大阪府警はトラック運転手N（30）と妻Y（24）を逮捕。二人は「二女が生まれて長女がかわいくなくなったので殺すことにした」と供述。二人は昨年7月、三女A（当時1歳3ヵ月）を「階段から謝って落とした」と病院に運んだが翌月脳挫傷で死亡。事情聴取の結果、「四女が生まれてかわいくなくなったので殺そうと思って虐待した」と認めたという。

　終戦後10年を経たところで、戦前の養育料目当ての貰い子虐待事件は新聞紙上には見られなくなったのですが、戦後の1例目の養母による残酷な児童虐待事件を知ると、子どもにとって残酷で許されない状況は解消されていなかったのです。

　2例目の保険金目当ての殺人事件に類する記事は他にも見られたのですが、夫を殺すために他の男と共謀し、さらにその男に貢ぐために息子に保険金を掛けて殺すとは、我欲を満たすことを最優先した行為は動物以下といわれても仕方のない行為です。

　3例目の記事は現在において最も頻繁に見られる児童虐待事件ですが、ほとんどの場合、日常生活の中で自分では何もできない幼な子が対象になったものです。

　この3つの例と戦前のものを比べると、戦前、戦後のいずれの場合も親の自分

本位で一方的な都合による行為であり、子どものことを考えない残虐非道である
ということを考えると、戦後60年を経過し、子どもや親を取り巻く生活環境は大
きく変わるのですが、このような事件を引き起こす親を比較した場合、ほとんど
変わってないといえます。

　そうした事件に関連し、2000年５月21日付読売新聞には次のような記事が報道
されています。

　　相次ぐ児童虐待、少年の暴発　根底に親の未熟さ　育児機能の低下深刻（解説）　　児
　　童虐待防止法が成立し、子供の救出を阻む親権の壁に踏み込み、虐待した親に指導（カ
　　ウンセリング）を義務付けたことなど、親の育児機能にメスが入れられたことは評価で
　　きる。（中略）　子どもの現状として大多数の保母が指摘したのは（1）夜型生活（2）自
　　己中心的（3）パニックに陥りやすい（4）粗暴（5）基本的しつけの欠落（6）親の前で
　　よい子になる……など。一方、親は、大人の都合を最優先して育児し、しつけに手が
　　回っていない状況が浮上した。「子どもは、親にありのままの自分を認めてもらえない
　　『愛情不足』でパニックや自己制御困難に陥っている。親の育児能力は低くないが、それ
　　を発揮できない機能不全。これでは就学後の学級崩壊は当然だ」と述べる評論家の尾木
　　氏。

　記事中の「育児機能の低下深刻」という記述は、以前の方が現在より育児機能
が高かった、と読み取れるのですが、これは先ほど述べた保護者の子育てに対す
る意識の低さに進歩がない、とは矛盾することを指摘するものです。なぜならば、
前述したように時代が進み日常生活がより便利になっている中で、親としては
"当然すべきことをしていない"のですから「育児機能の低下深刻」ではなく、
「育児機能の低さ深刻」とした方が適切であって、育児機能は低いままに時代が
進展しているということです。

　また同紙は、保育所の保母（現在は保育士の名称に変更）に対するアンケート
結果から、子どもの現状について「（1）夜型生活（2）自己中心的（3）パニックに
陥りやすい（4）粗暴（5）基本的しつけの欠落（6）親の前でよい子になる……な
ど」を挙げ、保母のイメージするかつての子どもたちと現状の違いを述べていま
す。

　どの指摘も当たっていると思われるのですが、何がこのような子どもたちの状
況を生み出したのでしょうか。

それを考えてみると、「夜型生活」は親が遅くまで起きている生活の中で、親には子どもの就寝を早くし、十分な睡眠時間を確保するという意識が感じられないのです。それゆえに子どもは親の生活に合わせ、遅くまで起きていることになります。

「自己中心的」は憲法が変わったことにより、戦前の、国のため、家のためにという道筋が次第に廃れ、個人主義という謳いは自分が何をしようと自由であるという安易な方向に流れていく可能性を示したものです。

「パニックに陥りやすい」「粗暴」は、子どもは幼ければ幼いほどに自分のことが自分ではできないことが多いのは時代が変わっても同様だと思われます。ところが今、戦前のように幼い時期から教え込むという教育形態が疎まれるようになりつつあるからこそ、子どもが自分ですることができるように援助することが、親の義務であるという認識を持つことが必要です。ですから、親にその認識が欠落していればいるほどに、子どもが自分でできないことや、どうしていいか分からない状況に直面した時、「パニックに陥りやすく」「粗暴」になりやすいということになります。

「基本的しつけの欠落」は基本的生活習慣を身に付けないままに親となった者がそのことに気づかないとすれば、子どものためのしつけをすることはむずかしいということになります。

「親の前でよい子になる」は親に怒られるのが怖く、怖い人の前ではよい子になる。つまり、そういう状況であれば裏表のある子になりやすいのです。

と、このように考えられるのです。そして、これらの項目に共通して言えることは、親の生活が子どもに大きく投影していることです。

また、記事には「しつけに手が回っていない状況」とあるのですが、はたしてそれは親としてすべきしつけができるのにしないのでしょうか。そうではなく、親としてすべきしつけができないゆえに、しないという可能性も含まれるというようにも捉えることができます。

それに関連し強調して述べておきたいことは、幼児期のしつけに最も重要とされる基本的生活習慣を身につけることに、親が子どもに親目線の言葉で指示をするだけでは子どもができるようにはならないということです。なぜなら、親が大人社会の中で日常的に使っている言葉をそのまま伝えようとしても、子どもは容

易に理解できるわけではないのです。子どもに理解できるように噛み砕いた言葉で話すことも必要です。加えて、言葉だけで理解できるわけでもないのです。その時は親が身振り手振り、実際に体を動かして見せることも必要です。それが子育てにとって必要なことなのです。これらのことが大人にできるのは当然のことですが、できる大人の感覚で未発達の子どもに同じようにできることを求めることは極めて困難なことです。それこそ、子どもの立場になって、考えることをなくしては十分なしつけができないということなのです。

　それでは、今ここで述べたことを親はどれだけやろうし、どれだけやっているのかを考えてみると、おそらく、このような事件に登場する親にはそのような認識が欠落している場合が多いのではないかと思うのです。なぜなら、その1つとして、親自身が幼児期にそのようなしつけを受けていないと思われるからです。そして、よく言われることですが、子どもに虐待行為をする親は、その親が子どもの頃に虐待をされた経験者である場合が多いということなのです。それを如実に表しているのが2010年3月7日付朝日新聞に「相談し、やっと虐待やめられた」と題して掲載された40歳主婦の投稿記事です。

　　私は子どもの頃、父から虐待を受けた。泣くと叩かれ、気に入らないと足でけられました。逆らうと余計段られるからと母は私に「黙っていなさい」と言いました。母になった私は、泣く子は抱いてあやすと頭で分かっていても行動が伴わず、気がつくと手を挙げていて、娘を抱いて泣きました。（中略）　5年前、市役所で相談機関の冊子を見つけ、その場で電話し、相談員に巡りあえました。（中略）　今でも私は幼い頃の夢を見て跳び起きる事があります。

　この記事を読むと、幼少期の子育ての大切さが理解できるとともに、このような場合における父親には「幼少期の子どもに対する親としての理解が欠落している」ということに気づかされるのです。それなのに、家庭内における父親の多くは大きな権力を持ち、母親の意見を聞くという状況は少なかったように思われます。とすれば今、この記事を通じて、父親の幼少期の子育てに対する無理解を浮き彫りにすることになるのですが、それは父親だけではなく母親についても同じように考えることができるのです。だからこそ、前例に類する子どもの虐待事件を数多く見ることになるのです。

　このように、終戦後、70年を経て、暮らしの上ではあらゆる面で便利になった

第2章　戦前・戦後と現在の考え方と生活　　37

現在の子育てに関わる問題点の1つとしての虐待を見た場合、自分では生きる術を知らない子どものために、これから自分ひとりでできることが多くなるように子どもを支援するという親またはそれに代わる者としての子どもの関わり方ではなく、自己の生活の都合を優先する関わり方であることは、戦前と現在はそれほど変わったとはいえないのです。

イ　教師の犯罪
　読売新聞の1938年6月19日付には「怖い統計犯罪と職業」と題した次のような記事が報道されています。

　　帝都の犯罪者はどの階級に一番多いか？　昭和8年から12年まで5カ年間の「被疑者職業別比較表」が警視庁刑事部で完成した。筆頭は無職の106642名、2位は職人職工の33126名、3位は土木人夫の31720名、4位は家事僕婢使用人の23399名、5位は諸商人の18716名で、以下露店行商人、運転手、同助手、大工、左官の順で、銀行会社員は3945名、官公吏504名で職業柄法務に関する仕事に携わっている者が245名で一番少ない。

　これを見ると、「教師」や「警察官」の犯罪はこの中に見られないのです。後述するように、教師や警察官の犯罪は日々の新聞記事となって見ることができるのですが、ではなぜ双方の犯罪が対象になっていないかを考えてみると、人を教える教師や人を取り締まる警察官という立場にある双方の犯罪を取り上げたくなかったことがその理由の1つとして考えられます。
　そこで、子どもの教育に最も関わりの深い職業である教師の犯罪を時代ごとに比較することにより、そこでの変化を検証することにします。
　ここで資料とする新聞記事は朝日新聞、山陽新聞、毎日新聞、読売新聞の4紙を引用しますが、A群は戦前（1935年前後10年程度）、B群は1965年前後10年程度、C群は1995年以降の新聞記事であり、その3群の記事比較からの違いを見るのですが、ここでのA群、B群、C群の資料の新聞名、発行期日等はすべて巻末に掲載しました。そして、その巻末に掲載の教師の犯罪記事〈資料Ⅰ〉を「体罰・暴力」「窃盗」「性関連」「その他」に分類し、それを項目ごとに比較検討します。

体罰・暴力

〈A群〉

- ・板張りに投げつけて一生徒を殺す　尋常小学校訓導は同校五年生S（11）ほか6名を呼び出したが時間が遅れたことに激高しSを殴打
- ・いたづ（ママ）らした罰に　犬の真似をさす　尋常四年の全生徒に　父兄憤って校長に詰め寄る　布忍村尋常小学校校長
- ・児童謎の死　受持訓導を傷害罪で起訴　当時校医は肺血症と診断、訓導が突き飛ばしたところ机の角で胸を打ったと分かった

〈B群〉

- ・先生に殴られ死ぬ　君は授業をしていた隣の組を覗いたところ、教師に顔を続けざまに殴られ、蹴られ暴行を受けた。
- ・学童、首つり自殺　小学六年のY男が首つり自殺。登校日に宿題を持っていくのを忘れ、教壇に立たされたのを苦にしたらしい。
- ・先生が二度も暴力　中学生の鼓膜破れる　中学校の教諭が授業中、A君の反抗的な態度に腹を立て、なぐるなど暴行…。
- ・先生（36）、棒で生徒なぐる　音楽授業中“脳震盪”も　板橋の加賀中
- ・女児も並ばせなぐる　八尾の小学校「集まり悪い」と教師
- ・女子高盗難事件で　クラス全員パンツ姿　“ひどい”と批判の声

〈C群〉

- ・指示に従わぬ　「目つきが悪い」と殴打　髪をひっぱり「くずだ」　男子教師、女子中生に体罰
- ・体罰で女子高二年生（16）が重体　倒れて壁で頭打つ　教諭（50）を逮捕　飯塚市
- ・担任（32）が平手打ち、中三男子（15）の鼓膜破れる　「校内ガム」疑われ　宇都宮市
- ・教諭暴言で女児転校「ばか」「死ね」日常的に　小学校で五年生担任の女性教諭が児童を数時間立たせたり、床に正座させる。
- ・山口・豊浦の中学校で体罰、生徒が骨折　町教委、県に報告せず　男性教師が二年生男子生徒をけり、左手を骨折させる。
- ・中学教諭が「清掃遅い」と殴る　男性教諭が担任している二年生12人の頭を殴り、一人の男子生徒（13）に3針縫うけがをさせた。
- ・中学校長が体罰　計3回、訓告処分　鹿児島市立中学校の校長（58）が昨年9月から11月にかけて
- ・飲酒の中学校教諭が2生徒殴る、1人けが　深夜の外出見つけ　大阪
- ・長崎県壱岐で中学校長が女生徒殴る　服装乱れ理由
- ・剣道部顧問が女子部員7人を平手打ち　一人けが　愛知県岡崎市の中学校で剣道部の

顧問の男性教諭（33）
・29歳女性教諭を脅迫容疑で逮捕　失恋腹いせに無言電話　鹿児島県

　まず、これらの記事により、時代が変わっても教師の暴力・体罰はなくならないものだということを強く感じさせられます。

　そもそも、体罰とは「肉体的苦痛を与えるような懲戒」のことですが、親、教師、監督などが、悪いことをした子を叩いたり、長時間立たせたりなどして、こらしめ、指導することです。

　しかし、1947年に制定（2010年に全面改定＝この箇所は同じ）の学校教育法第11条には「校長及び教員は、教育上必要があると認めるときは、文部科学大臣の定めるところにより、学生、生徒及び児童に懲戒を加えることができる。ただし、体罰を加えることはできない」として体罰禁止を明示しています。

　それにもかかわらず、A群は無論のこと、B群、C群にも体罰記事が見られるのです。

　学校の教師が子どもに教えるという役割は戦前から現在も変わらない中で、教師と子どもの人間関係において、戦前も今も「殴る・蹴る等」の体罰は続いているのですが、教師はなぜ殴ったり、蹴ったりなどするのか。その内容は同質なのかそれとも異質なのか。それらのことを群ごとの記事を通して考えてみることにします。

　すでに述べたのですが、戦前、各尋常小学校がこぞって取り組んでいたことに旧制中学校等の入学試験の準備があったのです。A群の「板張りに投げつけて一生徒を殺す」と題した記事は、被害者児童Sほか6名がその試験準備の集合時間に遅れて来たことに対する教師Nの殴打がSを死に至らしめたという事件です。おそらく教師Nは殴る前に、時間通りに来ないことに"いつまで待たせるんだ、先生を待たすなんて"などと激高したことから「板張りに投げつけて」という行為に及んだと思われます。当時にあっても、人ひとりの命が失われたことで新聞報道がなされたと思われるのですが、怪我をしなかった場合にはこのような新聞記事にならなかった可能性は高いのです。

　また、同群の「児童謎の死」と題した記事の事実関係は、言うことを聞かないので、子どもを突き飛ばしたら、机の角で胸を打ち負傷した。後にそれがもとで子どもは死亡した。それを敗血症により死亡したように見せるために校医に診断

書を作らせたことは、明らかに教師と学校の責任を回避するための学校の偽装工作です。

その当時、教師の言うことを聞くことが子どもに課せられていたとすれば「言うことを聞かぬので突き飛ばす」という行為は、負傷さえしなければ何事もなかったように事件として公表されないままに時間が経過したと思われます。そして、そのような明るみに出ない教師の行為は数多くあったのではないかと推察されるのです。

無論、当時にあっても「いたづ（ママ）らした罰に　犬の真似をさす　尋常四年の全生徒に」のように教師としてのあまりにも非常識で残忍な言動に対しては、「父兄憤って校長に詰め寄る」こともあったようです。

時代が変わり、B群の「先生が二度も暴力」と題した記事においても「言うことをきかない」という理由で子どもを殴っており、C群の「宮崎の中学教諭が『清掃遅い』と生徒12人殴る」という記事では「清掃が遅い」という理由により殴ったものです。

また、C群の記事に見られる女教師による体罰は、それ以前にもなかったとはいえないのですが、そういう記事を見ることができなかったのは、概して、女教師による体罰は頻度としても少なかっただけでなく、受ける子どもにとっては男教師ほど被害程度が重度ではなく、事件としての記事にするほどの状況には至らなかったということが考えられるのです。

時代が進むにつれて教師に対する世間の目がより厳しくなり、学校教育現場においては様々な情報が外部に伝わり易い環境となり、それまでは事件として取り上げられなかったことまでが記事になるという状況は進展していると思われます。

加えて、戦前から長い間続いた男尊女卑の時代における女性は、「女だから、女のくせに」という立場に置かれ、"女はものが言えない、あるいは女はものを言わない"ことが当たり前とされた中では、学校での教師と女児童・女生徒の関係において、教師の言うことを聞かない、というような男教師に直接反発する行為は少なかったと思われます。それが、戦後の男女同権、個人の尊重という憲法による謳いが、時間の経過とともに女性の日常生活の中にも反映されるようになったと思われます。そうすると、男性の犯罪としてはあったのですが、それま

での女性には見られなかった犯罪として、C群の「29歳女性教諭を脅迫容疑で逮捕　失恋腹いせに無言電話」という記事にも見られるような女教師による脅迫事件が生じることとなったと考えることができます。

そして、教師に対する子どもの態度としては、かつてはほとんど見られなかったのですが、男児・男生徒と同じように校則に背いたり直接暴言を吐いたりする女児・女生徒が出現してきます。

例えばB群の「女児も並ばせなぐる　『集まり悪い』」という見出しの記事内容を見ると、「女児も並ばせなぐる」は、なぐられる女児は少なかったことを示しているのです。もう1つは遅れて来た者は女児を含めて全員が殴られたのです。さらにもう1つは、遅れて来たことを素直に認めれば殴られることはなかったのですが、暴言を吐くなど態度が悪かったことから女児も殴られたのだと推察できるのです。

そして、C群の「指示に従わぬ『目つきが悪い』と殴打　髪をひっぱり『くずだ』　男子教師、女子中生に体罰」や「中学校長が女生徒殴る」という記事、そして「体罰で女子高二年生が重体」と題した記事は、校長、教諭の単なる暴力ではなく、女生徒による教師への反発・暴言等が引き金になった行為であったと考えられる事件です。とはいえ、そうした事件は、いかなる生徒の反発・暴言があったとしても、教師の体罰・暴力行為であることは否定できない事実なのです。

さらに、教師の暴力として見逃すことができないのが、B群の「女子高盗難事件で　クラス全員パンツ姿　"ひどい"と批判の声」という事件です。後に先進7カ国の1つとして世界の首脳会議（2016年）に参加するようにまで認められた日本の国において、クラスの女子高校生全員を下着だけ残して裸にするとは、女子の気持ちをすべて無視した恥ずかしい教師の行為です。

このように教師と子どもの関係は、暴力・体罰事件を通して見ると、「教師の言うことを聞く」ということに関しては戦前より、戦後それも次第に「聞かない」状況が高くなり、事件に結び付きやすくなっているように思われます。そして、そういう意味では性差も少なくなっているのです。

暴力・体罰による「言うことを聞かせよう」とする行為は、「自分たちが子どもの時も教師の言うことを聞かない者は体罰を受けたし、それで納得した。だから今の子どもにもそのようにすることが当然だ」と思っている場合があるのです。

加えて、「この子たちには口で言っても分からない。体で覚えさせるのが一番だ」
という場合もあるのです。

　いずれにしてもその行為により被害者が身体的な痛みなどを受けることを忌避
しての「言うことを聞く」とすれば、体罰とは教師が子どもを支配しようとする
あまりにも安易な行為です。つまりは腕力による暴力支配です。それであれば動
物の世界とは大同小異であり、自分より弱者に対する強権行為ということになる
のです。

窃盗

　次は、巻末に記載の犯罪に関する新聞記事から教師の「窃盗」事件を群ごとに
集めました。

〈A群〉
・小学校訓導が担任をしていた6年生の児童貯金250円を引き出して横領、カフェーと遊
　郭で使い果たす
・高等女学校の数学教師（27）が洋品店で30円相当の万引きをし逮捕。これまでも百件
　以上、数百円相当を万引きしていた。
〈B群〉
・麻雀資金に困って中学校教員が盗み　中学校教員S（45）は自転車1台を盗んだほか、
　鳥取市内数箇所で金品1万余円の盗み。
・教材費など80万円　小豆島の中学教諭　着服してバクチ。
〈C群〉
・国立大助教授（33）が小学校に侵入　女子児童の体育着盗み目的　埼玉県
・福井の中学校長（57）がTV万引き　犯行後、県教育研究所に異動
・前任の中学でも1500万円の横領容疑　元教頭を再逮捕　千葉・船橋東署
・下着狙い強盗の教諭を懲戒免職　容疑者は自転車で帰宅中の女子高校生の腰を後ろ
　からつかみ、下着の一部をはぎ取った。
・中学女性教諭（46）が万引き、体験学習準備で商店街訪問中　大阪市教委が諭旨免職
　処分

　窃盗とは、自分以外の人の所有するものを所有者の承諾なしで自分のものにす
ることです。どの時代にあっても多くの人は、人のものを勝手に自分のものにす
ることは人に迷惑の掛かることですからそれをしてはならないと自制するのです
が、A，B，C群のどの時代にも自分自身に甘い、つまりは自己抑制のできない

者が事件を起こしたことになるのです。しかもそれを行うのが、人としての生き方を子どもたちに見せる、見られる立場であるべきはずの教師においてです。

　どの時代にも教師による万引きや横領・着服等の窃盗事件が見られるのですが、その中にあって、特筆すべきは何といってもC群にだけ見られる下着泥棒です。表中のような下着泥棒という変態行為の状況はかつては見られなかったのですが、今では教師もただの犯罪者の1人なのです。

　さて、教師として犯罪を起こした君に問いたい。教師になるための採用試験に合格した君ではないか。それだけの学力と面接時に見せた適応力はどうしたのだ。その君に、女性の着用している下着を奪うということがどれほどの意味があったのか。その行為は自分の一生を賭けることになるのだが、君にはその認識はあったのか。そして今、君に問いたいのは、「そのような犯罪を行う意思はどこで身につけることになったのか」である。

　それに対する君の答えは「子どもの頃から、学校でも塾でも、家庭でも何をする時もセットされたものの中で生きてきた。自分や周りの子どもたちは子どもの頃から何をしても大人たちから叱られることはなかった。むしろ、何をしても褒められることが多かった。褒められても叱られることがないゆえに、物事を深く考えることがなく、何事においても表面的な印象により簡単に自分の気持ちの中に取り込むことで育った。その育ちは、マンガやビデオ映像等の視聴による影響力が大であることは知らなかった。そしてそれが、現実社会での人と人との関わり合いを煩わしくさせ、ややこしいことを避けるようになった。逆にテレビでのバラエティ番組等軽いタッチのものにフィットし、仮想社会での登場人物の行為を現実に試してみようという気持ちが高まった。そして、それは人としての良識を築かないままに教師になった」のではないだろうか。

性関連

　巻末に記載の教師犯罪から性関連の新聞記事を群ごとに集めました。

　〈A群〉

　・高梁署に引致　訓導が教え子と関係　　小学校訓導某（35）が同補修学校生徒某（16）
　　と関係し遂に妊娠せしめ昨年11月5ヵ月の胎児を堕胎

・受持の先生に十四の処女を奪わる　　M子（14）は小学校を卒業後間もなく和田山町に子守奉公をしていたが、妊娠が発覚

・現職の小学校長が教え子に桃色触手　義憤した運転手少女を救って警察へ問題の熊木校長は、昭和7年37歳の若さで赤塚校長に栄進した。

〈B群〉

・教員、少女に乱暴　群馬県に教員の慰安旅行中の東京の中学校の教員H男（30）は、夜9時半ごろ少女（9）に乱暴、1週間のけが。

・N教諭自首　女生徒に乱暴　　小学校教諭N（48）は受持ちの女生徒に乱暴をした疑いで指名手配をうけていたが自首した。

・女生徒の裸体写真とる　非難浴び先生姿消す　　中学校体育の先生が夏休み中に写した女生徒A子（16）のヌード写真が父兄に発見され

・少女にいたずら　高松の小学校教師　父兄の訴えでわかる

・教え子いたずら　中学の音楽教師が20人　三鷹

・先生、学校で女性徒切る　鹿児島の小学校　いたずら、騒がれ　自分も自殺図り重体四年生担任のA教諭（36）

〈C群〉

・埼玉県　電車内で女子高校生（15）のスカートに手を入れるなどにより小学校教諭（45）を逮捕

・教え子二人を裸にした疑いで中学の男性教諭（40）を逮捕

・強制わいせつ容疑　小学校教諭を逮捕　　埼玉県内の公園で小学校教諭K男（27）はアルバイト帰りの女子専門学校生（19）を押し倒すなどした。

・女医に無言電話千数百回　傷害容疑で中学教諭を逮捕　　福岡県警は女性医師に無言電話をかけて精神的苦痛を与えたとして、A男（56）を逮捕した。

・わいせつ教諭が諭旨免　受持ち女児に数回、1年後判明　この教諭は3年目の若い独身男性で、担任していた三年生の女子児童にわいせつ行為

・浜松市立中学校教諭は家出の中学三年女子（15）とテレフォンクラブで知り合い、ホテルでわいせつな行為をした容疑で逮捕　2万円を渡す約束が

・女高生買春の教諭逮捕　ビデオ撮影　300巻押収　　警視庁は埼玉県公立中学の教諭O男（46）を女子高生二人を買春した容疑で逮捕。

・小学校教諭を逮捕　福岡県の小学校教諭は佐賀県のホテルで伝言ダイヤルを通じて知り合った久留米市の中学二年の女子にいたずらで逮捕

・中学教諭2人を逮捕　ツーショットで知り合い、少女いたずら容疑　下関署

・わいせつ講師論旨免職　部活指導の女子7人に

・中学教諭（42）、わいせつ行為で懲戒免職　教育実習の教え子（24）に　福岡・大牟田

・女生徒に校内でわいせつ行為　県立高校教諭（46）を懲戒免職

第2章　戦前・戦後と現在の考え方と生活　　*45*

・小学教諭がわいせつ行為　教室に中三女子連れ込み　埼玉・春日部
・家出女子中学生に滋賀の教頭がみだらな行為　淫行容疑で逮捕　京都府警　テレフォンクラブを通じて知り合う
・美術の先生とんだ"美意識"　スカートの中、隠し撮り容疑で聴取　広島
・小学教諭、強制わいせつ容疑で逮捕　女子中学生に医者装い　名張署
・中一男子2人の全裸写真写す　容疑の教諭（32）逮捕　茨城　モデルにならないかと誘い車中で撮影
・わいせつ盗撮で小学校長（58）聴取　神奈川
・46歳中学教師、女装で温泉露店風呂盗撮　現行犯逮捕　福井
・少女にいたずら容疑の高校教諭（39）逮捕　　ツーショットダイヤルで知り合った中学二年生の少女（14）に2万5千円を渡しいたずらした。
・女生徒とみだらな行為　足利の中学校教諭を逮捕　　Yはテレフォンクラブで知り合った女生徒をホテルに連れ込み1回につき2万円を渡し
・福島県の小学校長（60）、セクハラで依願退職　　同じ学校の20〜30歳代の女性教諭らにダンスを強要したり、セクハラめいた発言を繰り返す
・中学教師がストーカー　東京八王子の45歳を逮捕　盗撮写真で交際迫る
・教え子にわいせつ行為　横浜市教委の減給処分に疑問の声
・児童買春」初の適用　神奈川、千葉の中学教諭を相次ぎ逮捕
・懲りないワイセツ小学教諭　横浜市教委、「2度目で」懲戒免職　　以前にも別の小学校でわいせつ行為をし、減給十分の一の懲戒処分を受けていた。
・長崎県で公立中学校教諭（56）が飲酒し女子トイレに侵入　停職6月　　飲酒後バイクを運転し駅まで行き
・山形の中学教師（42）が女子トイレに侵入、逮捕　ビデオカメラ持ち込む
・延岡市の小学校教諭（26）が教室で女児（8）にいたずら逮捕　懲戒免職
・午後8時50分ごろ、奈良の近鉄線で中学教諭（32）が女子高生（17）に公然わいせつ　現行犯逮捕
・福岡で教頭（49）がわいせつ図画をネット販売
・豊田市でわいせつ教諭（23）逮捕　小六のスカートに手を入れる
・女子トイレを小学校校長（55）がのぞき、逮捕　奈良・御所のパチンコ店　　仕事や家庭の事で気分的にむしゃくしゃしていたと供述。
・久留米市で女生徒にわいせつメール　同じ中学の教諭（30）「秘密交際」も求める
・女子児童の入浴、教諭（31）が盗撮　「魔がさした」　富山県教委が近く処分
・福岡県で小学教諭（35）、児童買春で逮捕　テレクラで中三誘う
・わいせつDVDネット販売の高校教諭（39）逮捕　小学校教諭（51）、僧侶（64）ら申込み　京都

- 手錠少女（12）死・中学教諭（34）を逮捕　「聖職者」の暴走衝撃　兵庫県教委、対応を緊急協議　"幼稚化"しすぎた教師
- 出会い系サイトで知り合った男子生徒にわいせつ行為　私立高校男性中学教諭（24）を逮捕　岡山県警操作で生徒が閲覧
- 中学で生徒指導主事を務める教師、教室で少女のヌード撮影　インターネットの出会い系サイトで知り合った少女に現金2万7千円を渡し
- 小学教諭、「愛してる」教え子小六女児に毎日メール　体触って懲戒免職　昨年度まで2年間別の小学校で担任をしており
- 元教え子の小六女児にわいせつ　教務主任（48）逮捕　容疑者はかつての教え子だった別の小学校の六年生女児（11）にわいせつな行為をした。
- 中学校長、女性教諭へ腹いせで路上に裸合成写真まく　容疑者は4年間、女性教諭と同じ中学校に勤務。
- 校長室でアダルトサイト　長岡京の中学校長（58）処分へ　京都府教委

　教師の性犯罪については、C群の男教師による男生徒に対する事件も見ることができますが、加害者のほとんどが男性で、被害者のほとんどが女性であるという状況は戦前から今に至っても大きくは変わりないところです。しかしながら、近年のマスメディアは、性同一性障害による性転換や戸籍変更のことを報道したり、テレビではニューハーフ風の芸能人を中心にした番組が数多く放映されたりするなど、女性、男性という両極に当たる性を否定するかのような風潮が漂う昨今であり、犯罪以外にも事欠かない最近の「性」に関する報道状況があります。

　そうした中で、ここに示した各群の「性」記事を比べると、C群の記事数が圧倒的に多いのは、何事においても例えそれが歪な形であろうとも"子どもを中心に"という傾向が強い中で、その子どもの教育に関わる立ち位置としては教師職が最も近くにあり、その教師に対する注目度が高くなることは当然のことだと思われます。そして、最近のマスメディアによる情報収集に対する執着度は以前にも増して高くなっており、とりわけ、注目度の高い教師の犯罪に対する関心の高さは、新聞をはじめ、テレビ、週刊誌、インターネット等に、事件となればこぞって取材・報道という態勢にあるのです。

　そういうわけで各群の教師による性犯罪を比較しますが、まず、A群の3件の記事中のすべてが教え子に対する男教師の性欲を満たす行為です。そのうち2件が肉体関係を持ち、妊娠に及んでいるのです。

第2章　戦前・戦後と現在の考え方と生活　47

　また、B群の6件の記事の1件はヌード写真を撮るとあるのですが、これも含めてすべて男教師の女児童・女生徒に対する欲望を満たす行為といえます。

　そして、C群の46件中、性欲を満たすために女性（1件は男性）の体を求める行為28件、女性のスカート内の盗撮やのぞきのための行為8件、わいせつ画像販売4件、勤務中のアダルトサイトの視聴1件、わいせつメールの送信1件、女性へのセクハラ、脅迫等4件となっています。その事件の対象となる被害者の性別・年齢層・件数は、女性が小学生12件、中学生13件、高校生4件、18歳以上12件、16歳1件、中高生2件です。それに男子中学生1件です。

　さて、A群、B群、C群の事件の多くに共通しているのは男教師の性欲を満たす行為で、これについては教師に限らず男と女の世界における永遠の課題といえる事件です。

　戦前は公娼制度があり、当該の施設に赴き、金銭さえ払えば性欲を満たすことができたことからこのような事件になることは少なかったといえるのです。それにもかかわらず、このような事件として明るみに出ることになったのは、被害となる子どものことを案ずることなく、自らの性的欲求を満たすための行為です。

　A群の2件ともに、妊娠するまでその行為を続けていたと思われるのですが、被害者の女子は“先生だから”断れなかったのか、そのあたりは明確にはできないのですが、状況から推察すると、妊娠しなければ事件にならなかったと思われます。そして、妊娠しない事例はかなり多かったと思われます。それだけ教師としての奢りと女児童・女生徒に対する1人の人間としての配慮ある接し方ではなかったと思われます。

　また、3例目の「現職の小学校長が教え子に桃色触手」と題した記事中の校長は、当時としてはエリート校長とも目される校長であったようです。しかしながら、その校長が少女に対して度重ねて行う桃色触手を目撃した運転手が「その行為に義憤し、少女を救い警察へ駆け込んだ」という報道なのです。校長であればなおさらのこと教師としての襟を正さなければならない立場にあったと思われるのですが、エリート校長だから何をしても許されるという思い上がった意識があったのではないでしょうか。いずれにしてもこの校長は警察沙汰になるまでに数多くの蛮行を重ねていたと推察されます。

　B群の6件の記事中、前半の3件は1956年の売春防止法制定により1958年に公

娼制度が廃止される前の事件であり、後半の３件は廃止後の事件ですが、前半と後半の事件を比べても何ら違いはないのです。つまり、公娼制度の存在は教師による性関連事件に影響はなかったようにも思われるのです。

　先に、Ａ群、Ｂ群、Ｃ群の教師の性犯罪についての共通点を述べたのですが、では、Ａ群とＢ群、あるいはＣ群にはどのような違いがあるのでしょうか。

　Ａ群の被害少女の２件の妊娠を述べたのですが、Ｂ群の６件の被害者やＣ群の男教師の性欲を満たすために体を求められた27件の少女にはいずれも妊娠という言葉が見られない。つまり、戦前の男教師は少女との性交の際に避妊を考えなかったと思われ、また、１度だけの性交でも妊娠の可能性はあるのですが、２件の少女がいずれも妊娠をしたということは、その事件の教師はたびたび少女と性交をした可能性が高く、戦前の事件当時はそれだけ自由に少女を弄んでいた可能性が高いのです。そういう意味では教師の言動に対する周囲の監視の目は非常に甘かったといえるのです。

　それに比べると、Ｂ群の「いたずら　騒がれ　自分も自殺図り　重体・・・」という戦後の記事中の「自分も自殺図り」は、教師の罪悪感と受けとめられることから性犯罪に対する周囲の監視の目は戦前より厳しくなっているように思われますし、それだけ戦前の教師の犯罪に対する罪悪感の欠如が浮き彫りとなるのです。

　Ｃ群の記事による教師に対する監視の目は1965年頃とはまた趣を異にするものです。というのは、1995年以降の教師の性犯罪は、例えば、前者の２つの時期では少女が対象でしたが、後者の1995年以降では、男の子や大人の女性も対象となり、また、前者では男教師と少女とが直接関わり合う行為であったのに対して、後者ではわいせつ画像をネットで販売したり、授業中に知人とのわいせつメールのやりとりをしているところを生徒に見られたり、女性教諭に嫌がらせのために合成した裸の写真を路上にまいたり、校長が校長室でアダルトサイトを楽しんだり、女性トイレに盗撮目的で侵入したり、女生徒にわいせつメールを送信したりなどの多岐にわたる行為として見られます。

　そして、かつての教師の性犯罪は犯罪者となる教師の身の周りにいる女子を対象とすることがほとんどですが、現在では身の周りの女子を対象とする事例もあるとはいえ、周囲の監視の目が厳しくなっていることもあり、通信機器やネット

での出会いを利用した女性（男子も含む）を対象とした事例が多くなっています。つまり、かつては日々の生活の中で関わり合う少女を対象としたのですが、今や直接会うのは初めての相手を対象とし、金銭を支払っての行為、すなわち、教師は買春、その対象者は売春という形で行われることになっているのです。そこでは、取引により成立した性交であり、それゆえに妊娠には至ることは少なくなっているようです。

　加えてC群に見られる"盗撮"です。盗撮者が盗撮作品を見て楽しむ場合と作品をネット等に投稿したり、ネットで作品を販売したりする場合もあるようです。中には、盗撮した裸体やわいせつな映像等をもとに、被害者をゆすり、交際を強要したり、交際を口止めしたりする場合もあるというのです。

　このように、どの時代にあっても見られる教師の性犯罪ですが、上述したように、A群、B群では見られなかった形での教師の性犯罪が通信機器（撮影機器も含む）の発達とネット通信網の整備によって、C群の記事のように見られるようになったことは、まさに科学の進歩とは対照的に映る人間教育の置きざりともいうべき深刻な状況なのです。

その他

　巻末に記載の教師の犯罪から、その他の新聞記事を群ごとに集めました。

〈B群〉
・無理な進学させるな　山梨県立高校長が指導文書　貧乏人は就職を　管内中学校に配付。

〈C群〉
・校長先生"二日酔い授業"　東京・あきる野の小学校　児童の"評判"……厳重注意
・体罰、わいせつの教師過去最多　全国の小中高　精神性疾患での休職も増加
・女性教諭を覚せい剤所持容疑で逮捕　「日に5〜10回吸引」　県警は小学校教諭容疑者（32）をイラン国籍の男二人と共に逮捕した。
・教え子（23）と覚せい剤所持容疑　岐阜県の高校教諭（42）に逮捕状
・女性教諭（44）を神奈川県教育庁が懲戒免職　先月20日、ひき逃げで逮捕
・いじめ、自殺……「隠せることは隠す」茨城県北高校長会がマスコミ対策文書配布
・校長が事故隠し　教頭はうそ報告　福岡市教委が処分2件公表せず
・わいせつ教員、過去最多　公立校で昨年度141人処分　教え子に対する行為による処分が6割。

・小学教諭（36）を懲戒免　酒飲み運転、事故3度　三重県教委

　その他に該当する記事は、戦前にはなかったのですが、このような記事として掲載するには、「それまでになかったこと」「あってはならないこと」等の出来事が生じたときに新聞社、あるいはそれ以外のマスメディアはこぞって取り上げることが多いようです。

　例えば、B群の「無理な進学させるな　山梨県立高校長が指導文書　貧乏人は就職を　管内中学校に配付」という情報はおそらく秘密事項として管内中学校に配布された文書、つまり、外部には知られたくない文書であったと思われます。それを見過ごすことができないものとして義勇の者が新聞社にリークしたのものと思われます。それにしても「貧乏人は就職を」というフレーズは山梨県立高校長が作成し、それに教育関係者は異議を唱えなかったとすれば教育界がいかに閉鎖的なところであったかが分かるというものです。そのような学校の閉鎖性は、C群の「いじめ、自殺……『隠せることは隠す』　茨城県北高校長会がマスコミ対策文書配布」や「校長が事故隠し　教頭はうそ報告　福岡市教委が処分2件公表」と題した記事を見ても、現在も学校は解放されていないのではないかと危惧するところです。

　また、前項では女性の人権が認められつつあること、教師の犯罪についてもかつては見られなかった女性の犯罪が近年には見られるようになったことを指摘したのですが、ここでもC群に「女性教諭を覚せい剤所持容疑で逮捕」や「女性教諭（44）を懲戒免職　ひき逃げで逮捕」という記事が見られます。この2件の記事には双方に「女性」という言葉が使われているのですが、この言葉にはこの記事を作成した記者と新聞社の意向を示すものだと推察するところです。その意向として、「覚せい剤所持」「ひき逃げ」という行為は、従来、女性教諭には縁遠いものだと考えるのが社会通念にあったのです。それなのに女教師がこのような事件を起こしたことは恥ずべきこと、珍しいことであるので「女性」とすることで、読者の気を惹こうとしたと思われます。なぜなら、男性教諭だと珍しいことではないので、「教え子（23）と覚せい剤所持容疑　高校教諭（42）に逮捕状」や「小学教諭（36）を懲戒免　酒飲み運転、事故3度」の記事に「男性」を入れる必要がなかったのです。そして、女性教諭も男性教諭と同じようなレベルの事件

を起こす者の存在が見られるようになったことを強調したものであると推察されます。

　以上のように、子どもと犯罪、大人と犯罪という形で犯罪を通しての時代的な変化を見てきたのですが、その結果、いずれにも時代により違いの見られる面と、時代が進んでも変わらない面とがありました。例えば、子どもの万引きは、いずれも盗みが悪いことだと知りながら盗むのですが、前者であれば金銭がないという理由が、後者では遊びやスリルのための理由だというのです。また、教師の犯罪はいずれの時代もいずれの種類も自制心に欠けるもので共通しています。

　なお、警察官による犯罪については巻末に新聞資料Ⅱとして付記したように、実際には戦前から少なくはなかったのです。そして、警察官の犯罪を戦前、戦後1、戦後2の3区分した集計結果に共通していることは、治安維持を職務とする警察官の犯罪に対する処分は身内に甘いということです。

　また、戦前の犯罪記事に見られた「又」と最近の記事2004年3月5日付に見られる「また」は全く同質といってよいもので、警察官による犯罪行為は戦前から現在まで変わることなく行われていたことを示すものです。

　こうして時代の進展とともに、かつては問題視されなかったことが国民の前で問われるようになったり、隠蔽されていたと思われる情報が国民に明らかにされるようになったりしつつあることも事実です。

　人として成長の時期は人それぞれですが、人一般は一定の成長により、"人に加害をするという行為によって、被害者がどのようになるか"ということを考えることができるようになると思われます。

　そして、犯罪の大部分は犯罪者の自制心の欠如によるものであることは改めていうまでもないことですが、その自制心は子ども自身が何もないところで自然に身につけるものではなく、やはり、子どもを取り巻く人による意図的なしつけは無論のこと、無意図的といえども取り巻く人の日常的な言動の感化によるものが大であることに気が付かされるところです。

第2節　子育て

　子育てとは、保護者またはそれに代わる者が、子どもの起床、排泄、洗顔、朝食、昼食、夕食、睡眠……等、生きるために必要なことを子ども自身でできるようにするために、多くは直接子どもに関わって必要なことを行うことです。

　その場合の1つは①「幼少であればあるほど子ども自らはできないことが多く、上手にはできない。だから子どものできないことを親またはそれに代わる者が行う」という考え方による子育てです。

　もう1つは②「子どもは自分でできないことが多い。しかし、子ども自身でできるように、援助することが子育てである」という考え方によるものです。

　大きく分けてこの2つの子ども観により子育てが行われていると考えたいのですが、過去と現在の子育てを鳥瞰的に見てみると、実はもう1つ考えられます。それは子ども観というには相応しいものではないのですが、現実的にはもう1つをこの括りの中に入れて置かなければ子どものことを語ることができないのです。

　ここで挙げた最初の子ども観の2つは、子どもを「どのようにする、したい」という意思の感じられるものですが、3つ目はそういう意思のないところで、例えば、将来の目標を持つことなく今の生活を楽しむことだけをモットーとするような人が親となれば、そこでは、子に対する子育てというより、「泣いたり、言うことを聞かないからといっては殴ったり、蹴ったり、食事を与えないで押し入れに閉じ込めたり、真夏の猛暑や真冬の厳寒時に箱に入れてベランダに置きっ放しにしたり、等……」（最近も頻繁に見られる子への虐待事件）のように③「子どもをモノのように扱う」場合のことです。

　さて、子育ては生まれた子どもを育てることですが、出産をする女性にとって、子どもの誕生までの過程として妊娠、出産は出産後の子育てに大きく関わることですので、そのことについても触れておく必要があります。

妊娠

　人の誕生については、戦前から戦後そして現在も、つまりいつの時代にあって

第2章　戦前・戦後と現在の考え方と生活　53

も一般的には生殖可能な男女の存在が必要であることは明白な事実です。しかしながら、子育ての前段階としての妊娠について見てみると、今では第1に、体外受精や顕微授精など不妊治療が進み、かつては妊娠に至らなかったであろうものが妊娠可能となっています。加えて、婚姻関係のない男女の精子や卵子を使っての受精も可能になったことが挙げられます。第2に妊娠中の子どもの遺伝子の異常を出生前診断により発見できることから人工妊娠中絶の選択が大幅に進むことになっています。

出産

　日本での出産場所については、戦前であれば「産婆」等による自宅分娩がほとんどでしたが、敗戦により出産に対する法律が変わったことにより、次第に産科施設等での出産に変わっていったのです。

　自宅出産が当たり前の時代にあっては、出産での母子安全のリスクは高かったのです。しかし、「それが当たり前のことであったとすれば」当時の妊婦がそこでのリスクに対する覚悟を持つことも当然であったと思われます。

　そうしてみると、戦前の出産は病院等の施設ではなく、自宅を中心とした環境の中で親世代からの知識を得ながら臨んだと思われますが、戦後（ここでは1945年以降を指すのではなく、医療設備の整った時期を指す）は病院等の専門医師の下で、受精や妊娠中のことや出産に関する整然とした出産環境の中で臨んでいるといえます。そうすると、戦前の母親としての女性は出産後の産休も十分ではなく、精神的、身体的な疲労度が高かったといえるのに対し、戦後は出産後の産休も十分で疲労度が低い。しかも、戦前は日々に生じる悩みに対して解決に費やす時間も設備も資金も不十分な中で、自らの試行錯誤により解決することが多かったと思われます。

　それに対して戦後は、十分な時間と設備と資金、病院・医院の支援体制等の整然とした出産環境の中で、今ではインターネット等の情報による知識を得て必ずや生じるであろう悩みに対しても解決することも可能になっています。

　このように、子育ての前段階としての妊娠、出産に関する環境はかつてと今では大きく変わってきており、そうしたことは「子づくり」の意思決定にも大きく影響することになっています。

（1）子育て論

　人の子育てについては、過去の時代における子育て環境を経た中で子育てを続けた結果が現在をもたらしています。したがって、時代が変われば子育てが変わるのではないかと考えられるのですが、はたしてそうなのでしょうか。そうした疑問を含めて各時代の子育て比較から何が見えてくるかを探ることにします。

1　外国人から見た日本の子育て

　戦前の子育てについて、ルース・ベネディクトはその著書『菊と刀』^{注11)} の中で、以下のように述べています。

> われわれは一定の時間を定めて授乳し、一定の時間に寝かしつける。授乳の時間や、寝る時間の来ない前にどんなにむずかっても、嬰児は時間の来るまで待っていなければならない。ややのちになると母親は、指に口をくわえたり、そのほかの身体の部分に触れたりすることを禁止するために、嬰児の手を叩く。母親はしばしばどこかへ姿を消して見えなくなる。そして母親が外出する時には、嬰児は家に留まっていなければならない。まだほかの食べ物よりも乳が恋しい時に乳離れをさせられ、あるいは、もし人口栄養の子どもならば、哺乳瓶を手離さなければならない。身体によい一定の食べ物が決められていて、どうしてもそれを食べなければならない。きめられたとおりのことをしなければ罰せられる。アメリカでさえこのとおりなのだから、一人前の人間になった時に自分の願望を抑え、あれほど注意深く、几帳面に、厳格な道徳を実践しなければならなくなる日本の乳幼児はさだめしこれに倍する厳しいしつけをうけるだろう、とアメリカ人が想像するのは全く当然なことである。ところが日本人のやり方は、それとは全然相違する。日本の生活曲線は、アメリカの生活曲線のちょうど逆になっている。それは大きな底の浅いU字型曲線であって、赤ん坊と老人とに最大の自由と我儘とが許されている。

　このように、アメリカでの子どもの厳しいしつけを述べているのですが、そこでは成長とともに、自由度が許容され、壮年期にはまったく制約を受けることなく、自由に生きることが一般的であるとしています。

　それに対する日本の子育てを「赤ん坊と老人とに最大の自由と我儘とが許されている」と述べています。それは、日本では未発達でいろいろなことができない赤ん坊は、これから自分でできるようにするために自分でさせるべきであるのに、その場で赤ん坊を喜ばせることを優先する行為を親がしていると指摘しているのです。

第2章　戦前・戦後と現在の考え方と生活　55

　また、そのベネディクトに先立つ明治時代の子どもに対する外国人の日本観を見ると、ヨセフ・コジェンスキー[注12]は「日本の母親はその幼児に気難しく当たることはあり得ない。いかなる場合においても、母親は優しさと和らぎを示す。幼児につらく当たることは、日本では非人間的な行いの最も下品な表現と見られるであろう」と述べ、ベネディクトと同様な指摘をしています。

　さらに、E・S・モース[注13]も「いろいろな事柄の中で外国人の筆者達が一人残らず一致することがある。それは日本が子供達の天国だということである」と述べているように、外国人の目には「日本は子どもの天国」だと映っていたことは確かです。

　以上のように、戦前の日本における乳幼児期の子育てが外国人の目には「子どもの天国」であり、子どもが喜ぶような関わり方をしていたことが分かります。

　それでは、戦後の外国人の目にはどのように映り、そしてどのように見えたのでしょうか。

　ロイス（1996）[注14]は「アメリカ人に映った日本人」としてアメリカと日本の「寝型」の違いから子育てについて以下のように述べています（3頁）。

> 　「寝型」と文化には深い関係があるようだ。（中略）　アメリカは「別室寝」である。生後しばらくして、子供は別室で独りで寝る。父とも母とも離れた個室で寝る。まだ「おむつ」もとれない子供、幼稚園へも行かないときから、独りで寝かされる。当然ながら「怖くて怖くて」しょうがない。いわば精神的極限状態ともいうべき体験を重ねる。夜泣きしても、誰も助けてくれない。たった独りである。日本の子供は違う。たいてい母親の隣に寝ていて、泣いたらお母さんの温かい胸に抱かれる。究極のところ、母親にしっかり抱かれている。寝型は代表的な日本文化の源泉のように思える。この点、アメリカ人は強い。日本人と比べると、とてつもなく強いと思える。かくて、強い独りの人間と、母と子、人間と人間が互いに依存して生きる文化ができあがっていった。（中略）　アメリカ人から見た「違和感」ある日本人像が浮かんでくるのだろう。ちょっと泣けば、やさしく母親に抱かれる日本人は、やたらと激しい自己主張をしなくてもよい。

　ここでは、日米の乳幼児期からの「寝型」による子育てスタイルの違いを述べています。これは先述したベネディクトの指摘と共通するのですが、「ちょっと泣けば、やさしく母親に抱かれる」は、「抱かれたい子どもは泣けば母親が来て抱いてくれることを知っている」ゆえに泣く、それが日本です。ところが、子ど

もは抱かれたいゆえに泣いても母親が来てくれなかったら泣いても無駄であることを知ることになる、それがアメリカなのです。

そこから考えられるのは、日本ではそれ以外にも様々な子どもの欲求を、子ども自身が求める行為のないままに大人が満たすことになっているのです。日本の子どもは得てして大人に欲求を満たされる生き方をしているのです。すなわち、目先の子どもの欲求を満たすことが日本の子育てとしての現実なのです。それゆえに、日本の「寝型」は子どもの自主性や自立性を養うことについての欠陥があることを指摘しているのです。

そして、日本人の中にもアメリカ的な「寝型」を採り入れている者も当然いるでしょうし、やがてはアメリカ的な「寝型」の方が大勢を占める時期が来ないとはいえないところです。

しかし、終戦後、半世紀以上を経て、アメリカナイズされたことの多い日本ですが、現在でもこの日本式の「寝型」が一般的です。そうすると、子育ての基本となる「寝型」から見た日本の子育ては、戦前と現在を比べると、およそ変わったとはいえるものではないのです。

2　日本人の見た子育て

外国人の見た日本の子育てについては前述した通りですが、戦前の日本では子育てについてどのように捉えられていたかを見ることにします。

1935年2月13日付東京朝日新聞には女性相談の欄に「孫を甘やかす姑御　その子守りが気に入らぬ」と題した次のような記事が見られました。

> 私は数年前まで教職にありましたが、我が子の養育に全きを得たいと思って、長女（3つ）の出産と同時に退職しました。（中略）　この地方の習慣として、嫁は朝早くから夜遅くまで忙しく働き、姑は近所遊びをしながら子守役で、可愛い我が子をわが手に抱くのは授乳の時間と夜分だけです。昨秋長男を産みましたので、二人になればと主人に頼み、育児と家政を主に農繁期だけ田畑に出るようにしました。姑は毎日長女と長男を連れて出かけます。何でも長女の言いなり放題で、出ない乳を吸わせたり、歩ける子をおんぶしたりしてばかりいるものですから、泣き虫で我が強くグニャグニャの性格になり手におえません。自然私が叱り役のようになりますので、一にも二にもおばあちゃんがおばあちゃんで、私等のいうことは聞きません。（中略）　主人に訴えても、別店でない限り年寄りが子守役に決ってるといい、私と共に苦しんで居ります。（後略）

第2章　戦前・戦後と現在の考え方と生活　57

　この記事は戦前の1家庭の嫁が、自分の子どもの子育てが自分の思い通りにならない悩みを新聞紙上に相談したものです。

　この記事から当時の生活の一端を覗い見ることができます。例えば、文面に「この地方の習慣として」との前置きがありますが、「嫁は朝早くから夜遅くまで忙しく働き、姑は近所遊びをしながら子守役で、可愛い我が子をわが手に抱くのは授乳の時間と夜分だけです」には、この地域で行われていた家庭での子育てにおける嫁と姑の人間関係を見ることができます。

　そして、この家庭での生活を推測すると、姑と嫁が同居は珍しくなかったこと、その場合、嫁が朝早くから夜遅くまで肉体労働を中心に忙しく働き、一方では姑が近所遊びをしながら家政と子守役をしていたこと等の様子が覗われます。ところが、2人目の子どもを出産のあとは状況が一転し、嫁が育児と家政を主に行ったり、農繁期だけ嫁が田畑に出るようになることもあったようです。そして、嫁が忙しく働いている間の姑は子どもを連れて出かけ、そこで子どもを甘やかすことがあったということです。

　つまり、日常生活の中で自分に都合のよいことを言ってくれる側につくのが子ども一般であるとすれば、母親の言うことより、姑のことをよく聞いたのであろうと読み取ることができますし、嫁である母親としては、不満を持ちながらそれらを受け入れざるを得なかったことと推察されます。

　この投書記事から読み取った箇所には現在と変わったことと変わらないことがあると思われますが、現在では嫁と姑の同居は戦前に比べて極めて少ないこと、田畑に出ての作業はほとんどが機械化されており、米作りの場合であれば、朝早くから夜遅くまで忙しく働くことは少なく、肉体的な負担は少ないこと等が浮き彫りとなります。ただ、姑との人間関係を推察すると、少ないとはいっても姑との同居の場合や、別居であっても母親が外で働いている場合には祖父母に子どもを預けたりすることがあり、その場合には戦前とは何もかも同じとは言えないのですが、現在でもやはり「姑は子どもを甘やかす」というような現実は少なくないと思われます。

　また、ここでの「姑は子どもを甘やかす」行為は、先に示した「寝型」でいえば、ここでの母親がアメリカ式だとはいえないのですが、祖母のそれは、完全に日本式の「寝型」でしょうし、第2節の冒頭で示した、子育てにおける子ども観

でいえば、①の類型に属するものです。

このように戦前の新聞記事により、戦前と現在を比較して述べたのですが、憲法という大きな括りの変更があったとはいえ、戦後になってすぐに現在のような状況になったわけではなく、当然のことですが徐々に現在のようになったわけです。そういう意味からいえば、物事によっては、1960年、1980年、いや2017年の現在においても、戦前に見られた家制度における人間関係が旧態依然のまま続いている可能性があると考えるのは当然のことです。

そうしたことに関連し、幼児を持ちアメリカで暮らす日本人の若い母親が「アメリカ流？幼児のしつけ」注15) と題してネット上に投稿した記事を見てみます。

> アメリカに来て一番印象的だったのは、アメリカ人の子供のしつけが良いこと。公共の場で泣き叫んだり、ダダをこねるのを見たことがない。日本人の観光客で、時差の疲れもあって愚図る子供をつい大声で叱ったり、「日本流に」引っぱたいたりして通報されて逮捕されたというケースも稀にあるそうだ。気をつけてアメリカ人の親を見ていると、子供がちょっと問題行動を起こしそうになっても、彼らは決して声を荒げない。逆にむしろ抑えた低い声になる。静かだがドスが効いている。そして、そのトーンのせいか、一言だけで子供はさっと顔色を変えて従う。日本人向けの雑誌（San Diego ゆうゆう）を読んでいたら、「幼児のしつけ」に関して少しその謎が解けた気がした。子供へのしつけは先ず親が見本を示すということは日本でもよく言われることだけど、その他のことが具体的でなかなか面白かった。その記事の中の「叱り方」という項で、叱るときには笑いながら駄目と言ってもしつけにならない。顔の表情で「ダメ!!」ということを意思表示し、不満足（不快）な声で注意する、そして子供を他の場所に移して一人にさせる。一人にさせることで子供に過ちを自覚させるが、一人にさせる時間はせいぜい数分。そこにおもちゃとか絵本とかは置いてはいけないともある。確かにアメリカ人の親が叱るときの顔はすごく厳粛で、取り付くしまのない顔だ。一瞬前までの顔とは別人になる。子供にとって一番嫌なことは親に無視されることだから、一番いい対処法は、短時間、子供を無視することだという。そうか！あんなにしゅんと震え上がって子供が従うのは、そういうことだったのかも！彼らがあんなに恐れていたのは、相手にされず無視されることだったらしい。親が叩いたり、大きな声で怒鳴ったりすると、子供も自分が欲求不満の時は親と同じように他の人を叩いたり、大きな声で怒鳴ってもよいと理解するようになるとも。子供を他のところに移すときは前から抱いてはいけない。前から抱かれることで喜んでしまうからともいう。背中から抱き上げるのだとか。「駄目！」という言葉は何度も繰り返してはいけないともある。　一つ一つが具体的だ。(抜粋)

若い母親は自分が幼児の頃に受けたしつけを思い出しながら、自分の思い描くしつけと日本の家庭一般のしつけには見られないアメリカのしつけの違いを「アメリカ流？幼児のしつけ」の中で指摘するのですが、親の行為の「叱る時には、子供を他の場所に移して一人にさせる。一人にさせることで子供に過ちを自覚させる。そこにおもちゃとか絵本とかは置いてはいけない」という箇所がアメリカ式しつけの本質のように思われます。

　ですが、若い母親の記述中に気になる表現があります。それは、「子供にとって一番嫌なことは親に無視されること」という箇所で、それは彼女自身の主観を述べたものですが、それこそ彼女を含めた新人類世代の育ちが感じた物言いではないでしょうか。そのような状況に置かれた新人類世代以降の子どもの多くは「親に無視された」と感じるようですが、それは無視ではなく、子どもが自らを考えることへの「喚起」なのです。ですから、ここでの親の行為は無視ではなく、「見守り」とすべきです。

　子どもにとって、日頃、食べること・排泄・衣服の着脱・入浴・眠ること・遊ぶこと等、生きるために必要なことすべてを支援してくれる人が自分のそばにいなくなった時の不安、それは何ものにも代えがたく大きなものでしょう。そう考えれば誰もが一人になることが嫌であることは明白です。しかし、そのようなアメリカなどでのしつけは子どもの未来を見据えた上での行為であると捉えたいものです。

（2）子育て論と子育て

　では次は、子育てに関する識者の意見を見てみることにします。
　大日向雅美氏は、「母親たちの現在―子育て困難とその背景―」[注16] の中で、

> 子育てがつらい。子どもをかわいく思えない、と回答する母親が8割から9割を占めていた。こうした昨今の母親たちの傾向は、母性を喪失した現代女性のゆゆしい現象としてとらえるのが一般的であろう　（68頁）

と述べていますが、無痛分娩も可能になった昨今にあっても分娩時の痛みだけでなく、「女性だけが10ヵ月間もつらい思いをして」の分娩を考えれば、その母親のつらいという回答割合には納得させられます。

また大日向氏は、「子どもをかわいく思えなかったり、子育てをつらく思う母親はいないはずであり、仮にそうした母親がいたとしたら、それは女性が本来備えている母性を喪失した異常な女性だ、と考えられてきた」と述べていますが、はたしてそうなのでしょうか。当事者でなければ理解しにくいところですが、1999年頃の調査で「８割から９割が子育てがつらい。子どもをかわいく思えない（同68頁）」であれば、昔から分娩者一般を「子どもを産む女性は生来的に子育ての適性をも備えているはずで、子育ては母親にとって喜びであり、お腹を痛めたわが子は無条件に愛おしい（同68頁）」とすることが、かつては、女性としての常識であるというように社会全体が仕向けられていたと観た方が適当ではないかと思われます。

　それはむしろ、「長くつらい子育ての中で、時には母親としての喜びを感じる」のであって、「子育てがつらい。子どもをかわいく思えない」を口にする母親が多くなったということだと思われます。つまり以前は、「子育てがつらい。子どもをかわいく思えない」ことがあっても、「それを口にすることは恥ずべきことである」という世情の雰囲気が大勢を占め、実家の母にさえ言えなかったのではないかと推察されます。

　それとともに、昔であれば母親に対してこのような調査をするような環境にはなかったことも事実です。

　また、子どもをかわいく思えない・子育てがつらい状況として、「子どもが言うことを聞かない、外でぐずる、子どもに部屋を散らかされる、しつけ方がわからない（同74頁）」等が挙げられていますが、それは今に始まったことではなく、昔からあったことだと思われます。それなのに今なぜ取り上げられるのかを考えてみます。

　「自分の人生でこれほど自分の思い通りにならないものに出会ったのは子どもがはじめてだ（同74頁）」と述懐する母親が多いということは、そうした個別的主観を堂々と述べられるような世の中になったことを示したものです。加えて、出産の悩みを抱える母親同士の情報交換の機会が増え、悩みを自分の胸にとどめ置く必要が少なくなってきたのです。このことは母親の立ち位置としての大きな変化です。

　日常生活の中で、かつての時代では取り立てて問題にならなかったことが今で

は家庭や学校生活を含めて取り上げられるような環境となったということもあります。

それに、「今日は女性も未婚時代には旅行や友人との交際を楽しむなど、自由に行動ができる時代である。時間もお金も自分の思いのままに使うことに慣れている現代の若い女性にとって、子育てから受ける行動上の制約は想像以上につらいものとして受けとめられるだろう（同75頁）」という現在の状況から、かつての女性は、未婚時代に旅行や友人との交際を楽しむ機会が少なく、時間もお金も自由には使えなかった、ということです。

そして、「最近の母親たちは、『子どもがいるようには見えない』ことを理想とする傾向がある（同76頁）」ということから考えると、結果として、かつては"子どもがいるように見えることを気にする余裕がなかった"ということではないかと思われます。以前から女性には子どもがいるように見られたくないという気持ちがなかったとはいえないのです。しかし、そういう気持ちがあっても、やはり"家のこと"を第1にすることから、自分のことにかまける時間もなければ自由に使う金銭もなかったと思われます。

さらには、「若い女性が……、現実に子どもを産むことに躊躇するのは、今日では子育てが女性の人生に与えるマイナス面が大きいと認識されるからである……心身ともに負担が極めて大きいというのが実態である（同80頁）」について考えてみると、以前であれば結婚しても子ができない女性は家継ぎができないとして離婚を余儀なくさせられることも少なくなかったのです。それはつまり、結婚の当事者を大切にするのではなく、これも"家"が重視されていたということです。そして、今でもそのような家は残っている場合もあるとしても、以前に比べれば比較にならないほど少なくなっていると思われます。加えて、以前は"家"重視のみならず男尊女卑が当たり前の世情でしたが、今では結婚する当人同士の関係を重視するようになりつつあると考えてよく、それ以上に女性の権利を重視する方向に進んでいるといえます。

広田照幸氏が『リーディングス　日本の教育と社会　③子育て・しつけ』[注17]の中で、「昔の子供は、今よりも大切に育てられていた、などという謬説は信じるわけにはいかない（231頁）」という言説は、

> 幼い子どもの世話は、多くの場合、祖父母や年長の子どもや、外からもらわれてきた子守りが担当した。都市の庶民家庭では母親は家事や内職等で忙しく、子どもに十分な手間をかける余裕はなかった。子育てに専念する母親は、極めて贅沢なことだったわけである。見落としてはならないのは、そうした庶民階層の子育ての場合、子育ての担い手が分散し、多様であっただけでなく、乳児の世話の質も低く、しばしば意図的・無意図的な〈放任〉を伴っていたことである（同11頁）

という理由により、「大人が協力しあってみんなで子育てをしていた」という昔の子育て形態を否定することになっています。つまり、「昔は大人が協力し合って子育てをしていた」ということは事実ではなかったと述べています。

また、昔の子育てについて「……それでも育てきれなくなったりすると、簡単によその他人に預けられた。（同11頁）」と述べていますが、それだけ生きることに困窮していたようで、「よその他人に預ける」ことにより、食い扶持を減らそうとしたことは事実のようです。そして、「簡単によその他人に預けられた」か否かについての産んだ母親の気持ちを察することはできないのですが、そうしたことは頻繁に行われていたことは事実のようです。それは、家計を支える大人にとっては、生きるために必要とする業務が優先しやすいことは現在でも同様に考えられるのですが、広田氏が述べたように昔は何よりも家庭での同居する家族（兄弟姉妹、祖父母、伯父伯母等）の人数が多く、手のすいている祖父母が指示をし、必然的に大きい子が小さい子の世話をするという生活パターンが多かったのであって、そのあたりから「子供は放っておいても一人前に育っていくものだ（同231頁）」という子育て観が通説になったと考えられます。

そして、「子育てやしつけに関する現代の親の関心や熱意は、かつての時代に比べてきわめて高くなっている（同15頁）」と述べていますが、それはまさに保育者としての母親の責任が問われることになるとともに、それが大きなプレッシャーとなり、母親が孤独感に陥りやすい環境となっていると思われます。

次に、「現代的な特徴を持つ親子関係の問題が生じてきている。第1に、親子関係の長期化がある。第2に、親子関係が、以前に比べて濃密な人間関係になったということである（同233頁）」と言っています。

この第1については、戦前は満12歳から14歳程度の子どもの多くが親から離れて生活をすることは珍しいことではなかったのです。それが戦後、中学校までが

義務教育となり、今では高校進学率が95％以上、そして大学進学率が50％以上になり、加えて、戦後次第に初婚年齢が上昇したこと等もその要因になると思われます。すなわち、子どもが親と過ごす時間が長くなったことを示しています。

　第2については親子関係の長期化にも大きく関わり合うのですが、戦前は親が子どもに命令、指図する、という方式により、子どもはそれを聞き入れ行動することが一般的でした。それは、親の言うことを聞き入れることが美徳とされていたとすれば戦前の大日本帝国憲法に謳われた「忠孝」の精神に合致することになります。それゆえ、そこでの親子関係の多くは議論にもならないことが多く、淡白な関係であったといえます。

　それが戦後、主権在民の日本国憲法に変わり、70数年を経た現在、親の幼稚化、子どもの早熟化、親子の関係が「友達的」になるなどによって、親と子の関係は大きく変わり、そういう意味での「親子関係が濃密」に結び付いたと思われるのです。

　子育てに関連して深谷昌志氏は『日本の母親・再考』[注18] の中で次のように述べています（182頁）。

> 現在の若い独身女性は自分中心の生活を送ってきた。それが、子どもが産まれると、子どものためにほとんどの時間を割かねばならなくなる。昔と比べれば、子育てが楽になっているし、外から見ると、優雅に子育てをしているように見える。しかし、現在の育児の特性は、「①不慣れな育児に＋②孤立した環境の中で＋③長期間営む」の状況である。そのため、母親は子育ての重圧に押しつぶされそうになっている。それが、現在のママの平均的な姿であろう。その結果、現在の若い女性にとって、子育ては心身に負担のかかるしんどい仕事のように感じられている。そして、一人ひとりの女性の中で、子を持つことを躊躇する気持ちが生まれる。そうした心情が蓄積されて、少子化がさらに進むことになる。

　最近におけるこの記述から昔のことを考えるとき、例えば、「現在の若い独身女性は自分中心の生活を送ってきた」という記述から、逆説として、「昔の既婚者を含めた女性一般は、自分中心の生活を送ってはいなかった」ということが推察されます。それらをまとめ、「昔と現在の女性比較」として表1にしました。

　昔の独身女性の「自分中心でない生活」とは、大日向氏の言説から得たように、「家」のためです。また、昔の出産後は広田氏の言説で得たように子育てだけで

表1　昔と現在の女性比較

	昔	現在
独身女性	自分中心でない生活、「家」のこと	自分中心の生活
出産後	子育て、「家」のこと	子育て中心
子育てA	母乳、医療環境不十分、布おむつ	「楽になっている」、医療環境良好、人工乳、使い捨ておむつ等
育児の特性	取巻きは多い	①不慣れな育児、②孤立した環境、③長期間営む
子育てB	悩みはあるが自分だけではない	孤立による心身の重圧
子育てC	有料の保育施設は少ない	有料保育施設が多く、そこに預ける機会が多い
子育てD	夫による保育は極めて少ない	夫の育児休暇取得制度もあり、夫の家事機会が増加

はなく、「家」のことを優先して行ったと思われます。

　そして、子育てAの現在での「楽になっている」は医療環境良好に加えて、人工乳[注19]や使い捨ておむつのような物理的なものと解釈しました。

　また、育児の特性は現在の母親の立場で言えば①と③については昔も大きくは変わらないように思われますが、②については双方の比較上で際立っています。

　さらには、子育てBの現在での「心身の重圧」はその②の孤立した環境と大きく関わりがあるといえます。

　この比較のように、子育て環境としては　出産は母親自身が行うということは昔も現在も変わりはないのですが、日常生活の中で、子どもへの援助・介助については昔の方が家族として関わり合う人の存在が多数であったということです。逆に現在は家族として関わり合う人の存在が少ないことが「孤立した環境」として、心身の重圧になっていると考えられます。しかし、現在は保育のために母子家庭に対する経済的支援を含めて、保育支援体制もかなり充実しつつあります。さらに、かつての育児休暇は女性に限られていたのですが今では母が勤めに出て、父が専業主夫となる場合も見られるようになっています。

　次は、大日向氏と広田氏の言説から表1とは別の角度から子育て関連事項の比較を行ったのが表2です。

　表1、表2による子育てに関する昔と現在の比較から浮き彫りになるのは、昔

表2　子育て関連事項の比較

著者	項目	昔	現在
大日向	独身女性の旅行	自由には行けない	自由に行ける
	母親自身の容姿	気にかけにくい	気にかける
	独身女性の時間とお金	自由にはならない	自由になる
	子どもを産むこと	躊躇しない	躊躇する
	生活	「家」中心	自己中心
広　田	子守	祖父母、年長の子ども、雇人	母親
	兄弟姉妹	多数	少数
	親と子の時間	短い	長い
	親子の関係	親子間のけじめ	友達的
	親子の濃密度	低い	高い

は「家中心」の生活であったものが、現在は「個人中心」の生活になり、その中での子育てに変わってきています。しかし、日本での将来的子育て観がどのような方向に進むのかは予測できないところですが、アメリカナイズされたことが多い生活の中で、前述したロイスの「寝型」でいうアメリカ式の子育ての方向に進むためには、やはり、日本的な子育ての習慣が障害になると思われます。

　なぜならば、日本の子育ては、刹那的で非論理的であり、子どもが自分でする過程を親が見守りながら、子どもに自分のすることに責任を持たせるという体制が整っているとはいい難く、「真の子どものために」という子育てに対する親の自覚は十分とはいえないからです。

（3）子育てに関する知見

　ここで、拙い知見ではありますが、子育てについての一助になればと思い認めましたので、ご一読いただければ幸いです。

　2002年8月27日付朝日新聞の「声」の欄には、「根気よく諭す姿勢見習おう」と題したオーストラリアに住む52歳の日本人主婦の投書が掲載されています。

　　オーストラリアに住んで1年と少しになります。子どもに公衆道徳を徹底して教え込む姿には頭が下がる思いがします。郵便局で並んで待っているとき、幼児が大声を発すると、母親は小声で話すよう根気よく諭しています。子どもも素直に従おうとする様子が

うかがえます。スーパーで、7、8歳の姉妹が店内を走り回っていました。物がたくさん置いてあるので危険と感じたその時、店員さんが私に「あなたの子か？」と聞くので、「違う」と答えると、すぐその姉妹をつかまえ、小声で説明し始めました。すると、二人は少し離れた母親の元へ戻って行き、静かになりました。オーストラリアの大人たちのそんな根気強さは、日本人も大いに見習いたいものです。

　現在は以前に比べて、子どもは親や教師から叱られることが少なくなり、褒められることが多くなった中で成人していくのですが、ここでの「叱る」は重要な意味を持つものですから触れておく必要があります。

　子どもを叱るとは、大人が子どもに対して言葉を発することで、「自分のために怒る。相手のために叱る」（http://blogs.itmedia.co.jp/tani/2008/03/post-83b9.html）とされています。

　つまり、子どもに対して大人自らの感情によって怒る場合と、子どものために冷静な言葉で助言をする場合の2つに分けられますが、現実には感情的になって怒る場合の方が圧倒的に多く見られます。とりわけ、「大人にならない成人」の中には、幼少の子のことを配慮することなく、自分の感情をそのまま子にぶっつける者が多く、それが虐待事件等として世間を賑わすことにもなっているようです。

　そして、今の日本では、幼児が大声を発したとき、母親が小声で話すよう根気よく諭す、というようなシーンを見る機会はあまり見られないように思われます。

　時折、人通りの多い場所で、母親が思い通りにならない幼児に“しつけ”をしている場面を見ることがあります。その様子を観察すると、幼児は叱られている、のではなく、怒られている、といった方が相応しいのです。つまり、そうした場合の母親の多くは人前で幼児が騒ぐのを制止するために怒っているのであって、子が理解できるように話しているようには見えないのです。ですから、上記のオーストラリアにおける諭し方とはまったく異なったしつけとなっています。

　幼稚園や保育園等の集団保育の現場での保育は他人の子を預かるということもあり、総じて、怒るのではなく、叱る、で実践されていると思いますが、今述べたような家庭での母親の子に対する、より臨床的な保育のあり方を現場の保育者や研究者による研究会等で検討し、それを家庭での母親の保育に還元できるようなシステムの構築ができることを願うところです。

第3節　情報と生活

　戦前の人々の情報源、あるいは娯楽としてはラジオ、新聞や雑誌、芝居等、加えて子どものための漫画があったのですが、とりわけ、ラジオは情報源としても娯楽としても最も重要な位置付けにあったのです。そして、ラジオは戦後もテレビが登場するまでは人々の生活の中で重要な役割をはたすことになります。

　新聞は、戦後に三大新聞といわれたのが読売新聞、朝日新聞、毎日新聞で、それらの新聞の頁数は昭和16（1941）年が、およそ朝刊6頁、夕刊2頁程度でした。その情報収集方法は限られており、読者に伝えるべき情報量も極めて限定されていたのです。

　それが今では、朝刊20〜40頁、夕刊8〜20頁程度になっていますので、情報量としては極めて豊富になっています。しかし、その新聞を情報源とする読者は減少しているようです。それは、新聞に代わるというより、必要とする情報を新聞より早く、より多く得ることができるインターネットという情報システムの登場によるものです。

（1）ラジオと漫画

　深谷昌志氏は子どもとラジオについて『昭和の子どもの生活史』（黎明書房2007）の中で、次のように述べています（232頁）。

> 　昭和25年に、子どもとラジオの関係を尋ねた調査がある。その結果によると、家にラジオがある割合は86.5％で、ラジオのある子の中で、「毎日ラジオを聞いている割合」は、小三が49.0％、小四の66.0％、小五の67.0％、小六の81.7％である。ラジオは夜の時間の娯楽だった。昭和30年、東京都下の小学生（小学四〜六年）866名にラジオの聴取調査をした結果がある。それによると、ラジオを「毎日のように聞く」が72.0％で、毎日1時間以上、ラジオを聞いている子どもは52.8％と、全体の半数を超える。で、ラジオはメジャーなメディアとして、子どもの生活のなかに位置づいている。

　戦後間もない時代においては、「ラジオはメジャーなメディアとして、子どもの生活の中に位置づいている」と述べているのですが、それは子どもだけでなく、大人にとっても重要な位置づけとなっていたことはいうまでもないことです。

　そのラジオは、テレビのように視覚と聴覚の双方から情報を得るものではなく、

聴覚、つまり耳から情報を獲得するもので、耳から聴取した情報は瞬時に受信者の脳に送られ、視覚的部分は受信者の想像により得ることになります。ですから音声による情報を聞き取り、映像は受信者の生きてきた経験値により想像・創造することになるのです。

したがって、日々の生活の中で経験値の少ない子どもほど既成概念に囚われない想像をし、大人にはできない創造ができるのではないかと推察されます。それゆえに、ラジオは子どもの創造力を培う役割をすることになっていたのです。

そういう意味からすると、漫画を除く"読み物"（伝記、冒険もの等の絵が少ないもの）の読書もラジオと同様に子どもの創造力を養う働きをするものだということがいえます。むしろ、"読み物"の読書は、自らが文字を読むことによりあらすじも何もかも理解し、そこから創造力が芽生えることになることから、与えられた音声を聞くことで情報を得るラジオ以上に子どもに大きな創造力を与えることになると考えられます。

漫画はここで読書の対象となる"読み物"に比べ、イラスト的というか、簡単な絵でもって描かれており、それに吹き出しの言葉や説明文がひらがな、カタカナ、あるいはルビ付きの漢字で書かれたものを読む（見る）ことで、内容の理解ができるのです。ですから、絵と文を目で見てストーリーが容易に理解できる漫画は、子どもにとって、そのとっつきやすさは考えることなく読めるものですから"読み物"の読書とは比較にならないほどに人気が高いのです。ですから、大人から見て好ましくないとされる漫画は逆に子ども層にどんどん広がっていくことになります。

さて、1953年2月26日付朝日新聞に「児童雑誌の弊」と題して投稿された下記の記事に見られるように、戦前、戦後共に、漫画は子どもにとっては悪い影響を与える読み物として位置づけされる時期が長く続きます。

> 児童雑誌はますます堕落の一途をたどりつつある。私は漫画そのものを悪いというのではないが、教養の低い画家の乱作漫画ほど危険なものはない。子供はすぐに真似をしたがるもので、度を越した悪戯、下品な綽名をつけて喜ぶことやくだらぬ流行語、目上の者をバカにる態度など大方こうした漫画の影響である。その漫画をもってほとんど全巻を占めているのが児童雑誌の実情である。（中略）　ただ売れさえすればそれでよい―では困る。児童雑誌が持つ重大な使命というものを少しは考えてほしい。（長野県商業男子）

第2章　戦前・戦後と現在の考え方と生活　*69*

　1970年代になると、下記『青少年非行・犯罪史資料（3）1970年代～』（赤塚行雄　星雲社　1983）の記述に見られるように、子どもに大人気の漫画に甚だしいセックス描写が登場し大問題となりますが、それに加えて少女小説のセックス表現についても非難されるようになります。

> 1970年　○少女小説にセックスがいっぱい　少女小説がすっかり変容、キスどころかセックスが氾濫　かなりきわどいのだが、ティーン・エイジの少女に大人気。大人もびっくりで「行き過ぎだ」との非難が出はじめた。この傾向は1年ほど前から急激にエスカレート、性抜きに少女小説は語れなくなった。　○ハレンチ・マンガ追放　問題のマンガは永井豪作の「ハレンチ学園」「ハレンチ学園番外地」

　そうした漫画によるセックス描写の流れは欲情を煽るものとして「排除すべきだ」と、読者が喜ぶ娯楽ものとしての「表現の自由」の両論が対決したまま時が過ぎることになるのですが、その後、1999年8月29日付朝日新聞の「声」の欄に、「少女雑誌にもきわどい『性』」と題した女子中学生の意見が見られます。

> 本欄で「少女雑誌の表現刺激強すぎる」を読み、私もこれに同感だ。そして残念なことに、これは少女雑誌や漫画にも同じ事が言えると思う。いわゆる少女雑誌や少女漫画には、ファッションやメークのほかに、きわどい性描写がある。思わず目を背けたくなるほどだ。こういったものを、軽い笑いで受け流してよいものなのだろうか。出版社は、こういった記事を載せると部数が稼げると思っているらしい。雑誌を購入するのは13歳から18歳の女子中高生たちである。（中略）　援助交際や少年犯罪が問題になっているが、これらのもとをたどれば、雑誌や漫画に行き着くのではないか。今すぐ考えてほしい。

　その当時、雑誌や漫画の性表現について、この中学生のように感じる者は、子どもだけでなく成人にも少なくはなかったと思われます。

　その後は漫画の性表現に対する新聞への投稿記事はあまり見られなくなるのですが、それは青少年に有害だといわれていたものがなくなったということではなく、むしろ、過激な性表現が巷にあふれるあまりに、多くの人の感覚は麻痺してしまった可能性があるのです。

（2）テレビ
　ラジオに代わって、1953年の放送開始とともに情報源として、あるいは娯楽の中心となっていくテレビは、1964年の東京オリンピックの開会式を国民の85％が

視聴するほど急速に普及します。

　高度経済成長期以降、各家庭には子ども部屋を設置する家庭が多くなります。するとそこでは、テレビの有無にかかわらず子どもは親の監視の機会が少なくなり、夜遅くまで起きていることが多くなります。ましてや、そこにテレビが置かれたとすれば、ますます夜更かしの機会が増えることになります。

　毎日新聞の1995年9月6日付の「子供たちの夜の過ごし方　テレビはバラエティーを楽しむ」と題した記事を見ると、その当時の子どものテレビ視聴の状況を知ることができます。

> 首都圏の子供は夜の時間、どんな過ごし方をして、どんなふうにテレビを見ているのだろうか。フジテレビメディア研究室は「こども達の生活状況とテレビの見方」を調査。その結果をまとめた。[塾や習い事] 小学生の九割、中学生の六割が何らかの塾や習い事に通う。(中略)　[子供部屋とテレビ] 小学生の3割、中学生の7割が自分の部屋を所有、兄弟共有の部屋を含めると小学生で8割興、中学生の9割強が子供部屋がある。子供部屋がある子で自室にテレビがあるのは小学生37％、中学生25％。[子供はどんな番組を見ているのか] 全体に夜9時以降の番組と、バラエティーが多い。

　この記事によると、その当時、「小学生の9割、中学生の6割が何らかの塾や習い事に」通っており、「小学生で8割強、中学生の9割強に子供部屋」があり、そこには「小学生37％、中学生25％」にテレビがあり、夜9時以降の番組と、バラエティーというものを視るという状況になっています。

　その時期に問題となりやすいのが、親の態度です。すなわち、子ども部屋の有無は別としても、親がテレビを見るということは子どもも見たいのです。それを“子どもだから見るな。大人は見てもよい”ということになれば、子どもは納得できるものではなく、むしろ、親への反発心が生じ、それが積もり積もれば子どもの心は爆発することにもなるのです。

　親もたびたび遅くまでテレビを見れば、朝起きるのがつらくなり、朝寝坊をすれば、朝食の準備ができないという状況にもなります。親も子どもも寝不足で朝食抜きで出勤、登校するということになれば、勤務に支障を来したり、学校で居眠りや欠伸をしたりすることにもなるのです。

　加えて、子どもが学校から帰宅後の親の不在時に、外に出て近所の子どもと一緒に遊ぼうにも遊び場がない、あるいは遊ぶ友達がいないとなれば、家の中でス

第2章　戦前・戦後と現在の考え方と生活　71

ナック菓子等を食べながらテレビを見て過ごすことが多くなります。そうなれば、子どもに必要とされる外遊び等による身体的機能の発達や友達との生のやり取りから得られるコミュニケーション能力を身につける機会が少なくなることになります。それだけではなく、逆にテレビやテレビゲーム等が発信する仮想的世界の情報に感化され、現実と仮想の見極めができにくくなる可能性さえあるのです。

　そうした中で、テレビ漫画がテレビアニメとして登場しますが、『子ども白書』(1970年版日本子どもを守る会　1970年8月)は次のように述べています。

> 1963年、「鉄腕アトム」が、最初の国産アニメとしてテレビ電波に乗る。その後、続々マンガのアニメが茶の間入りを認められ、多くの親たちは、警戒心を失ったように見えること、その寛容さに対する礼心からか、マンガの方は雑誌のころの野性を失って、まったく「家庭的」に飼いならされてしまった。(180頁)

　つまり、それまでの漫画の立ち位置とは異なることになるのです。それは、漫画に対する風当たりは決して弱くなったとはいえない中で、動画としてテレビ漫画が登場するからです。漫画が子どもに受け入れ易いことはすでに述べたのですが、テレビをはじめとしたメディアの放映する映像は、今や登場人物像やそれを取り巻く環境の形や色彩等(テレビが登場した当初は白黒映像であった)をすべて明示しており、漫画よりさらに多くの情報を一挙に与えることになります。つまり、視聴者は、テレビの音声を耳にし、動画としての映像を見て、それらのすべてに何らかの反応を示すことになるのです。

　それは、子どもに対して親が望まない種類のものであったとしても無意識のうちにそれらの情報を注入する結果になるのです。そしてその場合、子どもが幼少であればあるほどそうした映像は子どもから想像力を奪うとともに固定概念を植え付けることになっているのです。それゆえに、ラジオからテレビへのメディアの移行は、子どもたちの生活を大きく変えることになるのです。

　そうしたテレビと子どもの関係について、『現代子ども白書』(子ども調査研究所編　三一書房　1977年)は以下のように述べています(72頁)。

> テレビはたんに子どもの屋外遊びの時間を短縮したというだけではない。むしろ、テレビを軸とするマス状況が、子どもの遊びの質を変えた。子どもは、テレビのマンガやドラマに夢中になることによって、アトムや国松に代わりに遊んでもらい、みずから主体的に行為することをサボる習慣を生み出した。せいぜい、「ちびっこのど自慢ごっこ」を

まねするにとどまり、主体的に遊びを創造し、それと格闘する姿勢は希薄になってしまった。マス状況によってつくりだされた代理人文化ないしは真似文化が遊びの主流となりつつあることも、今日の遊びの危機的状況の一つということができる。

　テレビは学校教育が意図するものとは異質のものを大量に発信していると言い、それまでの年長の子どもから年少の子どもに行っていた遊びの技術や社会的な知恵の継承を妨げ、遊びの質を変え、さらには自らの主体的な行為の機会さえ奪うことになっていることを述べています。

　また、『現代社会と子ども』（加藤隆勝編　朝倉出版　1984）では、テレビと子どもの関係を次のように述べています（78頁）。

　　親が知らず子どもが知っている情報が多々存在することになる。また、親の言うことを聞かず、テレビではこうだったとか皆はそんなことはしていないなどと反発されたりする。このようにして、親のしつけ、影響力が弱まる可能性をはらんでいる。テレビの影響力をチェックする立場にある親の影響力を鈍化させるともいえる。子どもはテレビをはじめとするマス・コミの情報、その他の家庭外の情報によって、ざまざまな先入観をつくり、それにもとづいて行動する傾向を作り出していることは無視できない。

　つまり、ここでは子どもが親の言うことより「テレビ等のマス・コミの情報の方を信じることになる」ことを危惧しているのです。このことは親と子の関係において、かつては、子は親の付属物であるかのごとく、子は親の言う通りにすることが親孝行であるかのようにいわれていたのですが、それが親の言うことよりテレビ等の発信する情報を信じるとなれば大問題で、このことが親子関係を大きく変える要因の1つとなります。

　さらに、テレビの悪影響について、『現代社会と子ども』（前掲書）の中でケイト・ムーディは、次のように述べています（82-83頁）。

　　小さい時からテレビを長く見ることは、眼を動かさない練習をしているようなもので、複雑な眼球運動を必要とする読書能力を低下させているようなものだとしている。また、テレビを見ている時間は手足を動かさないので、脳の発達にとってよくないし、ハサミも使えない不器用な子どもが増える原因になったり、運動不足の原因になっている。

　このムーディの記述の後半の「テレビを見ている時間は手足を動かさないので、脳の発達にとってよくないし……」の部分はまったくその通りだと思われます。

第2章　戦前・戦後と現在の考え方と生活　73

　そして、乳幼児期のテレビ視聴の悪影響については、1999年1月12日付の朝日新聞の家庭教育研究所が調査結果から発表の「乳幼児期、ビデオの見せすぎご用心！」と題した記事にも見ることができます。

　乳幼児期から長時間ビデオを見続けた子どもは、友達づきあいが下手、視線を合わせられない、記憶が不確か、ごっこ遊びができないなどの特徴がある。（中略）　調査対象は1995年から97年に同研究所に在籍した3歳児160人。一日のビデオの平均視聴時間は1時間ぐらいが1番多く34.7％、以下1時間以下24.5％、2時間くらい22.6％と続く。見ないは11.3％で3時間以上も6.9％いた。さらにテレビ、ビデオの合計視聴時間は、3時間くらいが35.2％、4時間以上27.0％いた。このうち、ビデオ視聴が3時間以上で外遊びの時間より長い子どもの母親16人に面接した。家族形態は全員が核家族、一人を除きマンション住まいであった。長時間ビデオ視聴のきっかけは引越しや弟妹の出産、子どもの風邪、母親の在宅仕事など。1歳前から早期教育効果を期待して数字、英語などのビデオ教材を空気のようにかけていた家庭も6件あった。さらに「乳幼児期から長時間繰り返し一人で見ていた」子ども10人の行動特徴を、研究員と保母3人が観察したところ、「遊びが限られている」「友達関係がもてない」は全員、「表情が乏しい」「気持ちが通わない」「積み木などを何かに見立てる遊びができない」「自分から話しかけようとしない」は9人、「他の子が近寄ると逃げる」「視線が合わない」「ごっこ遊びをしない」は8人に共通して見られた。原因について研究員は「人間は3歳ごろまでに視野が徐々に広がり、手を伸ばし、反応が返ってくるとさらに刺激を求めるという順序で相互交渉スキルを発達させるが、ビデオは一方的に過剰な刺激が降ってきて、人間との感覚的に豊かなフィードバックがない。このため表情に乏しく、視線を合わせられない子どもになってしまうのではないか」と推測する。トイレや歯磨きの「しつけビデオ」がついた通信教材「こどもちゃれんじぷち」の購読者は25万世帯に上る。家庭用ビデオデッキの普及率は90％を超えた。研究員は「今後、在宅仕事が増えそうだが、くれぐれもビデオに子守をさせないで、親子で体や言葉を使ってやりとりしてほしい」と話している。

　このように乳幼児にとってのビデオの見せ過ぎが子どもたちの成長に悪影響を及ぼすことを指摘しています。

　そして、教科に関する児童生徒の信頼感は学校、学習塾からの情報を採り入れる確率が高いと思われますが日常生活における暮らしに関する情報は明らかにテレビからの情報への信頼度が高く、子どもにとっては家庭での親や学校での教師の言うことより信頼感は大であることは先ほど述べたとおりですが、深谷氏はテレビの視聴時間と学業成績の関係を前掲書『昭和の子どもの生活史』の中で以下

74

のように述べています（279－280頁）。

　　1980年の五、六年生の放課後のテレビと勉強時間の調査をしたが、福井の漁村はテレ
　ビ視聴３時間３分、勉強時間29分、京都の中心地はテレビ２時間25分、勉強１時間30分、
　芦屋の住宅地はテレビ１時間35分、勉強２時間53分であった。校区の情況によって、子
　どもの暮らしが大きく変わる。放課後の子どもの暮らしは「テレビ＋勉強」から成り立
　つ。勉強の時間が増えればテレビの視聴時間が減る。大都市ではテレビを我慢して、長
　時間勉強をしている子どもの姿も浮かぶ。いずれにせよ1965年代以降、特に1975年代に
　なると、子どもにとって、テレビは生活に欠かせない存在になる。その結果、「テレビを
　がまんしている子ども」は、成績も良く、生活もきちんとしているかもしれないが、遊
　びが下手で、友からもそれ程信頼されないと評価している。（中略）　テレビの視聴時間
　の長短は子どもの意識にどう影響するかを調べた。テレビ視聴時間の短い子どもは、自
　分を勉強が得意（34.8％）で、望みの高校に入学（53.8％）でき、社会的にも活躍できる
　（52.0％）と未来に明るいイメージを抱いている。それに対し、視聴時間の長い子どもは、
　勉強が苦手（得意が14.0％）で、高校進学は困難（「入学できそう」が28.5％）、社会的な
　活躍は難しい（「活躍できそう」が34.4％）と、閉ざされた未来を予感している。テレビ
　視聴時間の長短は、テレビ視聴を越え、子どもの自己像全体に関連してくる。

　子どものテレビ視聴時間の長短が学業成績に大きく反映することを述べていま
すが、それは学業成績だけでなく、人間関係を含め、子どもの生活全体に及ぶこ
とになることを指摘しています。

　そしてそれは、次に挙げる『子どもから大人になれない日本人　社会秩序の破
壊と大人の消失』（深谷昌志　リヨン社　2005）の中の記述にも見ることができ
ます（192－194頁）。

　1959年頃から63年頃にかけての数年の間に、子ども世界にテレビが普及し、子どもの生
　活が変容する。紙芝居の代わりにテレビを見る。そして、駄菓子ではなく、大手のス
　ナックを食べる。そうした変化が全国規模に広がっていく。見方によると、子どもが商
　品流通過程に巻き込まれ、子どもの世界から、地域差が消え、子どもが家庭に潜ってし
　まったのはこの時期以降からといえる。1975年の調査によると、漁村と都市の地域的に
　離れていながら、それでも①手伝いをしている子どもが少ない、②群れ遊びをする姿が
　少ない、③テレビ視聴が放課後の時間の半数前後を占めるなどの傾向は共通している。
　こうした形で、子どもの時間の中で、テレビの時間が増え、友達と群れ遊ぶ子どもが減
　り、一人ひとり子どもが家の中で孤立して暮らすようになる。（中略）　孤立化のもたら
　したもの　①外に出て体を動かすことをしないので、体力が低下する。②自然と接する機

会が減る。テレビは一人で見るので、友達と接する機会が減り、③友達づきあいをする経験が乏しくなる。さらに、群れ遊びのように、争ったり、競争したりすることがないので、④やる気が育たない。遊びでは、互いの想像力が必要になるが、⑤テレビ視聴では創造力は伸びない。遊びでは縄跳び名人や木登り名人の達人のように、自分に自信をもてるようになるが、⑥テレビを見ているだけでは、自分について自信がもちにくくなる。――現在の子どもの問題といわれるものの多くが群れ遊びの喪失から生じているのがわかる。

　テレビは、何しろスイッチを入れさえすれば、誰にでも音声付の映像を観ることができます。それがテレビの最大の魅力なのですが、負の影響として引用文にあるような多くの問題が指摘されています。

　テレビ視聴に対する負の影響については、そうした専門家のものだけでなく、1964年1月5日付朝日新聞の「声」の欄に「正月のテレビを嘆く　"軽薄""あちゃらか"の連続」と題した22歳の男子学生の意見を見ることができます。そこでは、テレビが「なぜか薄っぺらな人間作りに手を貸している」というのです。

　そして、そのようなテレビ視聴によるマイナスと思われる現象は、それから30年以上を経た1997年3月2日付朝日新聞の「声」の欄に「ＴＶ番組制作に『恥』の意識を」と題して投稿された35歳の主婦の意見にも見ることができます。

　　くだらないテレビ番組が多すぎる。特にバラエティー。ハメをはずしてズボンを脱ぎだすタレント、時には下着までも脱いで笑いをとっている。それを横目にゲラゲラ笑っているタレントも含めて目に余る。これが日本の「お笑い」の現状かと思うと情けない。日本人は「恥」につながる行為に対して、もっと敏感だったはずだ。「世間に顔向けできないことはするな」と、大抵の親は戒めた。自由を謳歌する若者にとって、それは少々耳の痛い言葉だったには違いない。

　このような意見は他の新聞の投書欄にも少なからず見ることができます。ＴＶ番組制作者側にはそうした声が届かないはずはないと思うのですが、それに対して改まる気配がないのは番組制作におけるモラルの低さというべきです。制作した番組が売れなければ彼らはその世界で生きていけないことから記事にあるような軽薄な内容が視聴者にフィットすることを読み取っての制作となっているようです。いずれにしても、見る側にそうした番組を受け入れ易い態勢にあることも

確かなことのようです。

　では次に、テレビの影響とされる約50年前と現在の意見を比較して見ることにします。

　まず、1963年4月7日付の朝日新聞の「声」の欄に39歳の小学校教諭の「テレビから残酷場面の追放望む」と題して報じられた記事を見てみます。

> このごろ、テレビの子供向け番組に残酷な場面が多い。（中略）　最近のおとなの娯楽にただよう残酷ムードをこそ根本的な問題として考えなければなるまいが、いまのように日常茶飯事として、子どもたちの面前に投げかけられては「平気で人をナイフで刺したり」「宿題を忘れたぐらいで2階から飛び降りる」異常な感性の少年、少女がよけい出てくるような気がしてならない。当事者の反省と注意をお願いしたい。

　ここでは、テレビに「人を刺すこと、2階から飛び降りる」等の残酷場面が頻繁に出てくることは、それを見た子どもたちがその悪影響を受けるのではないかと危惧し、投稿したものと思われます。

　また、1965年4月6日付の朝日新聞の「季節風」の欄には「テレビと暴力」と題した記事が見られます。

> 信頼できる統計によると、暴力や残虐シーンのふんだんに出てくるゴールデンアワーの17歳以下の年少視聴率は2千万人をこえており、12歳以下についていえば午後7時が千8百万人。午後8時には千7百万人になっている。このゴールデンアワーの年少視聴者は今後ふえるだろう。したがって、なんらかの手を打たないかぎり、テレビ番組の暴力犯罪および残虐行為にさらされる年少者の数はますますふえるにちがいない。

　これらは、多くの青少年が「暴力や残虐シーン」を見ることになっている現実を知らせるとともに、そのことが青少年の暴力や残虐行為に結びつくのではないかということを危惧したことから、テレビ局への番組制作に対する自制を促す記事となったようです。

　次の1965年の毎日新聞の2つの記事はテレビのコマーシャル番組に対する読者の意見です。

　1月30日　おそるべき影響力　TVコマーシャルに品位を　子供たちは「おめえ」とか「ねえんだろう」の悪いことばだけを覚えこんで、日常の会話にまでつかいます。（横浜市主婦46）

第2章　戦前・戦後と現在の考え方と生活　*77*

　2月20日　五行提言　4才の息子の口から、突然生理用品のコマーシャルが飛び出した。テレビが子供の生活に溶け込んでいる今日、こんな言葉は放送時間でもどうにかならぬものか。（東京都主婦36）

　コマーシャルはＮＨＫ以外の民放放送局で、番組を提供するスポンサーの商品販売を促進するためのものですが、テレビが開始された当初から視聴者の消費を促すものとして絶大な影響を及ぼす存在となっています。

　これらはいずれも母親が子に対して教えようとしたことではないのですが、子は意図的ではなくても与えられた生活環境の中で目や耳から入るものに対して反応し、吸収することになった事例です。そのことは子どもが幼少であればあるほど五官の反応と、吸収する量は大きいものと思われます。

　この2例の記事はいずれも悪影響をもたらすものとして挙げたのですが、ここで問題としたいのは、商品を売るための意図的なコマーシャルであるのですが、視聴する子どもに対する負の影響がまったく考慮されてないことです。

　次の朝日新聞1966年4月7日付の「刺激強すぎる女性下着の広告」と題した記事は14歳の女子中学生が投稿したものです。

　　このごろのテレビや新聞、雑誌では女性の下着の宣伝を、かなり刺激的にやっている。同性である私たちでも恥ずかしくなるようなこともある。少なくとも私たち若い世代には刺激が強すぎる。こんな宣伝をしている大人は分別がなさすぎる。「なになには教育上よくない」などと一方ではお説教し、他方では悪い刺激を子どもたちに与えているように思う。

　中学生は、日常生活の中でたいていのことは自分一人でできる状況にあるのですが、この「同性である私たち若い世代にも恥ずかしい」と述べるのは、この中学生が異性である男性の目を意識する気持ちがあるからこそ「恥ずかしい」と言っているのです。つまり、「女性としてはそのようなことを男性に見せるべきではないのにテレビや新聞、雑誌は見せている」ことに抗議をしているのです。そして、この女子中学生のように感じる人は少なくはないと推察されるのですが、このことについても負の影響を考慮することなく制作したものと思われます。

　次は、毎日新聞の2014年4月16日付に「テレビ局の安易さ戒めたい」と題して投稿された67歳無職の男性の記事です。

昨今のテレビ番組の質の低下を憂える声を本欄でも何度か目にしてきた。それだけ、こうした現状に不満を抱いている人が多いということをうかがわせる。中でも、お笑い番組の一部には、私など見るに堪えないものさえあるくらいだ。本来の「タレント」という語義、つまり才能とか技量とは程遠いような「タレントづらした人たちが、おもしろくもない笑いを振りまいては、一人悦に入っている姿にしらけてしまうことが多い。また、単なるギャグネタを連発し、それに合わせて大げさに両手を広げた独特の拍手をしては出演者たちだけが楽しんでいる様子は、芸とは全く無縁である。この程度のパフォーマンスを、公共の電波を使ってだらだらと垂れ流す局側の安易さも戒めたい。製作者には、明るく健康な笑いが自然にあふれてくるような番組作りへの努力を期待したい。

今では、３Ｄや４Ｋどころか８Ｋテレビなどという高機能のテレビ受像機の登場も近く、番組の制作にＣＧ技術を駆使し、幻想がリアルな画像となるように見せるなどの映像技術はますます高度になっている中で、これも番組内容の低下を嘆く投書ですが、視聴する子どもに対する思いやりのある番組制作ではないということを主張していることでは50年以上も前の前例と共通しています。その上、出演者たちだけが楽しんでいるということであれば、制作者の自己本位の番組のように思われるのですが、それがこの時期の視聴者にフィットするもの、つまり視聴率の稼げるものだということになりそうです。

この"視聴者にフィットさせるための番組"として、１つは、視聴者が見て自分も同じようにできる、同じようになれると思われる内容や人物をターゲットにしたものであるようです。もう１つは、男の裸を見せるような下品な企画、下ネタが頻繁に登場する企画も受け入れやすくなっているようで、テレビは兎にも角にも視聴率を稼ぐための番組制作になっているようです。

そうした傾向を批判する意見として、2015年11月8日付毎日新聞大阪の「みんなの広場」欄には「テレビで『１億総白痴化』」と題した73歳無職の男性の記事が見られます。

本紙夕刊（中部本社版）のクロスワード第386回に挑戦した。タテのカギに「低俗なテレビ番組で１億総白痴化」するといった評論家」とあった。故大宅壮一さんである。同氏のコメントは、テレビが普及し始めた59年前のことで当時話題となった。地デジ放送移行後は、確かに映像と音響は素晴らしくなった。でも、内容たるや急激につまらなくなった。芸のないお笑いタレントが騒ぐ番組が多過ぎる。可愛い女の子の集団が歌いま

くる音楽も結構だが、心に残るものは何もない。そんな低俗番組がゴールデンの時間帯にびっしりまかり通り、実にうんざりする。大宅さんが言う通り1億総白痴化してしまった気がしてならない。テレビは、その国の娯楽や文化を表すといわれる。これが文化とは情けない。番組制作に取り組んでいる皆さんには、中身のあるものを作っていただきたい。

　この記事が主張する1億総白痴化は59年前にはすでにいわれていたことです。その後、テレビの受像機の機能は高度に進化するのですが、テレビ番組を制作する側とそれを視聴する側の関係にはほとんど変化がないということになります。ですから、テレビは視聴者に対して使い方次第では好影響も悪影響も及ぼすということでは60年前も今も大きくは変わっていないようです。

（3）情報通信
　このところのスマホなどという情報通信機器の進化と普及はめざましく、若年層を中心とした人々の生活は各自が所有する最新の通信機器を駆使しての効率よい生活を希求するべきところを、歩きながら、自転車を運転しながら、車を運転しながら、電車・飛行機等での移動時に、あるいは学校での授業中に、朝の起床から夜の就寝まで、まるでそうした通信機器類を使うために日々を過ごしているかのようにも見られる昨今です。
　ここまで、日常生活の暮らしについてのテレビによる情報を述べてきたのですが、テレビよりさらに生の情報が早く得られるものとしてインターネットがあります。このネットは必要な項目の情報をそこで検索をすることにより、必要な情報がいち早く入手できることから、今では大学生の授業等における調べものの検索はもとより、中高生や社会人一般、そして小学生にまでも利用者が多くなっています。
　ネット上ではそれに加えて、他の利用者との「電子メール」「ＳＮＳ」「Facebook」「Twitter」「LINE」等で会話をすることが大流行りの状況です。
　ネットによる情報交換は送信も受信も瞬時に行うことが可能です。またそれは、モノの売買も、売り手も買い手もどちらの顔の見えないところでの取引が簡単にできるのです。そのモノとは食べ物、書籍類、絵画類、各種薬、自動車、列車・航空券飛行機等の乗車券、さらには拳銃類、販売が禁じられている麻薬類の売買

まで行われているのです。

それに、「出会い系」といわれるようなサイトでは女子高校生の年齢層を中心にした援助交際というような売春あるいは買春という男女交際が頻繁に行われています。

そうしたネットというとてつもなく異質で高度な情報システムは50、60年前の一般人には想像することもできなかったのですが、創出されたのは今よりすでに20年以上も前になります。

今では、そのネットは利用環境が整いさえすれば、世界のどこにいても、老若男女を問わず誰にでも利用できるものです。

加えて、ネット上でのフェイスブック等の欄を利用しての様々な呼びかけによっては、集まった人たちによる大規模なデモによる抗議行動も可能です。また、その種類によっては集団心中も起こり得るのです。さらには、時としては政治的な、あるいは思想的な方向性を示唆するような扇動行為もあり得るのです。

すなわち、ネットという世界を巻き込む巨大な情報システムが世界中の人々にもたらす影響力は図りしえないものがあるのです。

そのネットに関連して、学校教育に「情報」が導入されてすでに20年近く経つ中で、導入にあたっては様々な問題点が想定されたと考えられるのですが、導入後に生じた問題点を見てみることにします。

朝日新聞の2003年2月17日付の「声」の欄には、「危険隣り合う、パソコン学習」と題した40歳の主婦の意見が報じられています。

> 小五の息子が学校でインターネットを学習し始め、ある日好ましくないサイトを覗いているのを発見しました。ゆとり学習で教科の学習内容を削減した上で、作文も満足に出来ない子どもに、あえて時間を割き、パソコンを教える意義は何でしょうか。(抜粋)

この記事に類する意見は決して少なくなかったのですが、主婦は㋐「小五の男の子が好ましくないサイトをのぞくような行為は想定しなかったのか」、㋑「教科の内容を削減しなければインターネットの学習は出来なかったのか」、㋒「作文も満足に出来ない子どもにパソコンを教える意義は何でしょうか」を指摘しています。

現場の教師がこの㋐㋑㋒に類する指摘をされたとしたら、どのように受け止

めたかを問えば、彼らの中にはこのような指摘に対する返答に困る者もいたと思われます。

　小中学校の情報教育の目標は「情報活用能力の育成」とされているようですが、そもそも、情報教育の導入にあたっては「情報教育実施ありき」で進められたと思われ、心配ばかりしていたら始まるものも始まらないということで、㋐㋑㋒については話題にはならなかった可能性があります。

　その結果、上述の抗議にも似た意見が出ることになるのです。しかも、それらについては各学校にパソコン設置・実施をしていますので今更引き返すことはできないばかりか、今では電子黒板やタブレット機器による学習も進んでいるようですから兎にも角にも前だけを見て進められたといえます。

　そうした情報化がもたらすものについて、『子どもから大人になれない日本人　社会秩序の破壊と大人の消失』（深谷昌志　リヨン社　2005）は「電子メディア化の功罪」と題して以下のように述べています。

　　①知識が飛躍的に拡大するが、直接体験が減り、生の体験に欠ける子どもが育つ。バーチャル・リアリティ（仮想現実）の世界をリアル（現実）と思い込む可能性がある。②子どもでも大人のチャットに加われるし、遠く離れた人との交流も可能、引きこもり的で、非社会的な子どもが育つことも反面の事実である。友達と遊んだことがないから、友達とのつき合い方がわからない。最近のいじめや授業の荒廃などの背景にはそうした人間関係の未成熟さが見られる感じがする。③自尊感情の高まりと自信喪失　　（200－202頁）

　この記事は、①仮想と現実の社会の見極めができにくくなる、②子どもと大人の境界が曖昧になる、③自尊感情の高まりが"自己の反省と自戒"をなくすことになることを危惧しているように思われます。

　また、尾木直樹氏は『子ども格差　―壊れる子どもと教育現場―』（角川書店　2010　175頁）の中で子どもとケータイとの関係を次のように述べています。

　　そのことからは発達上の大きな問題が三つ出てきます。第一には、ケータイに常に気をとられているために注意力が散漫になること。第二には、バーチャルな関係に潜り込みすぎるために、リアルな関係におけるコミュニケーション不全に陥りがちなこと。第三には、勉強時間が減少し学力が低下することです。……思春期は、親や教師の権威を否定して友達に依存しがちな時期だけに、ケータイを軸にした人間関係に同調圧力が加わ

ると友達への依存関係を深めやすくなります。

このように、「ケイタイ」による子どもへの悪影響として、注意力の散漫、コミュニケーション不全に陥りがち、学力低下の３点を指摘しています。

ではそうした情報通信機器の普及の功罪のうちの罪となる生の現実を新聞に投書されたものから紹介します。

まず、2013年５月５日付の毎日新聞の「みんなのひろば」欄には「スマホ利用周囲に気配りを」と題した福山市の中学生女子の意見が掲載されています。

> 登校中、スマホをいじりながら歩いていた男性がぶつかってきた。朝のとても混雑している駅のホームでのことだった。私はむっとした。なぜこんなに混雑しているのにスマホをいじり人にぶつかっても平気な顔で歩いていられるのか。また、混んでいる電車の中でおばあさんが座れずに立っている目の前で堂々と座っている人を見かけた。（中略）スマホを使うなら他人のことも考えて使うという責任を負う必要があると思う。

これに類する意見は老若男女を問わず数多く見られますが、通勤、通学時間帯の朝の混雑した駅のホームでスマホをいじりながら歩くということは、他人にぶつかる確率が高いことは誰にでも分かるはずです。それでもそうするということは、ぶつかることがさほどのことではないと考えているのでしょうが、実はそういう時間と場所においてまでをも、そうしなければならない理由があるようです。

その理由の１つとして考えられる記事があります。2013年11月20日付の朝日新聞大阪の「仲間外れ嫌　やめられない　LINEと中高生　下」と題した記者の取材記事がそうです。

> 「仲間外れ嫌　やめられない　LINEと中高生　下」　返信滞らせたら……あふれる悪口、いじめ　「寝落ち」で罰ゲーム学校・保護者で「夜間禁止」生徒会が制限案　学校ぐるみでの取り組みも始まっている。学生は午後９時、高校生は10時以降、携帯、スマホ、パソコンは使わない。（中略）　取材を通して、ネット疲れで寝不足の子どもたちが保健室を訪れると話してくれた養護教諭の言葉が胸に響いた。「子どもの友達関係は広く浅くなっている。１枚の薄紙みたいな絆を保とうとして必死にLINEにすがっているのだろうか。LINEの家庭でのルールは①利用時間を決める②寝室に持ち込まない③食事中や勉強中はしない。④連絡以外で使う時は勉強や入浴などやるべきことを済ませてから⑤自分や友達の画像など個人情報をアップしない⑥ルールが守れない時は風呂洗いや食器あらいなどのお手伝いをする。（山根由紀子記者）

第2章　戦前・戦後と現在の考え方と生活　*83*

　冒頭部分の「仲間外れ嫌　やめられない　返信滞らせたら……あふれる悪口、いじめ　『寝落ち』で罰ゲーム」がその核心となる箇所です。そうです、返信を滞らせたら、あふれる悪口、いじめ、「寝落ち」で罰ゲームをさせられたりする。そして仲間外れになるのがいやだからやめられないというのです。暗い暗い泥沼の迷路に陥って抜けられないような状況なのか。とにかくそういう人間関係が生じ、甚だしくはそのグループ内での殺人事件に発展していくこともあるのです。そして、そうしたメールの返信行為は社会人となっても続いているというのです。

　では、通信機器によるネット利用者はどれくらいいるのかを見てみます。平成26年度青少年（満10歳から満17歳）のネット利用環境実態調査（内閣府）によると、いずれかの機器でネットを利用する割合は総数が76.0％で小学生53.0％、中学生79.4％、高校生95.8％となっています。

　なお、青少年の携帯電話・スマホ所有率は平成25年の調査で、小学生36.6％（平成22年度20.9％）、中学生51.9％（同49.3％）、高校生97.2％（同97.1％）となっており、低年齢者の所有率が著しく増加しています。

　そして、日本国民全体としての普及を総務省が発表（抜粋）しています。

> 2015年3月末時点における日本の携帯電話の普及率や各事業者のシェア動向などを一堂に集めたもので、携帯電話の普及実態を網羅した内容となっている。2014年度末の携帯電話契約数は1億5270万件、PHSは516万件、さらにBWAが1947万件で、合わせて1億7733万件となり、直近の国勢調査・2010年国勢調査における日本の総人口1億2805万7352人に対して138.5の値（老若男女を問わず）を示すこととなった。また、携帯電話に限っても119.3％で、100％を突破している。

　このように通信機器類は老若男女を問わず日本の総人口に対して138.5％も普及し、今や、その業界は巨大市場となり各販売会社による販売競争はますます激化しているようです。

　日々の生活の中で通信機器は多くの人たちに利便性を最優先として利用されていると思われるのですが、そこでは人間関係にとってはたして有効な影響を与えているといえるのでしょうか。

　そのことに関連した記事として、脳科学者としてマスメディアを賑わせている茂木健一郎氏の「スマホがヒトを進化させる？」と題した「脳とスマホの関係」についてのコラム[注20]から抜粋して見てみます。

まず、「スマホが登場したことによって、脳の働きが高度になった？」という質問に茂木氏は次のように答えています。

そうです。それはスマホが脳に与えた影響の第1点で、もう1つ「文脈の切り替えと共有」が高度化した点も挙げられますね。たとえば人と向き合って会話しているときでも、LINEを開いたり「天気予報を見てみるね」と調べてみたり、とさまざまな「文脈」を脳の眼窩前頭皮質が処理するようになりました。これも、脳機能の高度化に影響している点です。

質問に対して、第1に脳の働きが高度になったことを挙げ、次に文脈の切り替えと共有が高度化したことを挙げています。例えばとして、人と向き合って会話中にLINEを開き、必要な情報をキャッチするなどができるようになったことを挙げたことは、まるで脳機能高度化のためのスマホの存在であるかのコメントです。それを言い換えれば、「スマホによって、脳が機械のように反応できるようになった」ということになりますが、まるで人の造った機械に人が合わせようとしているかのようです。

そのためでしょうか、「スマホ利用に関するマナーの悪さを指摘する意見もありますが」と問われたとき、

もちろん、他人のスマホを盗み見るなどの行為は言語道断。一方で、「スマホ後」の時代が到来したことによって生まれた、新たなマナーもあると思うんです。たとえば、相手が目の前でスマホを操作するのに腹を立てるという人は、今の時代に合わないんじゃないかな、と感じます。これからは、会話しながらスマホで調べたり作業したりというのが普通になっていくはず。LINEの「既読スルー」にしても同じで、それに怒るというのはちょっと違うんじゃないでしょうか。

のように答えています。しかしながら、ここで問われているマナーはスマホに特化したものではなく、本書の第5章で述べる日常生活の中での「他人への気遣い・配慮のない行為が迷惑を及ぼす」に関連した内容であると思われるのですが、茂木氏が挙げる、「他人のスマホを盗み見る」や「既読スルー」等をすることは許されないなどとの回答は、あくまでもスマホの使い方に関するマナーとして答えたものです。

茂木氏の発言は「スマホがヒトを進化させる」を前提にしたものだと思われるのですが、そうであれば、彼は人間関係における「他者への気遣い・配慮」は必

要ないとしているか、あるいは無視しているか、のようです。

　いずれにしても茂木氏の持つ強大な発信力は、「他者への気遣い・配慮」ある言動を減少させることになりそうです。

【注】

1）広辞苑（第六版　岩波書店2008）によると、団塊の世代とは、他世代に比し人数が特に多いところからいう。日本では1947年～49のベビーブーム時代に生まれた世代。ここでは終戦前の1944年、45年、戦後の1946年に生まれた者も含めている。

2）「子ども」の年齢については、未成年者（20歳未満）、高校生（18歳）までを子どもとする書も見られるが、この章では現行の義務教育年齢（15歳）までとした。

3）『東京日日新聞』は1872年に創刊。東京日日新聞は1942年12月31日廃刊し、以降は大阪毎日新聞と合同、題号を『毎日新聞』に統一して現在も継続中。

4）1874年11月合名会社「日就社」から『讀賣新聞』創刊。よみがなを振った画期的な庶民のための新聞だった。本書での読売新聞記事はすべて「ヨミダス歴史館」（明治からの読売新聞記事を収録した、ネットで読めるデータベース）によるものである。

5）朝日新聞は1881年5月自由党の機関紙『自由燈』として創刊。1886年1月『燈新聞』に改題。1888年7月大阪朝日新聞社が買収。『東京朝日新聞』と改題の上新創刊。1940年9月『大阪朝日新聞』と共に『朝日新聞』に改題。

　ここでの朝日新聞記事の所収は、1935年を大阪朝日新聞より、1965年、1995年は朝日新聞大阪の原紙より所収。それ以外は「聞蔵」（1879年以降の朝日新聞記事を集録した、ネットで読めるデータベース）により所収した。

　戦前の大阪朝日新聞を「大阪朝日」、戦後の朝日新聞大阪版を「朝日大阪」とし、戦前の東京朝日新聞と戦後の朝日新聞東京版のいずれも「朝日新聞」として略記する。

6）山陽新聞は岡山市に1879年1月に『山陽新報』として創刊。1937年合同新聞と改題。1948年『山陽新聞』と改題し、現在に至る。

7）朝日新聞の記事検索サイト「聞蔵」にて「いじめ」を検索した。その結果、1984年に54件の記事がヒットから始まり、この表で示した1995年は1853件、それ以降については1996年と1997年は最多の2043件、2010年は1127件であり、この時点でのいじめは減少傾向が見られた。

8）「母親は少年に非常に厳しく接する面もあったが、まだ12歳という少年に毎月10万程度の小遣いを与えていた過保護な面、少年が深夜に帰ってこなくても心配もしなければ叱りもしないという放任の面もありながら、気に入らない事があるとすぐに癇癪を起こし、騒音を起こす等近隣住民や知人からは『身勝手な人』として有名だった。取材を受けた際にも報道陣を睨みつけ、『迷惑なんですよね、子供のしたことでこんな』と話しはじめ、一切の責任を感じていない旨を記者に述べた」。　http://ja.wikipedia.org/wiki/長崎男児誘拐殺人事

件 2013.3.2より

9）http://ja.wikipedia.org/wiki/佐世保小6女児同級生殺害事件　2013.　3.2

10）http://ja.wikipedia.org/wiki/神戸連続児童殺傷事件2013.3.4

11）『菊と刀』ルース・ベネディクト著　長谷川松治訳　社会思想研究会出版部　1948年

12）『明治のジャポンスコ　ボヘミヤ教育総監の日本観察記』ヨセフ・コジェンスキー　チェコ元大使鈴木文彦訳　サイマル出版会　1985

13）『日本その日その日　その1』E·S·モース　石川欣一訳　平凡社　1971

14）『日本人のライフスタイル』ロイス＆ジョエル·デビッツ、千石保著　株式会社サイマル出版会　1996

15）2008年8月8日　bunsblog.exblog.jp/8413170　「アメリカ流のしつけ」

16）『変容する家族と子ども　家族は子どもにとっての資源か』渡辺秀樹編　教育出版　1999「母親たちの現在　―子育て困難とその背景―」大日向雅美

17）『リーディングス　日本の教育と社会　#子育て·しつけ』広田照幸　日本図書センター　2006

18）『日本の母親·再考』深谷昌志　ハーベスト社　2011

19）「日本において人工乳は、第二次世界大戦以前から販売されていましたが、孤児など、母乳が与えられない場合にのみ使用が限られていました。ところが、1950年代の病院出産へと雪崩れをうって出産の形態がそれまでとは激減するのと時を同じくして、人工乳の使用が増加しはじめ、1960年は母乳栄養率は70％であったものが1970年には30％にまで落ち込みました。その回復は1980年には45.7％、1990年には44.8％に若干低下した。2003年現在は、統計は発表されておらず推測の域は出ませんが、生後一カ月における母乳栄養率は全国平均が50～60％あるのでしょうか」。http://www7.plala.or.jp/anita/ milkhajimeni.htm 2013.8.9

20）http://lte.so-net.ne.jp/mvnolab/articles/201506_262/より2015.6.30

第3章

人の外面的、数量的変化

　外面的に、あるいは記録された数値により各世代の人や人の生活や意識を比較した場合、そこにはどのような違いがあるのかを見てみます。

（1）人の一生

　では、人はどれほどの一生を送ってきたのでしょう。1965年1月5日付の朝日新聞大阪の「どんどん伸びます　環境に左右され　拍車かける科学の知恵」と題した記事の中には、「人生50年といわれたのが、何時の間にか70年にのび、平均体位も年々向上している（後略）」と述べた記事が報道されています。

　記事中の「人生50年といわれた」のは、終戦前から終戦直後までの平均寿命を指し、その頃の人々には「人生50年」の認識が常識的であったようです[注1]。

　それが1965年頃には男女平均寿命70歳を報道しています。そのことを確認しながら、平均寿命の推移を次頁の表1から見ることにします。

　明治、大正と戦前の昭和の時期は男女ともに平均寿命が40歳台です。それが、終戦から5年経つと、たちまち50歳台に伸び、さらに5年後には60歳台に伸び、1981年に女性は80歳を超え、1984年には男女の平均寿命は世界一となります。そして、2013年には男性も80歳台に到達し、明治時代に比べると実に40年も伸びており、それだけヒトの一生は長くなっています。

　男女の平均寿命については、1936年が約47.5歳、1965年約70歳、2014年には83.5歳を超えています。ということは、1965年の人たちは1936年の人たちより8,213日も長く、2014年の人たちは1965年の人たちより4928日も長く生きることになっています。

　平均寿命が長くなったことの理由としては、かつては新生児の死亡率が高かったのですが医療技術の進歩により救命ができるようになったこと、病気やけがに

表1 平均寿命

		男	女
戦前	1891年	42.8歳	44.3歳
	1925	42.1	43.2
	1935	46.9	49.6
戦後	1950	58.0	61.5
	1965	67.7	72.9
	1975	71.7	76.9
	1985	74.8	80.5
	1995	76.3	82.9
	2010	79.6	86.3
	2014	80.5	86.8

資料：厚生労働省大臣官房統計情報部「生命表」「簡易生命表」より作成

対する治療方法が進歩したことです。加えて、かつての時代には食べ物による栄養分摂取が不十分であり、栄養失調という状況もあったのですが、その後は食糧事情が好転し、飽食と称すほどに満ち足りて、食べ物を粗末にすることも見られる状況です。

また、寒い時や暑い時に合わせてのエアコンの使用により身体的負担を少なくし、乗物の発達や、人の労力に代わる様々な機械が登場し、肉体労働が減少したことなどによる身体的消耗度が低くなったことがあります。

それにもう1つ加えるとすれば、精神的な面におけるストレスの減少、というよりは、ストレスに至ることのない過ごし方をするために「いつも楽しく」という生き方が多くなったことを示しているようです。

（2）人口と年齢層の推移

表2により人口と年齢層の関係についての推移を見ていきます。

日本における人口総数は、1920（大正9）年に55,963千人、1935（昭和10）年は69,254千人で、戦後は団塊の世代の2,447千人増をピークに次第に増加、2008（平成20）年の128,084千人をピークとして増加したのですが、それ以降は減少を続け、2015（平成27）年には127,083千人になっています。

第3章　人の外面的，数量的変化　　*89*

表2　人口の推移と年齢区分別人口及び割合の推移
（総務省平成28年6月29日発表より作成）

	総人口 （1.000人）			年齢3区分別人口 （1.000人）			年齢3区分別人口構成比 （％）		
	総数	男	女	年少人口 0〜14歳	生産年齢人口 15〜64歳	老年人口 65歳以上	年少人口 0〜14歳	生産年齢人口 15〜64歳	老年人口 65歳以上
1920年	55,963	28,044	27,919	20,416	32,605	2,941	36.5	58.3	5.3
1935	69,254	34,734	34,520	25,545	40,484	3,225	36.9	58.5	4.7
1995				30,123					
1965	99,209	48,692	50,517	25,529	67,444	6,236	25.7	68.0	6.3
1995	125,570	61,574	63,996	20,014	87,165	18,261	16.0	69.5	14.6
2008	128,084								
2010	128,057	62,328	65,730	16,803	81,032	29,246	13.2	63.8	23.0
2015	127,110	61,829	65,281	15,864	75,918	33,422	12.7	60.6	26.7

資料：2010年までは「国勢調査」による人口。　1995年と2008年は最大値としての数値のみを表示。

　では、なぜ人口が少なくなったかといえば、いうまでもないことですが出産数の減少です。そして、なぜ出産数が減少したのかといえば、女性の初婚年齢が高くなったこともあるのですが、子育てが大変だと捉える人が増加したことなどがあるようです（すでに述べた子育ての項を参照）。

　1935年までの男女割合は、いずれも男性の方が1920年は0.2ポイント、1935年は0.4ポイント高いのですが、戦後になると女性の方が高くなり、とりわけ1995年以降は1995年が2.0、2010年が2.6、2015年が2.8ポイントとその割合が高くなり、男性との人数割合比を大きくしています。それは、戦前の家制度と男尊女卑の社会が男の子を重宝したことと、戦後男女平等となり次第に女性の地位が向上したこととは無関係ではないようです。

　14歳未満の人数は、1955年の30,123千人をピークにして増加しますが、以降は下降線を呈し、1970年（表から省略、以下同様）には25,153千人まで減少します。その後、団塊の世代の結婚によりいったんは1975年に27,221千人、1980年の27,507千人まで上昇線を描くのですが、それ以降は次第に減少し、2015（平成27）年には15,864千人まで減少しています。

表3　各国におけるこどもの割合

国名	調査時点	総人口に占める こどもの割合（%）
日本	2011. 12	12.9
イタリア	2011. 1	13.2
中国	2012. 12	16.5
アメリカ	2011. 7	19.6
インドネシア	2011. 7	26.4
フィリピン	2010. 5	33.4
エチオピア	2008. 7	42.6

資料：国連統計年鑑（2011年版）　＊人口4000万人以上の国　＊人口推計
平成25年4月1日現在値

　また、〈0～14歳の子ども、15～64歳、65歳以上〉の割合を見ると、1935年の〈36.9%、58.5%、4.7%〉が1965年は〈25.6%、68.1%、6.3%〉へ、それが1995年には〈16.0%、69.5%、14.6%〉へ、そして2015年には、〈12.7%、60.6%、26.7%〉へと変わり、年齢構成比が大きく変わっています。つまり、子ども層の減少、高齢者層の増加の社会は、今の子どもたちやこれから生まれてくる子どもたちに高齢世代への生活の保障という面での過重な責任を負わせることになりそうです。

　この少子化、高齢化の傾向はどの先進国にも共通した課題となっていますが、「表3　各国におけるこどもの割合」に見られるように、日本でのその状況が世界で最も甚だしいことを物語っています。

（3）体位と体力、運動能力等

　人の体といえば、やはり、背の高さと太り具合が目につきやすいところです。そこで、体位の中で最も一般的で分かりやすい項目として、身長と体重がどのように変わってきたかを見ることにします。

　10歳と14歳の身長と体重を対象にした体位について、表4の「児童・生徒の体位の推移」から1935年から最近までの数値を比較してみます。

　身長は、男子の10歳が1935年の127.9cmから1965年の133.6cm、1995年は138.9cmへと伸び、14歳では1935年の152.4cmから1965年の158.3cm、1995年は165.1cmへと伸びています。

第3章　人の外面的，数量的変化　　*91*

表4　児童・生徒の体位の推移

			1935年	1965年	1995年	2012年	2015年
男子	身長 (cm)	10歳	127.9	133.6	138.9	138.9	138.9
		14歳	152.4	158.3	165.1	165.1	165.1
	体重 (kg)	10歳	26.4	29.2	34.5	34.0	34.0
		14歳	43.4	47.1	54.7	54.2	53.9
女子	身長 (cm)	10歳	127.3	134.1	140.2	140.1	140.1
		14歳	148.7	152.5	156.7	156.5	156.5
	体重 (kg)	10歳	26.0	29.4	34.6	34.0	33.9
		14歳	43.2	46.5	50.5	49.9	49.9

＊1935年〜1995年は『子どもの変容』[2] 121-122頁より、2012年、2015年は学校保健統計調査による。

　体重については、男子の10歳は1935年の26.4kgから1965年の29.2kg、1995年は34.5kgへと増え、14歳では1935年の43.4kgから1965年の47.1kg、1995年は54.7kgへと増加しています。

　同様に女子についても、身長は、10歳は1935年の127.3cmから1965年の134.1cm、1995年は140.2cmへと伸び、14歳では1935年の148.7cmから1965年の152.5cm、1995年は156.7cmへと伸びています。また、体重については、10歳は1935年の26.0kgから1965年の29.4kg、1995年は34.6kgへと増え、14歳では1935年の43.2kgから1965年の46.5kg、1995年は50.5kgへと増加しています。

　そうした体位の変化について、文部科学省は「平成25年度学校保健統計調査」の中で、以下のように述べています。

　　身長は　平成6年度〜13年度あたりをピークに，その後横ばい傾向である。体重は平成10年度〜18年度あたりをピークに、その後減少がうかがえる。子世代、父母世代（30年前）、祖父母世代（55年前）を比較すると、身長・体重とも各世代間で増加していることがわかる。全体的には祖父母世代から父母世代が大きく増加している。父母世代と子世代の間でも増加しいるが、祖父母世代と父母世代の間に比べると増加の割合は小さい。男子、女子共に身長、体重のいずれも、現代に近い世代ほど早期に増加している。

　身長・体重ともに1995年頃をピークとしてその後は横ばいの傾向で、伸びていないのですが、「男子、女子共に身長，体重のいずれも、現代に近い世代ほど早期に増加している」と述べることは、序章での「子どもの身体的成長が早くなっ

ている」を証明することになっています。

　また、公益財団法人日本レクリエーション協会は子どもの体力・運動能力と身体機能に関して、親世代の子どもと現在の子どもを比較しながら、以下のように述べています。（http://www.recreation.or.jp/kodomo/intro/now.html）

> 文部科学省が行っている「体力・運動能力調査」によると、子どもの体力・運動能力は、昭和60年ごろから現在まで低下傾向が続いています。現在の子どもの結果をその親の世代である30年前と比較すると、ほとんどのテスト項目において、子どもの世代が親の世代を下まわっています。一方、身長、体重など子どもの体格についても同様に比較すると、逆に親の世代を上回っています。体格が向上しているにもかかわらず、体力・運動能力が低下していることは、身体能力の低下が深刻な状況であることを示しているといえます。また、最近の子ども達は、靴のひもを結べない、スキップができないなど、自分の身体を操作する能力の低下も指摘されています。（後略）

身長・基礎的運動能力の比較

	男子		女子	
	親世代の子ども	今の子ども	親世代の子ども	今の子ども
身長（cm）	142.6	145.0	145.0	146.9
50m走（秒）	8.8	8.8	9.0	9.1
ソフトボール投げ(m)	34.8	29.6	20.6	17.4

※親の世代は昭和56年度の11歳、今の子どもは平成24年度の11歳
※全国平均値は小数点以下第2位で四捨五入

　つまり、戦前に比べて戦後の1964年の子どもの体位は向上し、その一方では、体力・運動能力が低下したことはすでに述べたのですが、その低下傾向が最近でも変わらないで続いているということです。

　加えて、最近の子どもの「靴のひもを結べない、スキップができない」、つまり、自己調整能力等が低下したことを報告しています。

　その自己調整能力等に関連したものとして、2015年9月14日のデジタル毎日新聞は「〈現代の小学生〉82％がマッチ使えず」と題した記事を報道しています。

> マッチで火を付けることができる小学生は、20年前の約3分の1。象印マホービン（大阪市北区）が実施した子どもの生活体験に関する調査で、マッチや缶切りを使えない小学生の割合が、20年前に比べて増えていることが分かった。調査は今年5月、首都圏に

第3章　人の外面的，数量的変化　　*93*

住む小学生の母親を対象に，インターネット上で実施。330人から回答を得た。同社は，同様の調査を20年前の1995年5月に調査票を用いて実施しており，今回の結果と比較し，発表した。調査によると，マッチを使える小学生は，全体の18.1％で，20年前の58.9％を大きく下回った。反対に「子どもにやらせたことがない」と回答した親は68.8％で，20年前（25.8％）の約2.7倍だった。また，「包丁でリンゴの皮をむくことができる」は10.1％（20年前は36.3％）▽「缶切りで缶詰を開けることができる」は，20.7％（同50.7％）にとどまり，いずれも6〜7割の親が「子どもにやらせたことがない」と答えた。「タオルを絞ることができない・子どもにやらせたことがない」との回答も計19.7％あり，20年前の計2.6％を大きく上回った。一方，「外でよく遊ぶ」79.7％（同67.9％）▽「泥だらけになって遊んだ経験がある」75.6％（同72％）などは20年前よりアップした。今回初めて設けた質問で，「自分専用の携帯電話やスマートフォンを持っている」と答えたのは小学生全体で29.2％，6年生では43.3％に上った。母親に，子どもの生活技術の習熟度を尋ねたところ，「平均的だと思う」との回答が59.5％（同54.3％），「もっとさせないといけないと思う」は21％（同32.3％）だった。同社は「便利な道具が増え，体験の機会が減ったことが，マッチや缶切りなどを使える小学生が減った要因のひとつではないか」としている。

　日常的にマッチで火をつける必要が少なくなっているとすれば，マッチが使えないのは当然の結果といえますし，包丁でのリンゴの皮むきはしなければ上手にはならないものです。缶切りも同様に思われます。しかし，「タオルを絞ることができない」は，日々の生活で頻度の高いと思われる入浴に必要な行為のように思われるのですが，「子どもが自分でする機会が少なくなっている」ということであれば，できない子どもが多くなるのも当然の結果であって，それは大きな変化です。つまり，日常生活の中で，指先を使わなくてもすむような便利な道具が作られ普及することは，使うことで養われていたであろう調整力が使わないことで低下することは至極当然の成り行きです。

　それゆえに，人はより便利なモノがあれば便利なモノを使うことになります。その結果，不便なモノを使うことの中で獲得できていたであろう身体的機能は使わないことで退化することは避けられないことになります。

　また，元来，子どもは外遊びが好きですが，その外遊びにより身につけていたことがあるとすれば，外遊びをしなくなったことで身につけられなくなることができるのも当然です。

　そして，子どもの外遊び以上に魅力のあるモノとして漫画・ゲーム遊び，情報

入手・通信装置等を含むコンピューターの出現と進化、それを子どもが容易に入手できる環境が整うことで外遊びの減少をくい止めることができない状況が進んでいることになります。

（4）進路

　1934年の岡山県下における小学校尋常科の卒業生数は28,327人（師範学校附属尋常科卒業生を含む）[注3] です。では、その卒業生の進路を探り、表5に示します。

表5　小学校尋常科卒業生の進学先[注4]

	各種の学校（人）			
1935年各校一年生在籍者数	師範学校附属高等科	58	私立高等女学校	643
	市町村立小高等科2年制	18,617	私立中学校	220
	市町村立小高等科3年制	451	実業学校甲　職業	56
	公立中学校	885	実業学校乙　工芸	41
	高等女学校	2,142	実業学校乙　商業	213

　これは、当時の卒業生が卒業と同時に進んだ進学先とその人数を示し、その合計は23,326人です。その時期、市町村立尋常小学校高等科の約64％の学校が授業料を徴収していた[注5] のですが、それでも尋常科の卒業生数の8割強の子どもが表にある学校へ進学していたということです。その一方では、進学しなかった5,001人（17.6％）の子どもたちは小学校尋常科卒業（未卒業生も含む）の学歴で家事手伝いを含めた仕事に就き働くことになります。

　そのことは、当時における人々の生業にはそうした年少の子どもであっても労働社会の一員として必要とされていたということです。その期待に応えるために家事手伝いを除く子どもたちは丁稚や奉公人として他人の家に住み込むことが多かったのです。

　そこでは、心身ともに未熟な子どもが必死になって仕事を覚え、あるいは人としての生き方を知るために関わり合う人達にどれほどの気遣いをしなければならなかったのでしょうか。そして、当時の日本ではそうしたことが当たり前のように行われていたのですが、そこでの子どもに対する過酷といわれる労働の実態はその時すでに『女工哀史』等として数多くの書に認められています。

第3章　人の外面的，数量的変化　　95

　労働力として企業等に採用されることで一定の収入を得るようになることは、自分の意思で好きな物を好きな時に購入することも可能になります。つまりそれが人として自活できることの第一歩であり、大人として認められることの第一条件であったのではないでしょうか。ところで、その年齢としては、先ほど述べたように戦前であれば尋常小学校あるいは高等小学校卒業者でも、大人としての一つの条件を満たしていたことになります。

　戦後、新憲法に基付く教育基本法による学校教育は小学校6年間・中学校3年間の計9年間が義務教育として無償で行われることになり、そこでは、義務教育年齢の者の就業は禁止されます。したがって、1935年頃の子どもたちは満年齢で12歳の就労者が1割を超えていたのですが、戦後は法令でゼロとなり、早くとも満15歳以降の就労へと変わったのです。その上、15歳以降での就労もかつてのような丁稚や奉公という就労形態ではなくなり、つまり、他人の中での住込みによる特殊で封建的な世界での上意下達式の就労と学びではなくなるのです。そしてそのことが、後の時代の大人と子どもの関係が変わるきっかけをつくることになります。

　戦後の新制高等学校への進学率の推移は表6のようになります。

表6　新制高等学校への進学率の推移

	1950年	1960年	1970年	1980年	1990年	2000年	2010年	2014年
男	48.0	59.6	81.6	93.1	94.0	96.3	97.8	98.1
女	36.7	55.9	82.7	95.4	96.2	97.7	98.3	98.7
計	42.5	57.7	82.1	94.2	95.1	97.0	98.0	98.4

2014年8月7日政府公表の学校基本調査より作成

　表に見るように、新制中学校（以下中学校と略記）までの義務教育を終え、新制高等学校（以下高校と略記）への進学者は1950年が男女計42.5％、1960年は同57.7％、1965年は同70.7％、1970年は同82.1％、1975年は同91.9％というように高くなり2014年には98.4％になっています。

　ということは、仮に、高校へ進学をしない生徒のすべてが就職するとすれば、中学校卒業と同時の就職は1950年が男女計57.5％、1960年は同42.3％、1965年は同29.3％、1970年は同17.9％、1975年は同9.1％というように低くなり、2014年にはわずか1.6％の者が就職をしていることになります。

そして、その数値は中学校の卒業生、つまりは15歳のものですから1935年頃の12歳程度の進路の状況と比較すると、その違いは異次元の世界といえるほどに大きな違いがあります。

人口の推移についてはすでに述べたのですが、出生児数は次第に減少し、それに比例して18歳人口が減少することになります。ではそれに伴う中学校卒業生数と高校進学者数と高校卒業者数の関係がどうなっているのかを、表7から見てみます。

表7　中学校卒業者数と高校進学者数並びに高校卒業者数の推移（単位：万人）

	中学校卒業者数	高校進学者数（進学率）	高校卒業者数（卒業率）
1962年	195	119　（61％）	101.7
1965	236	159　（67％）	116　（97.5％）
1992	177.4	170　（95.8％）	181
1995	162	156.8　（95.6％）	159　（93.5％）
2012	119.5	117.5　（98.5％）	105
2015	117.5	115.7　（98.4％）	106.4　（90.2％）

高校は全日制・定時制。表に掲載していない数値として、各項目の最大値は、中学校卒業者数は1963年の249万人、高校進学者数は1989年の194万人。（文部科学省学校基本調査等より作成）

中学校卒業者数は1963年が最大の249万人で、1965年は236万人、その後次第に減少し、2015年には117万5千人になっています。そして、その卒業生のうちの、1965年が67％の159万人、2015年は98％の117万人が高校進学をしています。つまり、少子化により子ども数は少なくなるのですが、それとは逆に高校への進学率は大幅に高くなり、公立、私立共に授業料は実質的に無料となり義務化の様相を呈することになります。

ですから、戦後間もなく、例えば、学校基本調査によると1950年度の高校不進学率は57.5％（男52.0、女63.3）ですが、その数値には進学したくても授業料が払えないという理由で進学できない生徒が多く含まれていたことと比較すると、これも異次元の違いとなって見ることができます。

そして、ここで挙げた高校卒業率は各年度の卒業者数を3年前の入学者数で除したものとすると、1965年が97.5％であったのですが、30年後の1995年が93.5％と低くなり、2015年には90.2％まで低くなっています。これは高校への進学率の上昇とは逆行するものですが、決して高校の履修内容が高度化したものでも、評価

第3章　人の外面的，数量的変化　　97

評定基準が高くなっているわけではないのです。履修内容は変わらないとした場合、ある意味（点数を取る・楽しい授業という観点）では学校での指導方法はむしろ進化していると考えられる中での結果です。

　それは、高校生の知的レベルに合わせながら懇切丁寧な学習指導が行われているとした場合の卒業率の低下なのです。それにもかかわらず卒業率は低くなっているのです。

　次に、大学進学については、18歳人口の減少に伴って進学率は高くなっても進学者数は減少することにるのですが、実際はどのように推移しているかを表8の数値から見てみます。

表8　大学の入学定員、入学者数等の推移（単位：万人）「大学入学者選抜、大学教育の現状」

	18歳人口	大　　学					短期大学				
		入学定員	志願者数	志願倍率	入学者数	入定超過率	入学定員	志願者数	志願倍率	入学者数	入定超過率
1966年	249	19.5	51	2.63%	29	1.5%	6.8	14	2.01%	11	1.59%
1976	154	30	65	2.15	42	1.39	12.4	18.4	1.49	17.5	1.41
1992	205	47	92	1.94	54	1.14	20	29.4	1.45	25.5	1.25
2004	141	54.5	72	1.32	60	1.1	10.6	10.6	1	10.6	1
2012	123	58.4	68	1.16	61.4	1.05	7	6	0.88	6.5	0.93

出典　文部科学省「学校基本調査」（平成25年度は速報値）、「全国大学一覧」「全国短期大学一覧」を基に作成

　18歳人口は団塊世代の1966年の249万人をピークとし、1976年より戦後2回目の18歳人口減少。団塊世代2世世代の1992年に戦後2回目のピーク。それが2013年には123万人ですから1966年から約50年後には半数になっています。

　そして、短期大学定員は大幅に減少するのですが4年制大学の入学定員は増加し、志願倍率、入学定員超過率ともに減少傾向となっています。その結果、1999年以降の私立大学の入学定員未充足校が大幅に増加することは当然の成り行きというべきです。

　そのことについてもう少し角度を変えて見るために、学校基本調査から大学入試の平成4年度（前者と略記）と平成23年度（後者と略記）の実施比較をしてみると、現役志願率は前者50%が、後者は55%になり、大学収容力の前者60%が後者92%に、大学進学率は前者39%が後者51%となっています。そして、現役：浪

人の比は２：１が６：１となるなど、浪人率は大幅に減少しています。さらに、入学定員、入学数は平成９年度から約７万人の増加。志願倍率は平成９年から全体で1.7ポイントの減少となっていることから大学進学が容易になったことは明らかです。

つまり、18歳人口の減少にもかかわらず大学の入学定員数は増え、その結果、当然のことですが、私立大学の多くに定員割れが生じ、経営を逼迫させることになっています。そしてそれは、医学部を頂点とした特定の学部への志望傾向が高まり、そこから志望率の低い大学・学部の偏差値が低下することになります。

したがって、かつては名門といわれていた大学でも志望者が少なくなり、入学試験の合格難易度が低く（偏差値の低下）なっているところも見られます。

（5）家庭・学校関連事項

受験戦争が激しくなったことは、戦後のことだと思われがちですが、戦前の進学は現在のような大学受験オンリーという体制ではなく、当時は尋常小学校（現在の小学校）６年生の中等教育機関（現在の高等学校）への進学が一般的（途中から５年生の受験も可となる）で難関であったために各尋常小学校がその準備に必至になっていたのです。

その受験戦争が激しかったことは、山陽新報の1935年２月16日付「岡山県師範学校五人に一人の競争」や同年３月６日の「ここにも試験地獄　岡山師範学校付属小学入学試験」や同年３月24日の「明暗春の童心　中学校入学考査」等と題した記事中の中・高等女・工業・商業・師範の各学校への進学の難関さの報道で知ることができます。

しかし、あまりにも受験のための準備教育が甚だしいことから準備教育禁止令が通達されます。それにより学校での準備教育は収まったかのように見えたのですが、下記に示す1934年１月29日付朝日新聞の「教育界に怪聞絶えず　ボロい受験会と教員の腐れ縁　際物商売に暗い影」という見出しで始まる記事に見られるように、

　児童の悩み中等学校の入学試験地獄は迫った─東京府の厳しいお達しによって各小学校の試験地獄が廃止されてから際物の受験準備会という私商売がめっきり増加しいずれも大繁盛、毎日曜には色々な名の下に入学考査試験が行われているが、児童がこの種の会

第3章　人の外面的，数量的変化　　99

へ出席するのを小学校当局で奨励または黙認しているものがあるので、府学務当局では、
受験準備取締り通牒中の「準備会等に絶対に児童を出席せしむべからず」と指示した
（中略）　　1名80銭、団体もうし込み60銭というという受験料にもかかわらず、4千名も
の児童が父兄に連れられて押寄せた。（後略）

　準備教育は受験業者に移管する状況に変わるだけで、結果的には教育勅語による
学校教育も教科教育による知識の習得を第1にしていたということでは戦後の受
験戦争と五十歩百歩といったところで変わりがないといえます。

　戦後の国家としての再建は、帝国主義から民主主義へと国家体制が変わる中で、
日進月歩の勢いで進むのですが、教育の面では教育基本法による教育の目的は個
人の尊厳が謳われ「人格の形成」という崇高なものが掲げられ、戦前に国民の間
に根付いた上意下達式の体制からの大々的な改善を行うことなく学校教育を進め
た結果、何といっても第1には教師と子ども、その次には親と子ども、そして子
どもと子どもの関係が変わることになります。

　そして、その「人間形成」のための教育は、各教科や道徳教育、給食や清掃等
を含む各種の特別活動等に休み時間も含めた学校生活全体を通じて行うことに
なっています。

　そこでは、人間形成を目指すとはいっても、人間形成のための論理的な設計図
もなければ、そのための具体的なプログラムの作成も今は無いのです。ですが、
今あるものの中から似ているものとして、あえてあげるとすれば、それは学校に
おける教育課程ではないでしょうか。

　しかし、その教育課程は形式的には人間形成という言葉があったとしても、求
めるものは、あくまでも知識を中心としたものであり、学び手の知識獲得のため
に必要な道筋を示したものなのです。したがって、それにより人間形成ができる
と思っている人は誰もいないのです。だからこそ"無い"といったのです。それ
でもなお、人は人としての真の人間形成のためのプログラムを本気では目論もう
としているとは思われないのです。

　現実の学校教育は有名大学への進学が最終目的化することにより、親たちの子
育ての興味は幼児期からいかにして受験システムの軌道に乗せるかということに
なり、人間性の追求はどこかに追いやられてしまっているのです。それゆえに、
学校教育の中で最も人間性の追求に関連深いであろう週1回の道徳の授業時間は

学校行事の都合により一番先に削除される結果となっているのです。つまり、学校教育現場で実際に行っていることは教科教育による知識の習得が第1となっていることなのです。したがって、「人間形成」のための体制にはほど遠いカリキュラムになっている現実があります。

　現在、知識の習得を第1にした場合、進学塾の利用者である子どもが塾での勉強はよく分かるし、学校の先生より塾の先生の方がいろいろな悩みも聞いてくれるので信頼できる、というようなイメージを持つことになれば、進学塾（予備校）の教師によるシステムの方がよほど優れているのではないかと思われる部分はあるのです。

　実際、そのことについては1995年4月11日付山陽新聞に「教え方うまく高い評価『学習塾通いする中学生』福武書店教育研究所編」という見出しで始まる以下のような記事が報道されています。

> 塾の先生は学校の先生より教え方がうまいし、知識も豊富なうえに人間的にも尊敬できる―中学生たちはこんな評価をしているという調査結果が出た。中学生の実像を浮かび上がらせる教育情報誌「モノグラフ・中学生の世界」は東京都と山形、佐賀県の生徒約千六百人が対象。文部省の全国規模の塾通い調査では、中学生の約60％が通塾している（平成5年）。今回の調査では52％。塾への満足度は「かなり」の29.6％を含めて57.1％が満足しているが、成績が低い生徒は充足感を持てないでいる。塾の先生が「幅広い知識を持つ」とみている生徒が46.9％いるのに、学校の先生に対しては17.7％の評価しかない。「尊敬できる」は塾の先生が31.1％で学校の先生は15.4％。学校の先生は「しつけがうるさい」の項目だけ塾を上回っていた。学校と塾との違いでは、「友達と話す楽しさ」「通う楽しさ」「人間の幅ができる」などは塾より学校の方が評価が高い。「先生の熱心さ」「教え方のうまさ」では反応はほぼ同じで、「受験の学力」は塾が八割、学校が二割となった。突き詰めていうと、人間形成をするのが学校で、学力を伸ばすのは塾という評価だろうと、調査者はみている。

　子どもにとって、学校一般は知識の習得のほかに集団生活を学ぶ場所として位置づけられているのに比べ、学習塾はあくまでも知識の習得を目的とした場所です。

　学校の教師は人と人の関係を指導する必要性がある中で教科指導を中心として子どもと接するのですが、日常的に「～をするな、～をしなさい」などと言われることが、子どもには得てして押しつけ的な指導だと受け止められやすく、それ

が「あれこれとうるさい」などと疎ましく思われる結果になります。

　ところが、学習塾は集団生活の指導がノルマでない中で教師と利用者である子どもが個別の関係で接するとすれば、押しつけ的な指導がないことから逆に子どもの方から塾の教師に「○○について」のアプローチがあったりすることも可能になります。

　次の話題は、1965年9月5日付の毎日新聞に「学童の机、イスに新基準案」という見出しで報道された学童・生徒の机、椅子の規格変更の記事です。

> 全国の小、中学校で使用の机、イスが最近の子供のめざましい体位の向上から実情に合わなくなったことから文部省は規格を改め、全国の都道府県委員会に通達した。7段階から11段階にした　二人で一つの机が原則から一人で一つの机にした楽な姿勢ができるよう机の引出しを薄くする　木製だけでなく鋼製や軽金属製でもよいことにした。

　児童・生徒にとっての机、椅子は時代が変わっても必要な存在であることは変わりないのですが、ここでの変更点として特筆すべきは、「二人で一つの机」が「一人で一つの机」になったことです。「二人で一つの机」は、相方は教師が決めるのが一般的だったようですが、2人で1つの机を使用するのですから、相方が誰であろうとも児童・生徒は窮屈な思いをしていたでしょう。しかしながら、2人で1つの机を使用する中では、互いが相手への気遣いをすることもあったと思われます。そういう意味では隣の人に対する気遣いの場になっていたともいえます。

　1人用机に移行後は2人ペア配置の場合は2つの机をくっ付けて並べることもありますが、2人で1つの机のようにピッタリくっ付けることもなくなり、昔のような隣同士の気遣いはなくなっていると考えられます。

　いずれにしても、2人用の机はとても重く、小学校低学年の児童にはその移動が大変であったのですから机が1人用に変更になったことは大きな変わりようです。

　それに加えて、机の配置は以前であれば全員がペアになって黒板に向かうというペア型隊形だったのですが、今ではコの字、講義型、班型等目的に合わせた多様な隊形が用いられるようになっていますので、その点も大きな変わりようです。

　1997年1月13日付読売新聞には「日教組・教研集会閉幕」と題した記事が報道されています。

「学校を休むのは子供の権利」踏み込んだアピール確認　「学校・教職員による人権侵害が、いじめを生み出す大きな原因であることを認識すること」などと、従来より一歩踏み込んだ大会アピールを確認した。傍聴席の不登校児や保護者らから「学校へ無理に連れ戻すのはやめてほしい」「先生は、自分で子供を差別し傷つけていることに気づいていない」などと厳しい批判が続出。教師たちも大筋でこうした主張を受け入れた。

それまでは「学校を休むことはよくないことである」というような認識が一般的でした。それが「学校を休むのは子供の権利」を認めることになったことは日教組としては大転換となるものです。

しかしながら、その後その確認事項が全国の末端の教員たちにどれだけ理解され浸透したかを問うとすれば、その後の教育現場で生じるいじめをはじめとした様々な事件の発生を見るとnoといわざるを得ないところです。

では、義務教育である新制小・中学校の児童・生徒数と教員数の関係を見てみることにします。

学級担任が受け持つ1学級の児童、生徒数の推移を学校基本調査から見ると、小学校は1958年44.7人、1980年33.8人、2015年24.3人で、中学校は1961年46.8人、1986年38.4人、2015年28.5人となり、大幅な減少、つまり、双方とも50年以上経って、1学級で受け持つ児童、生徒数はおよそ半分程度になっています。

その数値は、子ども側から見ると、教員と接する機会が2倍になり、指導を受けやすい環境になっています。それを教員側から見ると、一人ひとりの子どもに対して目が行き届きやすい状況になっています。

そうしたことを数値的に確認するために、小・中学校の児童・生徒数と教員数の推移を表9にしました。

表の数値に見られるように児童数は1958年の13,492,087人、生徒数は1962年の7,328,344人を最大値としてその後減少し、団塊の世代の子が小学生、中学生になる時期にいったんはその人数が回復（小学校は1982年の11,901,520人、中学校は1987年の6,892,545人）するのですが、以後は減少の一途となり、2015年は小学校6,543,104人、中学校3,465,215人まで減少しています。

児童数、生徒数ともに最大と最少の数値を比較すると半分以下に減数していますが、その時の教員数を比較すると、小学校は364,004人から417,152人（児童率は37.1人から15.7人）へ、中学校は246,555人から253,704人（生徒率は29.7人から

第3章 人の外面的, 数量的変化 *103*

表9 小・中学校の児童・生徒数と教員数の推移

西暦年	小学校児童数	小学校教員数	児童率	中学校児童数	中学校教員数	生徒率
1959	11,191,401	306,520	36.6	5,332,515	182,008	29.2
1958	13,492,087	364,004	37.1			
1960	12,590,680	360,660	34.9	5,899,973	205,988	28.6
1962				7,328,344	246,555	29.7
1970	9,493,485	367,941	25.8	4,716,833	224,546	21.0
1980	11,826,573	467,953	25.3	5,094,402	251,279	20.3
1982	11,901,520	475,043	25.1			
1987				6,892,545	292,057	23.6
1990	9,373,295	444,218	21.1	5,369,162	286,065	18.8
2000	7,366,079	407,598	18.1	4,103,717	257,605	15.9
2010	6,993,376	419,776	16.7	3,558,166	250,899	14.2
2015	6,543,104	417,152	15.7	3,465,215	253,704	13.7

(注) 1.国・公・私立の合計数である。2.本務教員である。3.通信教育の教員は含まれていない。
政府公表の平成28年度速報値により小・中学校の児童数と小・中学校の教員数を抜粋して作成。
単位 (人)。(児童率、生徒率は筆者による小学校、中学校の一教員あたりの児童数、生徒数のこ
とで、児童数、生徒数を教員数で除した数値)

13.7人) へと変わっています。すなわち、小学校、中学校ともに子どもの人数は半分以下に減少するのですが、教員は増加しています。

それは、1人の教員あたりの児童、生徒数を比較してみても、いずれも半数以下の数値になり、小中学生に対する大幅な教員増という結果になり、形の上での子どもに対する教育体制が整ったことになります。

では、学校教育現場からはどのような声が聞かれるのでしょうか、それを見てみることにします。

1998年12月20日付の朝日新聞には「授業中の学生、乱れ方に驚き 」と題した63歳の男性非常勤講師の大学の授業に対する投稿記事が報じられています。

13日の天声人語にもあったが、昨近の大学の授業風景は、私には驚くことばかり。授業中に化粧をする女子学生がいるのだから、講義中に缶ジュースを飲むなど当たり前で、中身がビールでないのが不思議なくらいだ。(中略) 大学の教員は「授業中の私語は当たり前。遅刻や中途退出の出入り自由。それに引き換え、官庁や企業での研修はやりがいがある。教壇に立ち講義を始めると、受講生はメモをとる。感激しますねえ。講師の

声以外は資料をめくる音しか聞こえない。昔は大学もそうでしたが、変わってしまった」
と言う。

投稿者は、以前にはなかったが今はあって授業展開上困ることとして、「授業
中に化粧をする女子学生がいる」「講義中に缶ジュースを飲むなど当たり前」「授
業中の私語が多い」「遅刻や中途退出の出入り自由」などを挙げていますので、
このことについて考えてみることにします。

「授業中に化粧をする女子学生がいる」について、かつては「化粧は他人に見
せるものでも見られるものでもない」というような認識が一般的であったことか
ら、以前にはなかったようです。それが今では珍しくないほどに見られるように
なったとすれば、化粧を見られることが気にならない女子学生が増えたというこ
とですので、意識がそのように変わったということです。

「講義中に缶ジュースを飲むなど当たり前」も、かつては授業中の飲食の禁止
が一般的であったように思われるのですが、日常的な水分摂取に対する考え方が
真逆になるほどに変わったことが大学の授業にも及ぶことになったようです。

では、そこでの当事者となる学生の行為を時系列的に推理してみると、"昨夜
遅くまでバイトをしたので朝、授業に間に合うように起きられない。大学の近く
のコンビニでパンと飲み物を買って教室に入ったが授業はとっくに始まってい
た。授業内容が分からないので面白くない。どうして分かり易く話してくれない
のだ。それも、友達と話したら気が紛れた。そうだ、出がけに急いでした化粧直
しをしよう。そして、朝食を食べていないので買ってきたものを飲食しよう。食
べたら眠くなったので眠る。今、友達からメールが届き、友達と今から会うと返
信をしたので教室から退出だ！"のようになります。

この行為のすべてが最近の学生の平均的な姿だとは言えないのですが、「あた
らずといえども遠からず」の諺とは無縁ではないように思われます。つまり、こ
こで示された学生の行為は自己都合によるものであり、授業（授業者と受講者で
構成）の展開を気遣うことのない行為です。

それに関連の話題として、2010年10月31日付朝日新聞大阪には「日中の教育、
厳しさが大違い」と題した中国から日本の高校へ留学中の18歳の高校生の投稿記
事が報じられています。

第3章 人の外面的, 数量的変化 *105*

> 私は中学卒業後に中国から日本に留学したが、高校3年間の勉強は楽だった。授業時間
> が少ないうえ、勉強はそんなに難しくなく、宿題もあまりない。先生はとても優しく、
> 授業中に学生が寝たりしゃべったりしても、あまり怒らない。一方、中国ではこんな学
> 生はまずいない。先生がとても怖いからだ。（後略）

　これに類する外国人留学生の日本の教育現場に対する意見は他紙を含めて少な
からず目にするのですが、50年以上も前の日本の高校であれば、投稿した中国留
学生の言う中国の高校生活と似通っていたのではないかと推察されます。という
のは、50年以上前の日本の高校では「先生がとても優しい」というイメージはな
く、また、「授業中に生徒が眠ったり、しゃべったり」することは"授業につい
ていけなくなる、他の人の邪魔になる"のように考える者が圧倒的に多かったの
です。それが、すでに述べたように今の日本の高校は少子化もあり、実質的に義
務教育化し、生徒のドロップアウトを防ぐために支援をすることが教員の使命で
あるとする高校も少なくないのです。ですから、「授業時間が少ないうえ、勉強
はそんなに難しくなく、宿題もあまりない。先生はとても優しく、授業中に学生
が寝たりしゃべったりしても、あまり怒らない」ということになっているようで
す。

　2010年11月10日付の朝日新聞大阪に「授業参観、情けない親に苦虫」と題して
報じられた37歳の会社員男性の投稿記事が報じられています。

> 7月の日曜参観日に参加したが、授業そっちのけで話しに興じるお母さん、ガムを噛み
> ながら風船をふくらますお父さん。自分が子どものころの授業参観ではあり得なかった
> 光景が見られた。廊下のあちこちで立ち話が見られ、これでは子どもが授業に集中でき
> ないと思った。小学校時代に「口にチャックしなさい」とよく叱られたことを思い出し
> た。時が流れ、叱られる側から叱る側になった親達の説得力のない言葉に、子供達は何
> を感じるのだろうか。

　これに類似した内容の記事は他紙にも、またネット上にも数多く見ることがで
きるのですが、そこでは参観授業に参加した母親同士が話に興じることは珍しい
ことではなく、ガムを噛む保護者さえも見られるようになっているのです。その
上、教師が授業内容について説明をするところに、母親の中には自分の子が座る
机のすぐ傍に行き、子に話しかけたり、連れて来た弟や妹である幼児が兄や姉で
ある児童の傍に行き、膝の上に乗りかかったり話しかけたりすることもあり、授

業者の教師を困らせることがあると聞きます。

　幼少期に親からしつけらしいしつけをされることなく成人し、そのまま親となった者が子の授業参観の教室でそうした行為を行うとすれば、それが迷惑行為であることに気づかないことになります。

　次は、65歳の元高校教師の女性が「生徒や患者と向き合って」と題して投稿した2016年3月25日付の毎日新聞の記事を見てみます。

> 娘が高校生の時、三者面談会に行くと、担任教諭はずっと、パソコンの画面を見ながら話をするのでした。その数年後、私が病気治療を受けていた時、病院の医師はパソコンの画面を見るだけで私の方をほとんど見ませんでした。検査の数値や画像を見るばかりで、患者の顔色や様子を見ようともしないのです。いつの頃からか、人間を見なければならない職業の人が人間を見ずにパソコンばかりを見るようになったと私は思います。
>
> （後略）

　投稿者は、自分が担任教師であった頃の高校生への接し方と、自分の娘が高校生の時の担任との接し方があまりにも大きな違いがあることに戸惑いを感じ、また、病院の医師の患者への接し方にも同様なものを感じたと述べています。では、投稿者が指摘する「人間を見なければならない職業の人が人間を見ずにパソコンばかりを見るようになった」を考えてみることにします。

　三者面談会は生徒とその親と生徒の担任教師の三者で行う話し合いです。その内容は学業成績を中心にした学校生活と進路に関わることが一般的ですが、その際のパソコンは成績の記録として持ち込んでいることになります。また、病院の診察の場合は医師と患者（付き添いを含む場合あり）による面談が一般的で、そこに、パソコンによる電子カルテが入る場合のことを指摘しています。

　人と人が面と向かって話をする時に、「相手の目を見て話す」ことはよく言われてきたことですが、とりわけ、教師や医師にはそれが求められ、そうする教師や医師が多かったと思われます。

　生徒や保護者の顔を見ないで面談をする教師、あるいは患者の顔を見ないで患者と話をする医師についての過去から現在までのデータがないので確かなことはいえないのですが、ネット上に、この件に関する質疑応答の場面はとりわけ医師については数多く見ることができます。

　そのような場で、教師は児童・生徒と話をする時に相手の顔を見ることで、話

第3章　人の外面的, 数量的変化　107

をスムーズに進めることができるか否か。あるいは、顔を見ることで真剣に話ができるか否か。また、児童・生徒の顔の表情などを見ることにより必要な助言ができるか否か。このことを考えるに、顔を見ながら話すことの意味がどのようであったにせよ、今は、"そうする必要がない"、または"そうした方がいいが、そこまですることはない"、さらには"見たくない"というような考えを持つことにより、そのような状況に及んだと推察されます。

　また、医師には患者の顔の表情や身体的様子を見て、患者の症状に応じて話をするのが一般的で、それは教師以上に必要なことのように思われるのですが、そうではない医師が多くなったとすれば、教師と同様な理由によるものと推察されます。

　いずれにせよ、投稿者の指摘する教師や医師の生徒や患者に対する話し方が変わってきたことは事実のようで、「相手の顔や表情を見て話す」という話し方が常識とされた他分野においても同様な事態が生じているように思われます。

　学校生活が楽しいか否かについての調査です。ＮＨＫの「第5回の中学生・高校生の生活と意識調査」（2012年夏調査）には、「学校は楽しいか」という項目が調査されていますが、その結果、「学校は楽しい」を肯定的に捉える割合（とっても楽しい＋まあ楽しい）は次のようになっています（抜粋）。

	中学生	高校生
1982年	89%	80%
2012年	95%	96%

　「学校は楽しい」は、1982年の中学生89%、高校生の80%であった数値割合が、30年後の2012年には95%、96%のように増加しています。この数値は、逆に1982年の中学生11%、高校生の20%が、30年後の2012年には5%、4%が「楽しくない」者の割合を示しています。つまり、1982年といえば、器物損壊、教師への暴力等、中学生の直接的な学校体制への反抗により学校が荒れた時期ですから、「楽しくない」割合が高いことは頷けるところです。無論、その時期は教師の子どもに対する指示は上から目線によるものが多く、それに対する反発が中学生より高校生に高かったことを示す中学生11%、高校生の20%の数値だと思われます。

「平成25年度 小学生・中学生の意識に関する調査」（内閣府 2014年２月調査）
による「先生との関係がうまくいっている」（あてはまる＋まああてはまる）割
合を抜粋すると次のようになります。

あてはまる92.5％、あてはまらない7.5％で平成18年３月調査と比較すると、「あてはまる」
が上昇（87.6％→92.5％）

中高生を対象とした調査の数値は、「学校は楽しいか」の結果とは密接な関係
にあり、教師との関係がうまくいっているからこそ学校が楽しいということにな
ります。

そして、『平成27年子ども・若者白書』中の、小・中学生を対象としたアン
ケート調査中の「家庭や学校での生活は楽しいですか」という項目から、その結
果を抜粋したのが表10です。

表10　家庭や学校での生活は楽しいですか

	楽しい（％）		楽しくない（％）	
	平成26年	平成18年	平成26年	平成18年
ア 自分の家庭での生活が楽しいですか？	99.0	97.4	1.0	2.6
イ 今の学校の生活が楽しいですか？	96.7	95.2	3.3	4.8

表10の数値は家庭も学校もどちらも楽しさの割合が高く、その割合はなお上昇
中であると推定されます。なお、学校よりも家庭での楽しい割合が高くなってい
ますが、それは、学校では嫌な人と顔を合わすことがあったり嫌な勉強があった
りするのですが、家庭では学校のように制約されることが少なく、ゲームなど好
きなことに没頭できる、などという理由があるように推察できます。

では次は、保護者による学校評価について見てみることにします。ベネッセ教
育総合研究所と朝日新聞社が共同で実施した「学校教育に対する保護者の意識調
査」の平成16年と平成20年と平成24年実施の結果を比較すると、「学校の指導や
取り組みに対する満足度（とても満足している＋まあ満足している）」に関して
肯定的な回答をした保護者の割合は小・中いずれもほとんどの調査項目で増加し
ています。

その中から主な項目を抜粋したのが、表11の「学校教育に対する保護者の満足

表11　学校教育に対する保護者の満足度調査

		小学校（%）	中学校（%）
教科の学習指導	平成16年	77.9	54.7
	平成20年	79.7	61.8
	平成24年	83.1	65.3
学習の評価（成績のつけ方）	平成16年	66.8	55.7
	平成20年	73.7	62.0
	平成24年	77.6	70.4
先生たちの教育熱心さ	平成16年	64.0	51.1
	平成20年	68.6	60.3
	平成24年	74.0	67.5
学ぶ意欲を高めること	平成16年	64.0	38.3
	平成20年	65.0	44.9
	平成24年	72.5	53.5
社会のマナーやルールを教えること	平成16年	70.7	55.0
	平成20年	73.8	66.3
	平成24年	80.1	71.8

度調査」です。

　どの質問項目においても小学生には見えなかったことが中学生になると見えるようになりやすいことから教師の評価は小学生より中学生の方が低くなるのが一般的で、そして、保護者の多くはそれぞれの子が学校から持ち帰った情報を基にして評価することになります。ですから、子どもの評価が高くなれば保護者の評価が高くなるのは当然のことといえます。

　以上のような家庭、学校の双方の調査結果から見えるのは、かつてのような子ども一般に対する教師の上から目線の指示・命令行為が減少したということです。

　しかしながら、少子化が進む中では社会全体が子どもを"子どもさま"的な立ち位置に置き、"子どもに嫌われたくない"ことを主眼とするような子どもに対する教師や親という大人側の言動は、逆にしつけの甘さと過保護が横行することになり、子どもに対して真に自立性、自律性を育むという考えの見えにくいものとなっているようです。

　1999年8月5日付朝日新聞大阪には「学力も年収と比例傾向　小6全国テスト

正答率、最大23ポイント差」との見出しで始まる記事が報道されています。

　　保護者の収入と子どもの学力の関係について、国が具体的に分析、公表したのは初めて。（抜粋）

　これは、保護者の収入と学力が比例していることを国が認め公表したものです。そしてそれに関連して、2014年3月28日付朝日新聞大阪には「年収多い家庭の子ほど好成績　全国学力調査　初分析」という見出しで始まる記事が報じられています。

　　平均正答率の差は最大25.8ポイント。塾や習い事の支出が「ない」家庭と「月5万円以上」では、最大28.2ポイントの差があった。小6の国語Aでは、年収200万円未満の平均正答率が53％、年収1500万円以上は75.5％。年収があがるほど成績が高かった。中学でもほぼ同様の傾向だった。塾など「学校外教育」にかける支出と成績の関係も分析。小6の算数Bでは「支出なし」の子が48％、5万円以上が76.2％だった。他の学年、教科でも、支出が多いほどおおむね正答率が高かった。一方、親の学歴が高いほど子の成績も高い傾向にあり、特に母親の学歴との相関が強い。例えば中3数学Bでは、父親が「高卒」の子が平均正答率37.6％、「大卒」は51.4％。母親が「高卒」は36.6％、「大卒」は58.1％だった。（抜粋）

　ここでは、親の年収と子の成績が相関関係にあるだけでなく、親の学歴と子の成績も相関関係にあることを述べています。ところが、前項で触れたように、18歳人口が減少する中で、受け入れる大学数が増えるとすれば合格率は高くなり、そこでは当然、大学への競争率が下がり、大学の偏差値が低くなります。というわけで、現在は大学の受験競争はかつてのような激しいものではなくなっていますが、偏差値の高い大学に入学することが高待遇の職場に就職できるという道筋を目指すという競争社会の図式に変化はなく、偏差値の高い大学に入学することが人生の最大の目標であるとして幼い時期から受験準備に邁進する生き方には変わりがない現状です。

　2016年4月2日付けの毎日新聞大阪には、「授業に集中できないこと反省」と題した東京都の14歳の女子中学生の投稿記事が掲載されています。

　　私はふと考えた。なぜ勉強するときの集中力より、遊んでいるときやゲームをしているときの集中力のほうが続くのか。遊んでいるときは、自分の好きなことをやっているので、楽しいという感じで気が付けばあっという間に時間が過ぎてしまう。だが、勉強し

第3章　人の外面的，数量的変化　　*111*

ているとき、一部の人は楽しいと感じていると思うが、大半の人は早く授業時間が過ぎ
てほしいとイライラしている。授業中に時計を何回もチラチラ見る人が多いのもそのせ
いだ。しかし、その中でも時間を忘れ、熱心に受ける授業もある。親などは、「いい先生」
とは、まじめで熱心に授業を進める先生のことをいうと思うが、私たちが考えている
「いい先生」は、飽きさせずに授業を楽しく進めてくれる先生のことなのだ。新学期から
は、たとえ嫌な授業でも、集中して真剣に授業に取り組むようにしたい。

　今の中学生や高校生には飽きさせずに授業を楽しく進めてくれる先生が"いい
先生"だと捉える者が多いと聞きますが、そのような捉え方は大学生にも少なく
ないようです。しかし、女子中学生には多くの親が「まじめで熱心に授業を進め
る先生がいい先生」だと捉えていると映っているようで、そのことには親への批
判的な匂いを感ずるのですが、今の子どもたちも親になったときには今の親と同
じようになるのか否かについては今後の成り行きが注目されます。

　50年、60年前の中学生・高校生の多くにとっても"遊びは楽しい"ものであっ
たことは確かです。そして、「飽きさせずに授業を楽しく進めてくれる」先生の
存在があれば、それを好ましく捉えたと推察できます。しかしながら、教師の面
白みのない型通りの授業で、授業内容が理解できないことがあったとしても、そ
れは自らの努力不足だとして、必至になって努力することが自分たちに課せられ
た使命であるとしたのです。

　それが今では、授業内容に理解できないことがあれば、教師の指導方法の所為
にすることはあっても、子ども自らが理解のための努力を惜しむ傾向が強まって
いることは多くの人の知るところです。

　つまり、子ども自らの理解のために思考を重ねることに教師が支援をするとい
う学習形態がすべてではなくなりつつあるのです。そこでは、生徒に配布した模
範解答をそのままテスト問題として出題し、解答させるような高校も珍しくない
ようです。

（6）意識の変化

　すでに、意識の変化に関連の事柄について述べたのですが、ここからは子ども
世代だけでなく成人世代を含めた意識の変化を見ることにします。

　まず、『青少年白書　昭和44年度』（1969年総理府）の〈高校生の意識と行動〉

（総理府青年局昭和41年11月3000人対象に調査）の中から、高校生の生活目標について抜粋します。

「金や名誉を考えないで自分の趣味に合った生活がしたい」24.5％、「いい人と結婚して楽しく暮らしたい」24.4％、「その日その日のんきに暮らしたい」7.2％で、半数以上の56.1％が自己中心的な、しかも高く望まない小市民的な生活目標をあげている。これに対し、「世の不正に妥協せず、清く正しく暮らしたい」15.7％、「社会のためにつくしたい」10.2％で、社会的正義感や社会貢献を強く意識している者が約26％を占めている。そして、「一生懸命働いて経済的にゆとりのある生活がしたい」とか「まじめに勉強して名をあげたい」といった立身出世型は10％以下にとどまっている。これを昭和5年、15年の壮丁検査での生活目標と比較すると、「金や名誉を考えずに趣味に合った暮らし」、「のんきに暮らす」は昭和5年が15.7％、15年は6.7％であった。また、「世の中の不正を押しのけて、清く正しく暮らす、「自分一身のことを考えずに、公のためにすべてを捧げて暮らす」は、昭和5年が56.8％、15年は71.3％で、戦時体制移行時における若者の意識の特色がうかがわれる。

　この調査記録によると、戦前の1930年と1940年は「金や名誉を考えずに趣味に合った暮らし」「のんきに暮らす」は15.7％、6.7％ですが、戦後である1946年のそれらと類似の質問事項の「金や名誉を考えないで自分の趣味に合った生活」は24.5％、「いい人と結婚して楽しく暮らしたい」は24.4％、「その日その日のんきに暮らしたい」は7.2％で、それを合わせると56.1％となっており、戦前と戦後は大きく意識が変わっています。

　逆にそうした質問事項とは反対の意思を問うものとして「世の中の不正を押しのけて、清く正しく暮らす」「自分一身のことを考えずに、公のためにすべてを捧げて暮らす」は、1930年が56.8％、1940年は71.3％ですが、1946年は「世の不正に妥協せず、清く正しく暮らしたい」15.7％、「社会のためにつくしたい」10.2％で、社会的正義感や社会貢献を強く意識する者の割合は25.9％となって大きく減少しています。

　そして、戦後の調査結果がそのように変わったことについて、報告書は「自己中心的で高く望まない小市民的な生活目標」になったと痛烈な表現でもって述べています。つまり、戦前から戦後の青少年の意識の変化について、「清く正しく暮らす」や「社会のためにつくしたい」が減少し、「趣味に合った暮らし」や「のんきに暮らす」の増加を嘆くという、当時の報告書作成者の強い意識が感じ

られるものです。

　また、『青少年白書　昭和46年度版』（1971年）による生活意識調査では、

　　「金や名誉を考えないで自分の趣味に合った生活がしたい」54.0％、「その日その日をのん
　　きに暮らしたい」18.4％、「一生懸命働いて金持ちや偉い人になりたい」6.6％、「まじめに
　　勉強して、名をあげる」2.3％、「世の中の正しくないことを押しのけて、どこまでも清く
　　正しく暮らすこと」14.3％、「自分一身のことを考えずに、国家社会のためにすべてをさ
　　さげて暮らす」3.8％、

となり、1971年は1946年に比べて社会的正義感や国家のためにすべてをささげる
ことを意識する割合が一段と低く、自分の趣味やのんきに暮らすという割合は一
段と高くなっています。

　さらには、「将来選択期（15～19歳）における青少年の意識調査」（内閣府世論
調査　1980年7月）中の〈あなたの暮らし方〉によると、「金や名誉を考えずに
自分の趣味にあった暮らしをする」が53.2％、「その日、その日を、のんきにク
ヨクヨしないでくらす」が19.0％、「不正を押しのけてどこまでも清く正しくく
らす」が6.6％等になっています。

　つまり、時代が進むにつれて、「……のんきに暮らす」に対する意識が高くな
り、「……清く正しく暮らす」に対する意識が低くなる傾向へと変わったことが
分かります[注6]。

　また、総務省の国民生活に関する世論調査の中から、「社会貢献ができている
かどうか」についての1953年と2015年の意識調査の結果をまとめると表12のよう
になります。

表12　社会貢献意識（％）

	思う	思わない	どちらでもない
1953年	35.4	52.8	11.8
2015年	66.1	31.7	2.2

　社会貢献をしていると「思う」は1953年が35.4％、2015年は66.1％で、「思わな
い」は前者が52.8％、後者は31.7％となり、「思う」と「思わない」の数値が逆転
しています。

　それは、国民は生きることに精一杯であった前者では何らかの社会貢献をする

という意識が低い状況にあったのですが、後者の「思う」が高くなったことは日々生きるだけではなく、生活にゆとりができたことを物語ることになるのです。ただし、ここでの社会貢献は先ほどの「自分一身のことを考えずに、国家社会のためにすべてをささげて暮らす」とはその性質の異なるものです。

また、「国民は国や社会のことにもっと目を向けるべきか」「まだまだ個人の生活の充実に専心すべきか」を問う総務省の国民生活に関する世論調査の結果から抜粋し、表13にしました。

表13　国や社会か、それとも個人の生活か（％）

	国や社会のことに目を向けるべき	個人の生活の充実	一概にはいえない	わからない
1975年	40.7	26.9	24.9	7.5
2015年	47.8	41.0	10.2	1.0

総務省の国民生活に関する世論調査（20歳以上の男女10,000人）　昭和50（1975年）年12月調査と2015年1月調査から抜粋

1975年と2015年の比較は、「国のこと」が7ポイント、「個人」が14ポイントのように双方が高くなっているのですが、「個人」の方の高くなる割合が大きくなっていることから、「個人」を重視の方向に変わってきているといえます。

次に、『モノグラフ・高校生Vol.70』（深谷　昌志　ベネッセ教育研究所　2003）には高校生活満足度についての以下のような記述があります。

> 20年前、10年前と比べ、「放課後の余暇の生活」（20年前より4.9ポイント増）と「先生との関係」（20年前より6.0ポイント増）の満足度が高まり、（中略）　時代とともに、高校生の勉強以外のさまざまな活動の場が増えたことと、先生たちが生徒への配慮をするように努力していることのあらわれであろう。（抜粋）

高校生活の比較では1980年頃より2003年頃の満足度が高まったことを述べていますが、その理由に勉強以外の活動の場が増えたこと、それ以上に教師の「生徒への配慮の努力」を挙げています。

この勉強以外の活動の場とは、2000年から正式に授業科目となった総合的な学習の時間（自ら課題を見付け、自ら学び、自ら考え、主体的に判断し、よりよく問題を解決する資質や能力を育てることをねらいとする）が導入されたことと密

第 3 章　人の外面的，数量的変化　　*115*

接な関係があるようです。そこで行われる体験型の活動を中心にした授業は教科
として設けられたのですが、前記の文中に「勉強以外のさまざまな活動の場が増
えた」とあるように、それまでの座学とは異なり、地域社会で働く人々の中に
入ってそれを体験するなど、概ね“楽しく過ごせる活動内容”となったものです。

　高校は形式的には現在でも義務教育ではない中で、かつての高校生と教師の関
係は概ね事務的であったのですが、今では入学した生徒に“手取り足取りでもっ
て絶対に卒業させる”との思いをもって手厚い支援をしているようです。ですか
ら、かつての教師の「生徒への配慮」が不十分であったとすれば、今のそれは格
段の差で進化したことを示すものです。

　また、同書の「将来の仕事を選択」の項目では、「のんびり派志向」が1980年
の36.4％から2003年の54.0％へと増加し、「責任があり、日曜日も休めない」仕事
より、「きちんと休める会社」を望む意識が強まり、「仕事の面で、私的な生活を
優先したい」という意識が強くなるなど、高校生の将来の仕事より個人優先の意
識変化を見ることになります。

　そして、結婚後の妻の生き方について、同書の中で高校生が専業主婦のいる暮
らしを望んだ割合は、「1980年調査では、男子83.2％、女子54.5％でした。しかし、
2003年調査で、その割合は男子45.5％・女子25.3％に減少」となり、20年の間に
高校生が抱く家庭像が「専業主婦のいる家庭から共働きの家庭へ」と変化したこ
とを述べています。

　さらに、結婚後の夫婦の形についての高校生の意識の変化は次のように見られ
ます。

	夫がリード	互いに頼り合う	妻がリード	独立
1980年	33.6	51.2	2.5	12.7
1992年	16.6	65.0	3.1	15.3
2003年	8.2	72.9	4.3	14.6

　つまり、「専業主婦の妻がいて夫がしっかりリードするかたち」から「夫婦が
共に働き、互いに頼りあって暮らすかたち」へと変化していることを述べていま
す。

　そこへ、妻の家事分担の具体例の推移を以下に示します。

妻の家事分担	1980年	1992年	2003年
洗濯物を干す	91.3	74.6	50.2
朝食作り	93.9	80.4	59.4
夕食作り	86.0	71.2	47.4
夕食後の茶碗洗い	85.3	64.3	31.5
風呂掃除	50.1	40.6	17.8
結婚後の男性の姓	83.5	72.0	56.9
親との同居	57.6	67.5	71.8

このデータを見ると、2003年になると「妻が担う」割合は親との同居（この項目の数値が高いのは共働きを望む割合が高いことを示す）を除き、すべての項目において6割以下にとどまり、夫婦で協力して家事分担のかたちを望む高校生が多くなっていることを確認することになります。

次は、「中高生の生活意識」（2012年8月ＮＨＫ調査　対象：全国の12〜18歳の男女とその父親・母親）調査の中から、高校生の悩みを抜粋し表14としました。

高校生の悩みは、調査年度によりその割合にバラツキがあるのですが、勉強や進路が最上位にあることは変わらない状況です。ところが、悩みの相談相手は1968年には自分で解決する割合が49.7％もあったのですが、2001年には1割以下、そして2012年にはゼロとなっています。

そのことは、高校生を取り巻く人たちによる支援体制の充実を物語ることにな

表14　高校生の悩みの推移（%）

1968年	悩み	自分の将来 26.8			勉強や進路 40.8			異性 8.5	
	悩みの相談相手	自分 49.7		友人・先輩 22.4	親 7.7		成り行き 13.1		
2001年	悩み	健康 21.8		顔や体形 37.2	勉強や進路 75.5		性格や癖 38.3	学校生活 21.5	
	悩みの相談相手	自分 1割以下			友達 70.2		母 45.2	父 21.9	
2012年	悩み	将来 60.9		友人 16.2	勉強や進路 54.4		ない 18.0	健康 13.8	
	悩みの相談相手			友達 59.6	母 25.0				

るのですが、逆に自分のことは自分でするという自主性や自らを律するという自律性を育むことを阻害することになっていないかと危惧されるところです。

　また、同報告書は中学生・高校生に対して「大人になりたいか」を調査し、その結果を以下のように示しています。

　　　あなたは早く大人になりたいと思いますか。それともそうは思いませんか。

	中学生	高校生
1．そう思う	39.1%	41.5%
2．そうは思わない	51.9	53.1
3．どちらともいえない，わからない，無回答	8.9	5.4

「そう思う」と答えた人に〕あなたが早く大人になりたいと思うのは，どんな理由からでしょうか。この中から，あなたの気持ちにいちばん近いものを1つだけあげてください。（分母＝中学生223人／高校生231人）

	中学生	高校生
1．勉強しなくてよいから	16.1%	11.7%
2．好きな遊びがなんでもやれるから	8.5	13.0
3．やりたい仕事に早くつきたいから	30.5	34.2
4．早く一人前に扱ってほしいから	8.5	10.8
5．お父さんやお母さんに楽をさせたいから	20.2	15.6
6．ほしいものが自由に買えるから	12.6	12.1
7．その他	1.3	1.7
8．わからない，無回答	2.2	0.9

「そうは思わない」と答えた人に〕あなたが早く大人になりたいと思わないのは，どんな理由からでしょうか。この中から，あなたの気持ちにいちばん近いものを1つだけあげてください。（分母＝中学生296人／高校生296人）

	中学生	高校生
1．大人になると，働かなくてはいけないから	5.1%	
2．子どもでいるほうが楽だから	33.8	31.8%
3．大人になっても，とくにやりたいこともないし，夢もないから	5.7	6.8
4．大人になって，仕事や家のことをちゃんとやっていける自信がないから	13.9	17.9
5．まわりの大人をみていると，ずるい人や自分勝手な人が多いから	4.1	11.5
6．大人になることがなんとなく不安だから	24.0	24.3

7．その他	4.4	0.3
8．わからない，無回答	6.1	2.4

　この調査の結果、中学生の39.1％、高校生の41.5％が大人になりたいとし、その理由に中学生は「やりたい仕事に早くつきたいから」30.5％、「お父さんやお母さんに楽をさせたいから」「勉強しなくてよいから」などを挙げ、高校生は「やりたい仕事に早くつきたいから」34.2％、「お父さんやお母さんに楽をさせたいから」「好きな遊びがなんでもやれるから」などを挙げています。

　ところが、中学生の51.9％、高校生の53.1％が大人になりたくないとしており、その理由に中学生は「子どもでいるほうが楽だから」33.8％、「大人になることがなんとなく不安だから」「大人になって，仕事や家のことをちゃんとやっていける自信がないから」などを挙げ、高校生は「子どもでいるほうが楽だから」31.8％、「大人になることがなんとなく不安だから」「大人になって，仕事や家のことをちゃんとやっていける自信がないから」などを挙げています。

　このように、中学生、高校生ともにわずかですが「大人になりたい」より「大人になりたくない」の割合の方が高くなっています。その最多となる理由の「子どもでいるほうが楽だから」ですが、これは、"大人にならなくても生活ができる"、あるいは"大人にならなくても困らない"ことを示していることになります。それは、保護者の庇護の下、あるいいはそれと同等の条件下にあることが快適状態にあるからだと思われます。

　そこでは、家庭内での親と子の関係が今や、友達的な距離に接近しつつあるのですから、言葉遣いを含めてさしたる気を遣う必要がないままに済まされるとすれば何も変える必要も変わる必要もないのです。そして、その生活ペースは結婚しても、子を持ち親となったとしてもその意識は継続する可能性があります。なぜなら、変えること、変わることは大変で、変えないこと、変わらないことの方が楽だからです。

　では、いつ頃からそのような状況にあったのでしょうか。ＮＨＫ放送文化研究所が2004年11月に発表の「大人になりたくない中高生の親子関係」には、次のような記述があります。

　1982年から2002年まで４回にわたって実施されている「中学生・高校生の生活と意識」

第3章　人の外面的，数量的変化　*119*

　調査では「子どもでいるほうが楽だから」「大人になって、仕事や家のことをやれる自信がないから」大人になりたくないという中高生が20年間で増加した。

　ここでは、1982年に比べて2002年には上記のような理由により「大人になりたくない」中高生が「20年間で増加した」とあり、中高生には現在より30年以上も前から「大人になりたくない」と意識する者の割合が増加していることが分かります。

　次に、『平成27年子ども・若者白書』（9歳から14歳までの小学校高学年と中学生の家庭・学校・友人・価値観等の意識と、その保護者の子育てなどの意識に関する調査　内閣府平成26年2月実施、平成26年7月公表）の小・中学生を対象とした「あなたのお父さん、お母さんに次のことがあてはまるか」についての調査結果から「お父さん」を抜粋し、表15にしました。

表15　あなたのお父さんに次のことがあてはまるか

	当てはまる（%）		当てはまらない（%）	
	平成18年	平成26年	平成18年	平成26年
ア　お父さんに反発を感じる	33.3	27.0	66.7	73.0
イ　お父さんはたよりになる	85.6	90.9	14.4	9.1
ウ　お父さんは自分の気持ちをわかってくれる	67.1	82.1	22.9	17.9
エ　お父さんは口うるさい	34.7	29.4	65.3	70.6

　この表中の父に対する意識の変化を見ると、「父に反発する」割合がさらに低くなり、むしろ「父は頼りになる」割合が一段と高くなるなど、一時期の「嫌われる父親」のイメージは払拭され、好イメージへと変わっています。

　ＮＨＫによる第9回「日本人の意識」調査（調査は1973年石油ショック直前の第1回から数えて今回が9回目になる。2013年10月調査　全国の16歳以上の国民5,400人調査対象）の結果から主な項目を抜粋し、「日本人の意識」として表16にしました。

　「豊かな衣食住」としている割合は1973年から40年後の2013年には79.1%まで上昇し、理想の家庭像の中では、「夫唱婦随」「夫婦自立」「性役割分担」を望む割合はいずれも低下し、「家庭協力」は48.0%まで上昇しています。

表16　日本人の意識

		1973年	2012年
着る・食べる・住むなど豊かな生活をしているか	そう思う	58.5%	79.1%
	そう思わない	36.1	18.1
理想の家庭像	夫唱婦随	21.9	10.3
	夫婦自立	14.5	23.5
	性役割分担	39.2	14.9
	家庭協力	21.2	48.0
家庭と職業	家庭専念	35.2	10.6
	育児優先	42.0	30.6
	両立	20.3	56.3
父親の台所の手伝いや子守	すべきでない	38.0	8.3
	するのは当然	53.2	89.3

　そしてそれは、家庭と職業の関係が母親の「家庭専念」や「育児優先」を望まず、「両立」割合が56.3%にも高くなることや、父親の台所の手伝いや子守の割合が89.3%にまで上昇したことと相関関係にあり、すでに述べた高校生の意識変化と合致するものです。

【注】

1）東京朝日新聞1935年11月20日付「人生50年より短い日本人の命　男44歳、女46歳（前回は男42、女43）　イギリス男55、女59　フランス男52、女55　ドイツ55、女58　イタリア男44、女44　デンマークは60年以上　……（後略）」の記述により戦前の寿命の短かったことが確認できる。

2）『子どもの変容』景山雄二　2006　高文堂出版社

3）『昭和10年度岡山県統計年報』p.446より作成。

4）同上　pp.438-439、pp.476-477より作成。

5）同上　p.418とp.466、p.418と467の数値より作成。

6）その後、国による社会調査の質問事項に変更があり、「世の中の不正を押しのけて、清く正しく暮らす」「自分一身のことを考えずに、公のためにすべてを捧げて暮らす」が見られなくなり、以降の年度との直接比較が不可能となる。

121

第4章

生活上の変化

第1節　日常生活における変化

　ここでは戦前から現在までの日常生活の中で、変わったと思われることを挙げてみることにします。

　まず、『女教師の記録』（平野芙美子　西村書店　1940）には次のような記述が見られます。

> 　時代は昭和の初めである。子どもは子守はむろん、家の手伝いや農業業の手助けに忙しく毎日を過ごしている。農繁期は仕事を手伝い、農閑期に学校へという実情である。これによると、ほとんどの子どもの頭にシラミがいて、痒がっている上に、下着を着けていなかった。

　昭和の初期、子どもは「家の手伝いや農作業の手助けに忙しく毎日を過ごしている。農繁期は仕事を手伝い、農閑期に学校へという実情である」ということですから、その時代は子どもの労働力を当てにすることで生活が成り立っていたことが分かるのですが、今の時代の農家が子どもの労働力をまったく当てにしていないことと比較すると大きな変化です。

　そして、その当時は「ほとんどの子どもの頭にシラミがいて、下着を着けていなかった」ということですが、現在は頭にシラミがいたら大騒ぎになるでしょうし、下着を着けない子は一人としていないのが一般的ですので、この点も大きな変わりようです。

　次も戦前のことですが、1927年11月16日付の山陽新報の婦人欄には「シャツや下穿きは1週間で着替えよ」と題し、「冬は横着に成り易い　汚れたのを着けていると体に毒」という小見出し付の以下のような記事が報道されています。

寒くなるにつれて私共はとかく無精になって肌につく下着や、股引、さる股というもの
を取り換えるのが億劫になって汚れたものを1週間も2週間も身につけているという事
になりがちでありますが、このシャツとかさるまたについて調べてみますと、汚れない
新しいものとか洗濯したてのものは、勿論垢もなく黴菌の付着もありませんし（中略）
4、5日乃至1週間目には下着はきれいなものと取り換えなければなりません、又入浴
も毎日しないまでも2、3日おきぐらいにはして皮膚の清潔を保つようにしなければな
りません（中略）　靴下は2日おき乃至3日置き位には洗濯しなければなりませぬ

　その当時、つまり昭和2（1927）年といえば日本帝国主義の時代ですが、その
頃の冬季における下着の着替えは「汚れたものを1週間も2週間も身につけ」て
いたりすることも珍しいことではなかったようで、「4、5日乃至1週間目には」
着替えることを奨めています。そして、靴下は「2日置き乃至3日置き位」には
洗濯をするように、入浴は2、3日おきぐらいにはするべきだとしています。で
すから、これらの衣服の衛生面に関するあり方は今と比べると大きな違いがあり
ます。

　そのことに関連して、『日本人はどう変わったのか　戦後から現代へ』（祖父江
孝男編　日本放送出版協会　1987）中の、「都市化の時代と日本人」の項で、祖
父江氏は服装などの生活の様子を次のように述べています（14-16頁）。

昭和20年7月に訪れた長野県の農村での勤労動員として農作業を手伝った時のこと、こ
の頃、農村の女性も老年層を除いてはもう皆、洋服になっていた。（中略）　しかし、こ
こで印象に残ったのは、排泄とか裸体とかいうことに関しての、村の女性の感覚が都会
のそれとは大きくちがっていたことで、10代、20代の女性はともかく、30代以上の女性
だったら、馬小屋の隣の、戸もない便所で、体を隠すことなく、悠々と小用を足してい
た。朝など我々学生たちが揃って畑へ出ようとするのだが、先方はそのままの姿勢で
「行ってらっしゃい」と頭を下げて挨拶するものだから、それぞれ地域は違っても都市出
身者である我々一同、皆ドキマギしてしまうのが常だった。こうしたことは他の村にも
共通していたようで、排泄とか裸体に関する羞恥心に関して、あの頃の村と都市には明
らかな不連続性が存在していたように思う。

　昭和20（1945）年7月といえば、昭和天皇の玉音放送による敗戦宣言の直前で、
そういう時期における当時の農村部での女性の服装は洋服に変わっていたのです
が、女性の排泄・裸体への羞恥心に関しては都市部と農村部には大きな違いが
あったと語っています。それだけ、当時にあっては双方の文化的格差の大きかっ

たことが分かるのですが、今では日本中に情報網が張り巡らされ、どこにいても
そうした情報を獲得できる環境が整い、女性の排泄・裸体への羞恥心に関して都
市部と農村部に大きな違いはなくなっているといえます。

　また、終戦後の食べ物、着る物、住まいに困窮した時代を除き、高度経済成長
の時代を経た今では、日本人一般は飽食の時代と言われて久しいほどに食べるこ
とに贅沢をするとともに、毎日のように入浴し、衣服を着替えることが珍しいこ
とではなくなり、衣・食・住は大きく変わっています。

　1995年11月14日付朝日新聞大阪には「家族の機能は『やすらぎ』に」と題した、
家族関係についての記事を見ることができます。

> 戦後50年の間に、女性の社会進出、晩婚化、子供の数の減少とともに、家族は大きく変
> わった。（中略）　女性の高学歴化や社会意識の変化で、80年ごろから女性の雇用機会が
> 拡大し始め、86年の男女機会均等法施行で働く女性はさらに増えている。そうした中で、
> 「夫は外で働き、妻は家庭を守る」という考えに賛成する男性はこの20年間で、84％から
> 66％に減った。女性は83.3％から55.6％に減少。

　働く女性が増え、「夫は外で働き、妻は家庭を守る」という考えに賛成する男
性はその20年間で84％から66％に減り、女性は83.3％から55.6％に減少したこと
を報じています。この数値を見ると、男女を通じて妻の働くことを望む割合が増
えているのですが、男女別には女性の方の割合が高くなっています。それは、女
性が外に出て働かなければ経済的に苦しいという理由もあるのですが、それ以上
に女性自身が外に出て男性と対等に活躍することを望む者が多くなったものと思
われます。

　いずれにしても戦後50年の間に、女性の社会進出、晩婚化、子どもの数の減少、
それらとともに家族に対する男女の意識に変化が生じていることが分かります。
そして、これらのことは第3章で述べた高校生の意識の変化と合致するものです。

　では、そのことに関連し、内閣府の公表した平成26（2014）年8月調査の「女
性の活躍推進に関する世論調査」を見てみることにします。

> 「夫は外で働き、妻は家庭を守るべきである」という考え方について、どのように考える
> か聞いたところ、「賛成」とする者の割合が44.6％、「反対」とする者の割合が49.4％と
> なっている。（中略）　性別に見ると、「反対」とする者の割合は女性で高くなっている。
> 年齢別に見ると、「賛成」とする者の割合は70歳以上で、「反対」とする者の割合は20歳

代、50歳代で、それぞれ高くなっている。

　「夫は外で働き、妻は家庭を守る」という考えに賛否の割合は、「共同参画」2015年2月号によると、最初の調査時1979（昭和54）年に賛成72.5％、反対20.4％でしたが、2002（平成14）年に同数になり、その後、2009（平成21）年の調査では賛成41.3％、反対55.1％にまで反対の割合が多くなります。ところが、前回2012（平成24）年の調査ではいったん、賛成51.6％、反対45.1％のように賛成の方が多くなる（直前に生じた東日本大震災の影響で家族の絆が見直されたという説あり）のですが、今回再び賛成44.6％、反対49.4％のように反対の割合が多くなっています。つまり、「夫は外で働き、妻は家庭を守る」という考えに対する男女の意識は時代とともに真逆ともいうべき方向に大きく変わってきたことになります。

　それは、戦前は無論のこと戦後においても、男性中心に動く日本の社会構造の中において、男女平等という意識が浸透しつつあることを示したものといえます。

　今、男女間の関係を話題にしましたので、それに関連した話題を紹介しますと、1951年2月27日付朝日新聞には「女子の進学」と題した無職女性の投稿記事が掲載されています。

> 入学期を目前に控えて、新制中学や高校を卒業する女子とその家族の方は、さだめし進学問題についていろいろと検討討議をされていることであろう。（中略）　もし進学の許される事情の下にありながら「女子なるが故に」という理由で断念し、あるいは断念させられる人がありとすれば、そのことは誠に遺憾といわねばならない。女の目的は結婚にあるのだから洋裁、料理その他の趣味を修めた方がいい—というような意見が女子の進学を妨げていることはないであろうか。（後略）

　その時代、「女の目的は結婚にあるのだから洋裁、料理その他の趣味を修めた方がいい」に類する記事は少なからず目にすることができるのですが、それが大勢の意見であったとすれば、それだけ女性の地位は低く、軽視されていたことになります。

　女性軽視の風潮は、1965年1月12日付毎日新聞の「女の気持」の欄の「ことしの目標」と題した37歳主婦の記事にも見ることができます。

> 中学3年になる娘が、このところはてしなく疑問をなげかけてくる。学校で男子が「女の子はそんなに勉強しない方がいいよ」とか「女の子はあんまり頭がいいともてないよ」

とか話し合っているのを聞くと、とても悔しいという。私もそのことを考える。世の男性は今でもそんなに考えているのかしら……と。私たち中学生のころとは時代は全く違ったといいながら、昔と相変わらずというのは、どうにもいただけない。二人の女児を持つ母親として娘に「家庭で広い知識と教養、常識を必要とするのは、仕事に全力で打ち込む男性よりも、むしろ子供を育てなければならない女性だと思います。だから、お母さんも、今からでも遅くはない。少しでもそれに近づくように、あなたと一緒に勉強しよう」と言い聞かせました。

1965年、その当時の中学3年生男子の「女の子はそんなに勉強しない方がいいよ」や「女の子はあんまり頭がいいともてないよ」は本心で言ったか否かの判断は難しいのですが、東京オリンピックの翌年で高度経済成長のまっただ中の時代、男性からみた女性観としてはこのような男尊女卑の傾向が続いていたようです。

しかしながら、その当時に悔しい思いをした中学3年生女子の世代は、今や65歳くらいになります。その世代の人たちの思いが次の世代に伝えられたからこそ、先述した「夫は外で働き、妻は家庭を守る」という考えに反対の人が増加することになったと思われます。

とはいっても、男女平等に関しては今でも男性優位という立場で物事が進んでいることが多く、それに反発する女性の意見を数多く見ることができます。

2000年8月12日付の朝日新聞には「『女の弱さ』を利用しないで」と題した17歳の女子高校生の意見が報じられています。

電車の中で携帯電話のことを注意された女子大生が、注意した人を「痴漢」だと言い、その男性が逮捕されたという。同じ女性として恥ずかしく思った。この女子大生は一般に言われている「女の弱さ」を利用したのである。女性が女性としての権利を求めるのなら、「女の弱さ」を利用してはならない。男女平等の社会では、男性の女性に対する見方も改善されるべきだと思うが、もっと大切なことは「女だから」という理由で甘えないよう、私たち女性が自らの態度を見直すべきだと思う。(抜粋)

女性が弱い立場にあることを悪用してこのような事件を引き起こすとしたら、痴漢をしたとされる男性はいたたまれないところです。そうした中で、「私たち女性が自らの態度を見直すべきだと思う」という記事を投書した女子高校生の存在にはほっとさせられるものがあります。

1996年1月7日付朝日新聞には、日本人の人間関係の将来像をアンケート調査

し、その結果を「親子・夫婦は『友達』に」と題した記事が掲載されています。

生命保険文化センターは、昨年暮れ、全国の16歳以上69歳以下の男女2500人を対象にしたアンケート結果からまとめた。「親と対等なつきあいをしたい」は十代（62％）、二十代（56％）、三十代（50％）、四十代（48％）。「老後は子どもを頼りにしたくない」は三十代（70％）、四十代（68％）、五十代（64％）。若い世代ほど、親子の対等意識、自立意識が強かった。配偶者との関係では、「配偶者と余暇や休日を一緒に楽しみたい」人は、二十代（90％）、三十代（81％）、四十代（74％）と若い人に多い。逆に、「妻は夫をたてる方がいい」という意識は、十代（47％）、二十代（66％）、三十代（68％）、四十代（75％）と、年齢の高いほど強い。職場の人間関係は、「人間関係維持のために仕方なく付き合うこともある」という人は、十代（6％）、二十代（19％）、三十代（25％）、四十代（同）、五十代（同）、六十代（30％）。「仕事のために家庭や余暇が犠牲になるのは仕方ない」という意識も、十代（6％）、二十代（19％）、三十代（29％）、四十代（30％）、五十代（40％）、六十代（44％）。会社人間が減り、個人プレーで仕事をする人が増えることをうかがわせた。

この調査結果から「親と対等なつきあいをしたい」を肯定する割合は10代が62％、40代が48％と若い世代ほど高く、「老後は子どもを頼りにしたくない」には30代が70％、50代が64％と、いずれも若い世代ほど親子の対等意識・自立意識が高くなっています。

同様に、夫婦は対等という意識も若い世代ほど強く、職場の人間関係については若い世代ほどクールに個人プレーを望む結果になっています。

第2節　服装と化粧

1966年7月13日付読売新聞には「性犯罪もふえる　夜道の一人歩き　はでな服装は避けて」という見出しによる記事が掲載されています。

警視庁防犯部の統計によると「暗い夜道のひとり歩き」婦女暴行事件の三分の一を占めている。具体的にどんな女性がつけいられやすいのか。被害者のタイプは、常習者にいわせると、厚化粧の女性、座った時に挑発スタイルになる人、わき毛を見せる人、下着の紐がはみ出て見える人、はでな色彩の服装を好む人（事実、昨夏の被害者の服装は、ピンク、オレンジ、黄色など目立つ色が半数を占めていた）などが、女性の敵の目標になっている。（抜粋）

この記事から現在と何が違うのかを考えると、「わき毛を見せる人」は今では
ほとんど見られなくなっていますがそれ以外は珍しいことではなく、とりわけ、
厚化粧をする人が減少しているとは思われず、厚化粧度が高くなっているとすれ
ば、男への挑発度というよりも、むしろ自己顕示力が高くなっているといえるで
しょう。

そして、防犯ベル類、防犯スプレー、スタンガンなどの防犯グッズの普及は進
んでいますが、その一方では小・中学生の深夜の外出度は比べものにならないほ
どに高くなっているとすれば被害を受ける事件が少なくならないのは当然のこと
といえます。

1971年３月17日付読売新聞には「やめさせよう "化粧ごっこ"」と題した36歳
の女性教員の投稿記事が掲載されています。

> テレビで盛んに宣伝されるチビッ子化粧品。（中略）　子供がニュキュア、口紅、おしろ
> いをつけているのを見て、その親の良識を疑いたくなるのは私だけでしょうか。（中略）
> いくら子供がほしがるからといって、親が無反省で子供の要求を入れていいものでしょ
> うか。

テレビ映像によるコマーシャルは視聴者がそこで映された商品を見て「欲しい」
と感ずるような制作をするわけです。そう思わせてこそコマーシャル制作の価値
があるといえるのですが、そこでの「チビッ子化粧品」を販売するメーカーの教
育的配慮の欠如を示すものです。なぜなら、はたして「子どもに化粧品は必要な
のか」という疑念を持つ者が多いからです。

子どもの化粧に異を唱える記事はその後もかなり多く見られるのですが、その
中から、2011年３月12日付朝日新聞大阪の「化粧した小学生にびっくり」と題し
た14歳女子中学生の投稿記事を見てみます。

> 休みの日になると最近、化粧をした小学校低学年の女の子を駅前や店で見かける。つけ
> まつげをしたり、グロスをぬって唇をつやつやにしたり驚くことがある。私は化粧なん
> て大学生や働いている女性、母くらいの年の人がするものだと思っていた。しかし、今
> の社会は雑誌などで小さい頃からファッションや化粧に興味を持たせるようになってい
> る。（中略）　私は子どもが化粧をするべきではない、と思う。そのままでもかわいい。
> 本来やるべき勉強の方が、おろそかになってしまうのではないかと心配する。子どもは
> 素顔のままが一番似合うことを、周りの大人がおしえてあげたらいいと思う。

この記事で女子中学生が述べるような意見は決して珍しいことではなく、「子どもが化粧をするべきではない」に共感する年代としては中高年だけでなく、小学生の高学年女子にも少なくないのです。

それにもかかわらず、テレビや雑誌、マンガなどにより「子どもにファッションや化粧に興味を持たせるようになっている」現実があるのです。そしてそれは、「売れればいい」というような企業の商業戦略に乗せられてしまう人が多いことを浮彫りすることになります。

2014年4月8日付毎日新聞には「流行ではなく服装の乱れだ」と題した74歳主婦の投稿記事が報じられています。

> 開花が伝えられたとはいえ、風もあり肌寒かった日のこと。前を歩く10代の女子2人。丈が短く、もはやスカートとは言えない服装だ。流行なのだろうか、もう少し長くすれば、と言いたくなる。このように今や日本中が挑発的な露出過多のファッションだ。最も気分を害したのは、エスカレーターに乗った時だった。3、4段上に、極・超・短と形容すべきスカートの女の子がいて、太もも丸出し、ショーツも見えた。これには衝撃を受け落ち着くまでに時間がかかった。あまりにどぎつい。このような服装の乱れは男性の犯罪を誘っているのと同じだと腹立たしくなった。テレビの影響なのか、若い女子のグループを"金のなる木"とみて、露出度を売り物にしようとする軽薄さ。婦人全般が若く見せようと外見ばかり意識する風潮も強まっている。(抜粋)

投稿した74歳の主婦が若い頃にもミニスカートは流行ったと思うのですが、その頃も女性から見て男性の気を惹く行為だと感じていたのかもしれません。そして、主婦にはその露出が男性の気を惹くどころか「あまりにどぎつい」行為だと映ったことで投書に至ったのでしょうが、それだけ、男性の気を惹くことに対する女性の意識が変わったことを示しているようです。

第3節　性とその立ち位置

1953年6月11日付朝日新聞の「声」の欄には「女子高校生の嘆き」と題した女性の投稿記事が見られます。

> 最近、思春期の高校生をテーマとする映画が続出しています。これらの映画が上映されるごとに街にはられる露骨な広告を見せ付けられ、恥ずかしさと怒りを感ぜずにはいら

れません。私の知っている高校生は家の近くにはってある広告を通学ごとに見るのがたまらなくて、夜間にはがしてしまったといいました。それを聞いて純情な女子高校生が可哀そうでなりませんでした。（中略）　立派な文学作品に多く接した高校生であったなら、学生の本分を忘れた男女学生の生態を大げさに暴露した映画には何ら感動するどころか、不快感を与えられるだけだと思います。大人の好奇心から娯楽本意に高校生を扱い純心な女子高校生を辱めるのはよしてください。

　その時代、日本中に娯楽というものが少ない中で、映画は大人だけでなく小学生にもとても人気があったのですが、性の閉ざされた時期であり、恥ずかしいと思うのは女子高校生だけでなく、男子高校生でも恥ずかしい思いをしたと思われます。つまり、現在の性情報が氾濫する社会とは別世界となるものです。

　では、そうした性関連情報の具体例を挙げて見ることにします。

　『青少年非行・犯罪史資料（３）1970年代〜』（赤塚行雄　星雲社　1983）には、次のような記述が見られます。

> 1973年　○中・高生らの売春2件（神奈川・秋田）　ほとんどが中流家庭の少女。　○中学生の売春グループ（福岡）　▽"ブラ"は小六で１割が着用　５年前には見られなかった現象。
> 1975年　○中三、深夜テレビのヌードに刺激され、連続の通り魔（埼玉）　1978年○また高三女生徒の大量売春（岩手）　（抜粋）

　性に対する興味が、マンガ、雑誌や深夜テレビなどを見たりすることで、欲情心が煽られ性的な成長を促されることになったと思われます。その結果、「"ブラ"は小六で１割が着用　５年前には見られなかった現象」であったり、一部の女子中高生は相手に快楽を与え、自らも快楽を得ることがお金になるという売春へと向かわせることになったり、「中三、深夜テレビのヌードに刺激され、連続の通り魔」になったりすることあったようです。それらの裏付けとなるデータはないのですが、どう見てもあふれる性情報と無関係とはいえないものを感じます。

　そうした記事に関連し、1995年３月16日付朝日新聞には「豊かさの中で少子家族11　晩婚非婚なぜ　下　独身で生きやすい社会に」との見出しによる記事が報じられています。

> 戦後の若者文化の変化を分析している宮台真司都立大助教授によると、その影響は少女の漫画の世界に象徴的に見ることができる。60年代は「みんなに好かれるヒロインがす

てきな彼と結ばれる物語」であふれていた。愛と性と結婚は一体のものだった。ハイ
ティーン向けの女生徒誌「セブンティーン」で「女子高校生妊娠もの」が始まるのは71
年以降。ローティーン向け漫画雑誌には、「性の自由を前に途方に暮れる私」が主人公に
なる「乙女チック漫画」が登場し、少女たちは「そんな臆病な君が好き」といわれる結
末に心をときめかせた。大人の世界の性解放の流れが、ついに少女漫画にも及ぶのは77
年の吉田まゆみらの作品から。もうヒロインは性の前でたじろがない。性はタブーでな
くなり、「結婚」主題からはずれた。

　つまり、若者にとって取っ付きやすい少女漫画を通じて、60年代は「愛と性と
結婚は一体」であったものが、71年以降はハイティーン向けに「女子高校生妊娠
もの」の始まり、ローティーン向けに「性の自由を前に途方に暮れる私」を主役
とした物語や77年の大人の世界の性解放を反映させた作品等の登場により、「性
はタブーでなくなり、結婚主題からはずれた」というように、性の世界は大きく
移り変わっていくことになります。

　1997年3月18日付朝日新聞には「自制心を持つ僕であるが……」と題した19歳
男子学生の投稿記事が報じられています。

　　僕は昨年、九州から上京した大学一年生。電車で通学していますが、驚いたのは女子高
　　校生のミニスカートでした。駅の階段などでは、うかつに顔を上げられません。友達の
　　中には東京に来て「よかった」と喜んでいる人もいますが……。ファッションは基本的
　　に自由だとは思いますが、「欲望」に負けまいと苦しんでいる男性もいるということを
　　知っていただきたいと思います。それにしても疑問に感じるのは、コンビニや駅で売っ
　　ている一般の週刊誌にヘアヌードが載っていることです。性欲というものは、男と女が
　　存在する以上不可欠なものですが、最低限のルールはあるはずです。それ故、抑制とい
　　うものが必要です。テレビ番組や週刊誌に欲望をあおられて、つい「自制心」を失って
　　性犯罪を犯してしまう若い人たちのニュースを見るとテレビ局や週刊誌の編集に携わっ
　　ている方々の考えがわからなくなります。（中略）　マスコミの方々は影響力の大きさを
　　自覚して下さるようにお願いいたします。

　必要以上に欲情が煽られることに対する男子学生のやるせない気持ちが伝わっ
てくる文章です。おそらくは、この気持ちに共感する人たちは老若男女を問わず
決して少なくはないと思うのですが、しかしながら、テレビ局や週刊誌にそうし
た声が届かないのか、あるいは届いたとしても無視したと思われる結果になって
いるのです。

そうしたことの影響といえるのでしょうか、1997年4月19日付読売新聞の社説に「『買春処罰』だけで事はすまない」として題した女子高校生の援助交際が論ぜられることになります。

> 援助交際のような行為は、なぜいけないのか。条例の改正に止まらず、自らの性を金銭と引換えにする少女達に、それをどう理解させるかが課題だ。(中略)　ある研究所の調査によると。「性を売り物にするのは本人の自由」と答えた高校生は四人に一人。都の調査では、女子高校生の36%が「テレフォンクラブなどに電話したことがある」と答えている。この意識と行動には気が重くなる。(中略)　若い世代にどう理解させていくべきか。(抜粋)

　「性を売り物にするのは本人の自由」と答えた高校生が4人に1人ということですが、そうでない高校生4人に3人の者たちも、そういう風潮に煽られていく可能性が高まることになります。

　そして、1997年11月13日付読売新聞の「よみうり寸評」欄には援助交際が高校生だけではなく、中学生にも広がっていく状況が報じられています。

> 「うちの子に限って」と「知らぬが仏」　中学三年生の18%が援助交際に「抵抗がない」中三女子で「経験したことがある」が0.8%、「どういうものか知っている」は83%。(抜粋)

　中学3年生の83%が「どういうものか知っている」、18%が「援助交際に抵抗がない」という調査結果から推し量ると、残りの65%の中学生は援助交際に抵抗があるということですが、その後の彼女たちへの性情報の在り方によっては抵抗感がそがれる可能性があると考えると、末恐ろしささえ感じさせられます。

　そしてそれは、2003年8月8日付朝日新聞の「被害も加害も子ども深刻　小学生に性犯罪46%増　上半期・前年比」という見出しで始まる記事により、杞憂されたことが現実となって見られます。

> 警察庁長官は「性情報の氾濫抜きには考えられない。大人の幼児化もあるように思うし、性行動が変わってきている」と危惧する。大阪の段林弁護士は「どんどんおませになって、小学六年生でも性的には大人。でも精神的には未熟だから、加害者から見るとターゲットの幅が広がったのかもしれない」と案じる。(抜粋)

　先ほどの中学生の記事は1997年でしたが、それからわずか6年後には小学生の

性犯罪が46％にも増加したことを報道しています。その原因を「性情報の氾濫」であると述べていますが、そこに「大人の幼児化」が加わり、「性行動が変わってきた」としています。この大人の幼児化の指摘は、大人としての条件に大きく欠格する者が親になったとき、子に対して大人としての対応ができないことになります。つまり、大人として自己抑制が不十分な親の下で、子の周辺に性情報が氾濫した時、子の性的な成長が早くなることは当然のことです。

　2003年10月5日付朝日新聞には、「ウイークリー教育」と題して「『ブルセラ』規制検討へ　子絡む犯罪防止に提言　都の識者会議」という見出しで始まる記事が見られます。

　　提言は少女たちがブルセラショップに下着などを売ることによって金を手にし、盛り場で深夜まで遊ぶ悪循環の中で犯罪に巻き込まれる危険性があると指摘している。

　下着を売ることに抵抗感はないものなのかと思いたくもなるのですが、「友達もしている」から自分一人ではないという安心感でもあるのでしょうか。いずれにしても、好きなことに使える金の誘惑に負けてしまう"弱い心"の持ち主が増幅していることになります。

　また、2004年7月16日付読売新聞には、「少女が下着脱ぎ"即売"『生セラショップ』摘発　大阪府警」という見出しで始まる記事が報じられています。

　　同店は、客が気に入った少女を指名し、マジックミラー越しに服を脱ぐ様子を見て買い取る形態。家出中の中学生ら少女約120人が登録し、月に30万円を稼ぐ少女もいたという。（抜粋）

「月に30万円を稼ぐ少女」は、この程度のことでお金になるならどんどん稼ぎたい、というように思った可能性があります。そうして得たお金で好きな食べ物、好きな服などを購入できる生活に満足しているとすれば、大人になる必要はないということにもなります。

　それで飽き足らない場合には、2004年8月5日付朝日新聞に「『お金が一番大切』援助交際に走る少女たち」と題した次の記事に見られるような状況になることもあるようです。

　　出会い系サイトやテレクラを通じて体を売る十代の少女たち。法規制や補導の網をかいくぐって「援助交際」になぜ走るのか。関西地方に住む高校三年の少女（17）は週に3

日、「おじさん」たちの相手をするという。水、木曜は学校の放課後。休みの土曜は朝から数人になる。相場は1回3万円。5千円を斡旋事務所に納める。出会い系サイト規正法施行後は客も減ったという。バブル崩壊で父親が多額の借金を背負い、両親の仲が険悪になった。「お金があったら幸せになれる」。そう思った中学の三年のころ、援助交際を始めた。（抜粋）

　お金があれば大抵のモノを手に入れることができます。だから、下着や体を売って金儲けをしても、誰にも迷惑をかけなければそれで幸せだ、とする少女が少なくないということです。

　かつての日本での性は男女交際に関して、人前で男女が腕を組むなどはタブーといわれるほどに閉ざされた時代が続いていたのですが、先述したように、子どもたちはテレビ番組やマンガ、雑誌などによる性描写に触れる機会が多くなり、そこには欲情を掻き立てられるシーンが増えることになります。加えて、欲情を満たすための情報はネットの普及により、これまでノーマルだと言われてきた男と女は無論のこと、アブノーマルとされてきた男と男、女と女の性交シーンの動画を見る機会が飛躍的に増えています。それは、子どもたちの自制心に対する負の影響をもたらすことになっていると思われるのですが、はたしてそうしたシーンを小中学生が見ることができないようなフィルタリングのシステムは機能しているのでしょうか。

　そして、表立っては子どもの将来を気遣う所作を見せながらも、子どもの欲情を掻き立てることになる状況が変わらないことは、2014年7月28日付の朝日新聞大阪の「声」欄に「コンビニからポルノ追放を」と題した48歳の女性教員の投稿記事にも見ることができます。

　約10年前、痴漢にあい、駅員室へ駆け込んだ。年配の駅員は「短いスカートをはいているからです」と冷ややかに言い放った。今、セクハラに対する世間の見方は変わったようにも感じる。セクハラ防止研修をする企業が増え、女性専用車が導入され、警察の痴漢対策も進んでいるようだ。しかし、都議会でのヤジの件に限らず、社会に女性蔑視の意識が残ると疑わせる場面も少なくない。最も不愉快なのは、毎日利用するコンビニの本棚に並ぶポルノ雑誌だ。担任する小学3年の男子児童から、人前で言うべきでない性的な言葉が飛び出すことがある。「その言葉はどこで覚えたの？」と聞くと、「コンビニで見た」と答える子がいる。「女性を商品化している」のを幼い子が目の当たりにしている。欧米では一般書とポルノ雑誌を並べて置くことはないと聞く。2020年には東京五輪

がある。それまでにはコンビニからポルノ雑誌を追放してほしい。

　投稿者は女性蔑視の意識が残る中でセクハラに対する世間の見方は変わってきていることを認めつつも、子どもが容易に目にすることのできる「女性を商品化したポルノ雑誌」の追放を訴えています。このポルノ雑誌はネットの普及以前から長い期間野放し状態になっているのが現実です。

　子どもにとって、「ポルノ雑誌」が有害本として騒がれた時期があったのですが、結局は、「子どもの成長に有害だと言われ続けている書物」でありながら「売れる商品」を供給し続ける態勢は変わっていないということになります。

　かつての世間は男女間の性交は結婚後が当然のことだという認識する者が大勢を占めていました。それが、今では結婚前の性交も珍しいことではなくなっています。例えば、1956年に実施（昭和31年7月10日～昭和31年7月16日）の社会的関心に関する内閣府の世論調査（対象は満20歳～59歳の日本人男女3000人）では、「結婚前に性関係をもつことは、絶対いけないと思いますか、それとも差支えないと思いますか」という質問に、

　　絶対いけない69.8%　　差支えない9.6%　　場合による…　　わからない9.7%

という回答結果が見られます。この「差し支えない9.6%」「絶対いけない69.8%」の数値が示しているように、この時代の婚前の性交渉は反対割合が圧倒的に高かったのです。

　では、この件に関連して報告書『モノグラフ・高校生・を振り返って』（深谷昌志　2004年）中の「家族の変容と・ジェンダー」（深谷和子・三枝恵子）では「高校生の性意識と性行動」～セックスへの垣根が低くなった～　と題した中での高校生の《性体験許容性》を調査の結果、

《性体験の許容性》	1988年	1994年		1988年	1994年
男子　避妊でOK	61.9%	77.3%	絶対避けるべき	38.1%	22.7%
女子　避妊でOK	57.5%	76.7%	絶対避けるべき	42.5%	23.3%

のように推移していることを報告しています。そして、その状況を次のように述べています。

第4章　生活上の変化　*135*

　　高校生は恋愛や異性とのつきあいを日常性の中で捉えており、その背景には生徒の性意
　　識が大きく変化し、とりわけ女子の性意識が男子に比べ積極的で活発化していることが
　　あげられる。すなわち、高校生にとって、意識レベルではセックスの垣根が低くなり、
　　とりわけ女子の意識の積極化は、セックスだけでなく、広くこれまでの伝統的な結婚観
　　を越えようとする構えの増加をも意味すると考えられる。

　そこでは「高校生は、本やビデオでの性情報へのアクセス、さらに双方向のメ
ディアである携帯やEメールなどで知り合った相手を持つなどウェブ上でのやり
とりも活発であり、学校にいながら社会に開かれる［見知らぬ異性］との交流も
可能になっている」とも述べているように、高校生の性意識の変化を知ることが
できますし、それが後の結婚前の性交調査にもつながっていくことになります。
　では、その後はどのようになったかを、国立社会保障・人口問題研究所が2010
年6月1日に実施の第14回出生動向基本調査（結婚と出産に関する全国調査）中
の「結婚前の男女でも愛情があるなら性交渉を持ってもかまわない」という質問
への回答から見てみます。

　　本概要報告は、この第14回調査の夫婦調査についてのものである。妻の年齢が50歳未満
　　の夫婦を対象とした全国標本調査であり、妻を回答者とし、本報告では夫妻が初婚同士
　　の夫婦6,705組について集計を行った。（抜粋）

	賛成	不詳	反対
第10回（1992年）	55.9%	2.3%	41.9%
第11回（1997年）	68.9	3.9	26.3
第12回（2002年）	78.0	3.7	18.2
第13回（2007年）	77.2	7.4	15.4
第14回（2010年）	82.6	4.0	13.4

　この調査結果では、1992年に賛成が55.9％と、反対が41.9％、この時期既に賛
成割合が多くなり、1997年には賛成が69.8％と、反対26.3％、2002年には同78.0％
と同18.2％、2007年は同77.2％と同15.4％、そして2010年は同82.6％と同13.4％へと
変わっています。つまり、1992年から2002年の18年間に、婚前交渉の賛成割合は
26.7ポイントの増加、同様に反対割合は28.5ポイント減少しています。
　そして、2010年の夫婦調査は賛成89.2％、不詳3.1％、反対3.1％と54年前の1956
年の質問項目は異なるのですが、差支えない9.6％と絶対いけない69.8％を比較す

るとその数値は真逆となるものです。すなわち、結婚前の性交渉における夫婦の意識は真逆の方向へと変化していることになります。

さらに、「日本人の性行動の実態」（リプロ・ヘルス情報センター　平成25年7月1日　http://www.jfpa-clinic.org/data/jex_japan_sex_survey_130701.）の中で、

> 戦前は殆どが見合い婚でしたが、1960年後半頃になりますと見合い婚と恋愛婚がほぼ同じ割合となり、以降恋愛婚が主流となり、今では見合い婚はわずか1割を下回り5%程となっています。自由恋愛の時代と云えます。婚前交渉の是非といった論議はもはや遠い昔のようです。

と述べているように、見合い結婚から自由恋愛による結婚に変わったことがきっかけとなり婚前交渉がオープンになってきたといえます。

そして、男女の性についての社会の見る目が変わってきます。例えば、2013年4月19日付朝日新聞大阪の教育欄には「いま　子どもたちは　NO.505『宗』と『まりあ』③　男子として迎えられたけど」という見出しによる記事が報道されています（抜粋）。

> 「みなさんに言ってないことがあります。僕は性同一性障害です」　鹿児島情報高校に入って1カ月たった昨年5月。石川宗君（16）はクラスの生徒全員の前で告白した。（中略）　入学後は男子の一員として迎えられた。自分を男として見てくれる視線がうれしかった半面、自分の体に男性器がないことが気になった。（中略）　担任の▽▽教諭（48）は「昔は『男っぽい』『女っぽい』ととらえがちだったが、今の子どもたちの感覚では受け入れやすくなっているようだ」と考える。

こうして、「女の子として生まれたのだが、自分は女の子ではなく男の子である」との思いを込めて生活する者が、そのことをみんなの前でカミングアウトをしても受け入れられるような社会に変わってきているのです。

それに関連し、2014年11月15日付の朝日新聞デジタル版には「自分は男でも女でもない多様な性、否定や強制しないで」という見出しによる次のような記事が見られます。

> メールで子育ての経験を教えてくれたのは、都内の区役所に勤める真境名法子さん（50）。次男として生まれた薫さん（27）は幼少時から、可愛いものや女の子用の服を欲しがった。自分も押しつけられるのが大嫌いな法子さんは、本人の好みを尊重してきた。中学に入り、「おっぱいが欲しい」と明かされると、「かおちゃんは女の子だもんね」。胸につ

ける「ニセ乳」を一緒に作ったこともある。「母の子どもでよかった」と薫さん。今、女
から男に性別を変えた会社経営の山本ヒカルさん（36）と暮らす。「戸惑っていい。でも
否定や強制はダメ」。母から学んだことだ。（二階堂友紀、高橋未菜記者）

　このように「性同一性」に関わる記事は堰を切ったようにして新聞、週刊誌、
テレビ等で数多く見られるなど社会現象となっています。
　そして、2015年2月14日付の朝日新聞デジタル版には、「男と女の関係」と題
した同性カップルの結婚を役所が認めることになったニュースが報じられていま
す。

> 東京都渋谷区は12日、同性のカップルから申請があれば「結婚に相当する関係」と認め
> る証明書を発行する方針を発表した。全国初の制度で、性的少数者の権利を守る狙いの
> 条例案を3月議会に提出する。性的少数者は歓迎し、全国的な広がりにも期待する。区
> 内の20歳以上の同性カップルが対象で、互いを後見人とする公正証書や同居を証明する
> 資料を提出すれば、「パートナーシップ証明」を発行する。区民と区内の事業者に、証明
> 書を持つ同性カップルを夫婦と同等に扱うよう求め、条例に反した事業者名は公表する。
> 日本では、憲法が婚姻を「両性の合意」のみに基づいて成立すると規定しており、同性
> 婚は認められていない。区総務課は「条例は同性婚を認める制度ではない」とするが、
> 12日に会見した桑原敏武区長は「渋谷区の変化が国を変えていくと考える」と述べた。

　さらには、このような同性婚に関して、2015年6月27日付の毎日新聞デジタ
ル版には「〈連邦最高裁判決〉全米同性婚容認　禁止の州法違憲」との見出しで、
次のような記事を報道しています。

> 【ワシントン及川正也】米連邦最高裁は26日、同性婚を認めていないオハイオ州など4州
> の州法を憲法違反とする判決を下した。判決により4州だけでなく同性婚を認めていな
> い他の州も見直しを迫られることになり、同性婚は全米で容認されることになる。連邦
> 最高裁は2013年に結婚を男女の結合とする結婚保護法（連邦法）の規定を違憲として同
> 性婚容認に踏み込んでおり、今回もそれを踏襲した。同性婚容認の流れは一段と加速し
> そうだ。

　アメリカの同性婚に対する認識は日本よりはるかに先進的ですが、これにより
その流れは全米だけでなく、全世界に飛び火的現象として拡散すると思われます。
　さて、最もノーマルであろう男女間の性交は、男にとっては快楽だけが残るの
ですが、女にとっては性交時の快楽も当然あるのに加えて、後にはそれが妊娠に

結びつくことがあります。そして、そこから女性にとっては人生の一大事となる出産があります。無論、出産までの苦しさ、出産時の苦しさを乗り越えて人の親となる喜びもあります。

性欲を満たす行為としては、今に始まったことではなく古い時代からあったことですが、男女ともに自慰行為もあり、快楽を求めての性交には男と女以外に男と男、女と女という同性同士による性欲を満たすための性交行為もあります。

今では同性同士の結婚を自治体が認めることになったことを先ほどの事例で紹介したのですが、それは個の感性を尊重の傾向が高くなったことによるものといえます。

そしてその結果、2015年7月21日（火）10時47分配信の ITmedia ニュースには次のような記事が報道されています。

> KDDIは7月21日、「家族割」など家族であることが条件となっているサービスの適用範囲を、同性パートナーにも広げると発表した。自治体から公的な証明書の発行を受けた同性パートナーが利用できる。家族割や「auスマートバリュー」「データギフト」などが対象。地方自治体の条例などで、同性とのパートナーシップ関係が公的な証明書で証明されれば、自治体から証明書が発行され次第、パートナーシップの相手も対象サービスを利用できる。同性カップルのパートナーシップを結婚に相当する関係として認める条例は、東京都渋谷区が全国で初めて制定し、4月から施行。証明書の発行は10月を目指していると報じられている。

男で生まれた者が女として、女で生まれた者が男として生きることが可能な状況になり、そして、女性と女性、男性と男性という同性同士の結婚形態が社会的に容認されるなど、性に対する従来の概念が大きく変わったのです。

かつては、男には強く堂々として逞しいという男らしさを、女には優しくきめ細やかな女らしさが求められることから、男女それぞれが男らしくしたり、女らしく振舞ったりすることが一般的でしたが、今では"男のくせに"や"女のくせに"などというような言葉は性差別になるとして禁句にもなるほどに男女関係は大きく変わってきています。

第4節　日常生活で気になること

（1）気になる言葉

「近頃気になる日本語2」（帝京大学短期大学紀要　第24号　2003年度　53-68頁）の中で、著者の木村光子氏はイントネーションについて、「昨年と同様で、中間語尾上げは続いていて、全体としてイントネーションの平板化は進行していると思われる。この中間語尾上げの使用者層は、中高老年層にまで広まっている」と述べています。

それは、〈何々と〉〈何々や〉〈何々で〉という言い方を、〈何々とオ〜〉〈何々やア〜〉〈何々でエ〜〉のように、語尾を上げて伸ばす言い方が多くなっていることを指摘しています。そしてそのことについては、ネット上でも、以下のように指摘されています。

語尾の発音、なぜ上がるの？
女性の話し方、特に「語尾」が気になります。
　http://detail.chiebukuro.yahoo.co.jp/qa/question_detail/q1459310294;
ID非公開さん　　2011/4/3
女性の話し方、特に「語尾」が気になります。　若い女性から中年女性まで、今では当たり前のような話し方。その中でも特に「語尾の強調」が気になりますが、皆さまはどう感じますか。たとえば、「……だかラア〜、……したリイ〜、……なのデエ〜、」というような。文章でいえば「読点」が入るところの語尾を、他の部分より「強く長く発音する」話し方です。この例では、「ラア〜」・「リイ〜」・「デエ〜」のところですね。小学校で、「話をするときには語尾をはっきり言いましょう」という指導でもあって、身に付いてしまったのでしょうか。甘えた言い方のようにも感じますし、自己の主張を強調したいという意識の表れのようにも感じますが……。ともかく耳障りです。

今の若い子のしゃべり方って、いつ頃からあんなになったのですか？
　http://detail.chiebukuro.yahoo.co.jp/qa/question_detail/q1179111571
iittala_2009さん　2012/1/10
テレビやラジオなどで若い世代の女性に街頭インタビューを何人も続けて流してるシーンがよくあります。感じるのが、ほんんど全員が同じようなしゃべり方なのです。「○○でぇ〜、○○なんですけどぉ〜、○○なのでぇ〜」「○○がぁ〜、○○でぇ〜、○○がぁ？、○○なんでぇ〜」不思議と男性は20、30年前とあまり変化がありません。女性のしゃべり方だけ、どんどん変わっています。悪く言うとバカっぽいしゃべり方に聞こ

えます。いつからこうなったのでしょうか？

　そのような言い方は、一向に減速することなく、むしろ加速し、男性にも増えているようです。それは、前述の事例にもある街頭インタビューに答える際の言い方やテレビタレントなどが使うことを視聴者が見聞きする機会が次第に多くなっていることと無関係ではないようです。そうすると、それまではそうした言い方への批判的意見の方が多かったものが減少することによりそのような言い方に違和感を持たなくなることになりそうです。

　「語尾上げ」調の話し方が取り上げられる前には、言葉の乱れとして「ら抜き言葉」が指摘されたのですが、「言葉は時代とともに変わる」のだから「あまり気にすることではない」との論調もあり、次第に批判勢力の声が小さくなったようです。ですから今後は、「語尾上げ」調の話し方を気にする人は肩身の狭い思いをせざるを得ない状況になりそうです。

　2014年8月24日付毎日新聞には「大阪弁　どこでも貫く大阪人」と題した厚木市の67歳主婦の意見が報じられています。

> 19日の本欄の「方言は立派な観光資源の一つ」の投稿を見て思いました。50数年前の京都の修学旅行。土産屋での応対は、非常に訛がある標準語でした。京都弁は映画で見ていましたから期待しておりましたのに、京都弁を聞くことはできませんでした。大阪弁はテレビでも芸能人がそのまま使います。又私が育った東京の下町ですが、近所のおばさんは大阪出身なのでしょう。大阪弁で通しておりました。夫や子供たちは東京弁でしたが。先日も順番待ちをしていた時、前に並んでいる方と話しをしましたら大阪弁。大阪から遊びに来ているのですよと。大阪の方々は大阪弁に誇りを感じているのでしょうか。実に堂々と話されていますね。私の母は、生粋の江戸っ子。祖母は母が「おっかさん」と呼ぶのを今どき恥ずかしいとよく言っておりました。

　この投稿の主婦と同様な意見は他の新聞記事にも見られるのですが、主婦は大阪弁で話すことを悪いといっているのではないのです。そうではなく、他の地域の人がどの地域の人にも分かり易い言葉を使う努力をしているように、大阪の人に、"関西地区外に行って大阪弁を得意気に話すことに全く違和感がない"ではなく、ここで大阪弁を使ったら、聞いた人はどう感じるのだろうか等の気遣いをしていただきたい、と言っているのではないでしょうか。それに対する大阪人が、「大阪弁を使うことに文句を言われる筋合いなんか『あらへん』」などととして相

手を非難するような現状にあるのではないかと危惧するのです。

（2）気になる行為

　我が国は経済的にはＧ７の一国として、2016年５月には各国の首脳を招き、賢島での先進国会議を催すなど世界でのそれなりの立ち位置を確保し、中国をはじめとした東南アジアからの旅行者がきわめて多くなっており、一見、成熟した国のようですが、はたしてそうなのでしょうか。では、そういう日本の日常生活の中で気になる行為を取り上げてみます。

道路での行為

　1997年８月13日付朝日新聞には「ツバ吐いたらあかんでしょ」と題した35歳主婦の次のような投稿記事が報じられています。

> 自転車に乗りながら、道に「ペッ」と、あたりかまわずツバを吐く人がいる。よりによってその災難に遭うとは……。（中略）　マナー違反にどうして、もっと叱る人がいないのかと情けない。

　ツバ吐きの災難に遭わないまでも、このような風景を見ることはそれほど珍しいことではない昨今ですが、そのような行為を非難する意見のやりとりをネット上にも多く見ることができます（新聞紙上に投稿される意見は、各新聞社の都合により採用されたものだけが掲載されるのですが、ネット上では、ほとんど無制限に投稿者の意見を見ることができるのです。それだけに、見えない相手に対して、感情むき出しの言葉でもって好き勝手な意見を言う場合が多く見られます）。その一部を以下に紹介します（oshiete.goo.ne.jpより）。

> ○どうして中年の男性は、近くに人が歩いているのにもかかわらず、道路できたない痰を豪快な音とともに吐くのでしょうか？　私は外を歩いているとき、中年の男性を見ただけで足早に避けるようになってしまいました。私だけでなく、そういう痰を吐く人の近くを歩いている人も不快な気分になっていると思うのですが。。。 美しい日本って、こういう身近なところから改していくことが必要と思いませんか？
> ○同感です！　他の回答者さんも言ってますが、タバコも耐えられません。車からポイ、溝・水なんかにポイ　追いかけていって、そいつの自宅に投げ返してやりたい気分です。

○痰なんか、音聞いただけでも吐き気がしますよね。

○痰に限らず、歩き煙草や手で覆わず咳やくしゃみをする等、他人の存在を考えていない人は老若男女問わず大勢います。人ごみの中でも自分の部屋と同じような感覚でいるのでしょう。公共の場にいるという意識がないのです。程度は下がりますが、電車内での化粧や貧乏ゆすり、ずっと鼻水を啜る等も似たようなものでしょう。

○最近では没個性、均質を嫌い、他人の目を伺わずに振舞う事を奨励する向きもありますが、やはり他人の目を気にする事は必要な事だと思います。極端な個人主義の産物かもしれません。何事も程度が大事だという事でしょうか。

　道路で豪快な音を発しての痰吐きや歩き煙草や手で覆わず咳やくしゃみをすることなどの行為を見るのが珍しくない現状の中で、就任当時に「美しい日本」を掲げた首相を皮肉った文言の箇所も見られますが、こうした現状を打開する必要はありのか否や。いずれにしてもこのような状況が頻繁に見られるようでは一流国とはいえるものではないことは確かです。

　また、ネット上には以下のような別の場面のやり取りも見ることもできます。

投稿日時-2013-04-05 22:21:14　http://oshiete1.nifty.com/qa8029071.html　2015.5.21取材
これまでの回答全部に目を通させてもらいましたが、みんなマナーと書いていますね。声を大にして言いたい。公共の路上に唾を吐くというのは軽犯罪法違反だと。立ち小便と同レベルの下劣な行為です。僕もこれまで何度もすれ違いざまに唾を吐かれました。最初は腹が立っても黙っていましたが、自分の真横、下手すれば自分にかかるんじゃないかという距離でジジイに唾を吐かれた時は本気でブチ切れて、人目もはばからず怒鳴りつけてやりました。その後そのジジイが何て言ったと思います？唾吐いて何が悪い？ですよ。平然と。罪悪感のかけらもないんです。既に僕の怒りは頂点に達していましたが、火に油を注ぐようなその態度に殺意すら覚えました。それ以降、目の前で唾を吐かれる度に怒鳴り合いですよ。今まで何度見てきたか覚えてないくらいです。あなただけではないです。つまりその程度のレベルなんです。本人は悪いことという意識が全くない。これがどれほどたちが悪いか。みんなもっと怒っていいと思うのに誰も注意しないのが不思議でなりません。よくスポーツ中継なんかで選手がグラウンドに唾を吐いているのは、おそらく口の中に土埃や芝が入るからだと思うのですが、今はそれすら見ると気分が悪くなります。

　日常生活における必要なこととして様々な法律があります。例えば、上記にも見られる公道で唾を吐く、痰を吐く、ごみを捨てる等、それらは法律で定められた軽犯罪法（軽犯罪法26：＝昭和23年5月1日法律第39号はさまざまな軽微な秩

序違反行為に対して拘留、科料の刑を定める日本の法律である）に抵触すること
になります。とりわけ、唾を吐くことなどについての苦情の意見はこの外にも数
多く見られますが、唾を吐くことはマナー違反というよりは、軽犯罪法違反にあ
たるのですが、法律で定められながらも「マナーが悪い」程度で済まされている
現状です。

　いずれにしても、そうした行為に及ぶ者は、おそらく、その行為が人に迷惑を
かけ、悪いことだという認識がないか、あるいは不足していると思われます。

　1965年6月25日付毎日新聞の「五行提言」には24歳の男性会社員の意見が報
じられています。

　　「街をきれいに」とあちこちにゴミ箱があるが、利用されていない。子供たちだけがきち
　　んと紙くずを入れるが中年紳士や主婦たちは道路に捨てている。

　子どもたちだけがきちんと紙くずを入れる、ということは、その子どもたちは
学校などで教えられたことを実践しながら生活をしているということですが、そ
れに比べて「中年紳士や主婦たちは道路に捨てる」ということであれば、その人
人たちは他人の迷惑を考えることなく自分の都合を優先しながら生活をしている
ということになります。そうなれば子どもから見た大人は、"子どもには……し
なさいといいながら、自分たちはしない"ということですから、嘘つきの大人と
して子どもの信頼をなくすことは当然のことです。

　それから約50年後の2013年4月30日付毎日新聞の投書欄には「大人失格　どう
してなの？」と題した14歳の女子中学生の意見が報じられています。

　　どうしてなんだろう。大人なのにと思うことがよくあります。たとえば、たばこをポイ
　　捨てている男の人を見ました。ごみを道に捨ててはいけない。小学生でも分かること
　　をなぜ大人ができないのか、私には理解できません。（中略）　自分のことばかり考えて
　　周りの人に気づかないのは大人失格だと思います。（後略）

　ごみを道に捨てることの善悪を問われれば、年少の子どもでも悪い事だと答え
ることが一般的ですが、それにも関わらず、大人の「タバコをポイ捨て」が頻繁
に見られます。それは、これくらいのことは大したことではないというような意
識でもって捨てるのか。それとも、そういう意識さえないままに捨てるのか。い
ずれにしても、ごみを道に捨てることは周りに迷惑をかけることだから止めよう

という意識が働かない行為です。そうしたことに対する意識の高揚は幼少期から社会全体で取り組まなければ難しいことですが、50年を経た今の状況を見ると、どう見ても変わったとはいえるものではなく、学校を含めた社会全体がそうしたことに対する意識の高揚に向けての具体的な方策を講じていないということです。

交通事故の判断

　「亀岡市登校中児童ら交通事故死事件」について、ウィキペディア（http://ja.wikipedia.org/wiki/　2016.9.13から抜粋）は「2012年4月23日に京都府亀岡市篠町の京都府道402号で、亀岡市立安詳小学校へ登校中の児童と引率の保護者の列に軽自動車が突っ込み、計10人がはねられて3人が死亡、7人が重軽傷を負った。原因は遊び疲れと睡眠不足による居眠り運転であり、軽自動車を運転していた少年は無免許運転であった。この事故では少年が危険運転致死傷罪にあたるかが争点となった」と報じています。そして、そこではその事件を次のように述べています。

　　京都地検や京都府警は当初、無免許運転の状態で長時間運転して10人を死傷させた結果は悪質性が高いと判断し、自動車運転過失致死傷罪よりも罰則の重い危険運転致死傷罪の適用を視野に入れていた。被害者側も罰則の重い危険運転致死傷罪の適用を求めた。しかし、京都地検は無免許運転や居眠り運転自体は法的な要件に含まれないことなど、危険運転致死傷罪の構成要因を満たさないとして断念して5月14日、自動車運転過失致死傷罪などの非行事実で京都家裁に送致した。これに対し事故で死傷した遺族らは、危険運転致死傷罪での起訴を訴える署名活動を四条河原町などで展開し、6月12日に約21万人の署名を京都地検に提出した。京都地検は少年が無免許運転を繰り返しており、事故の直前も無事故で長時間運転していたことから「運転技術はある」と判断し、自動車運転過失致死傷罪で起訴を行った。

　　　無免許運転にも関わらず、危険運転致死傷罪の構成要因である「未熟な運転技能」を今回の事故が満たしていないと判断したことに対し、「免許制度を否定しかねないものである」との意見もある。

　自動車の運転には運転免許が必要であるという認識は法治国家の人々に共通することだと思うのですが、京都地検は容疑者の少年は無免許にも関わらず「長時間運転し、無事故であったがゆえに運転技術はある」との判断を下したのです。

過去の無免許運転の有無に関わりなく、免許を有してこそ「運転技術がある」とすべきであると思われます。

　その後、「この事件をきっかけの一つとして、自動車の運転により人を死傷させる行為等の処罰に関する法律（自動車運転死傷行為処罰法）が制定され、無免許運転による罪の加重が明文化されることとなった。自動車運転死傷行為処罰法では、自動車の無免許運転による死傷は6月以上20年以下の有期懲役と加重されている」（従前ウィキペディアより抜粋）ということになるのですが、本来、論理的思考に基づくはずの京都地検の判断は大変に気になるところです。

ポケモンGO

　1980年にゲーム＆ウオッチ、1983年にファミコンが登場し、その後、次から次へと数多くのものが考案されるなどコンピューターゲームは今や子どものみならず大人の遊びとしても、多くの人たちの生活の中で重要な位置を占めることになっているのですが、その中でもとりわけ気になるのがポケモンGOと言われる遊びです。

　これまでのコンピューターゲームはほとんどが屋内で行っていたようですが、ポケモンGOは位置情報ゲームということで、屋外に場所を設定することが多いようです。そこで問題となるのがその設定場所ですが、ゲームの参加者が設定された屋外の場所を捜し求めて行くことが、交通事故や深夜の徘徊、駐車違反等を引き起こしたとして数多く報道され[注1]、社会問題にもなっています。

　そして、何よりも気になることは、ポケモンGO遊びに興じる様子がこれまでのコンピューターゲーム以上に機械によって人が遊んでもらっているというような状況を呈することになっていることです。

第5節　その他

　1964年12月22日付朝日新聞の「声」の欄には「クリスマスの意義を教えよ」と題した男子大学生の記事が報道されています。

> 子どもたちがケーキやプレゼントをわけもわからず喜んだり、交換し合う風景を見聞するとき、わたしはもっとクリスマスの宗教的な意義を教えてやるべきだと思う。（中略）

片田舎でさえ中学生の女の子はケーキを飾っている。ベツレヘムも知らねば三人の聖者の話しも知らない。日本の生活に宗教がないとはいわないが、一般は少なくともキリスト教ではない。（中略）　戦争の悲劇を一番よく知っているはずの日本人の親たちにとくとお考え願いたい。（抜粋）

　これは、クリスマスの宗教的な意味合いを理解しないまま、ケーキを飾りプレゼントを喜んでいる世間に異を唱える男子学生の意見ですが、その頃であれば、クリスマスに対してこのように考える者は決して少なくなかったと思われます。

　また、同年の同月22日付毎日新聞には「やめたいXマス騒ぎ　地についた日本的お祝いをしよう」と題した52歳男性の投稿記事が報じられています。

　街にジングルベルの曲が流れ、サンタクロースの飾り物が見られる。私はこのころになると一つの矛盾を覚えてならない。私たち日本人の多くは仏教徒であるのに、お釈迦さんの降誕の花祭りは祝わぬが、なんらかの形でクリスマスには多かれ少なかれ心をひかれている。これはいったいどうしたことだろうか。キリスト教徒のクリスマスはすこぶる厳粛で、家族そろって心から神を祝福するものである。ところが、日本人のクリスマスをみると、ただクリスマスを商戦に利用しているだけのようである。クリスマスを口実にして購買力をあおっているのだ。パーティー券は売りつける、そしてバーやキャバレーなどのらんちき騒ぎには、キリスト信者でなくても、ひんしゅくするはずである。信教は自由であり、これをとやかくいうものでは決してないが、虚礼廃止とかいって、古くからの年末年始の贈答や、松飾りの廃止は叫ばれても、クリスマスのお祭り騒ぎ廃止の声はあまり聞いたことがないのはどうしたことか。実にチグハグの印象を受ける。もっと日本人らしい、そして地に足のついた日本的なものを大切にしたいものである。

　この記事も50年前のもので、投稿者は「日本人の多くは仏教徒であるが、神仏的慣習行事の虚礼には廃止の意見を述べるのにもかかわらず、クリスチャンでない日本人の多くが参加するクリスマス行事に対しては何も言わないのはおかしい」との意見を述べています。日本におけるそうしたクリスマス行事はクリスチャンという信仰者の人たちが中心に行っていたものではないようです。ですからそうであれば、なおさらクリスマスのお祭り騒ぎ廃止の声が聞こえてきてもいいのではないかと投稿者は言っているのです。しかしながらそれは、その時代すでに、"子どものために"というキャッチフレーズに大人が弱かったことで、反対意見はそれ以上に盛り上がることなく現在に至ったようです。

　つまり、商業施設がサンタクロースを飾るなどをして、クリスマスセールに誘

導することになります。そして、街路樹には電飾をしてクリスマスモードを煽るのです。さらに、子どもにはサンタクロースからのプレゼントをするのです。幼稚園、保育園、それに小学校等ではクリスマスケーキを食べたりクリスマスプレゼントの交換を行ったりして楽しんでいるようです。

　だからこそ、投稿者は「もっと日本人らしい、そして地に足のついた日本的なものを大切にしたい」と、日本人としての在り方を提起したのですが、50年経った今では、これに類する意見はあまり見られなくなったように思いますし、クリスマス関連の行事は変わらないどころか、多くの家庭が設置する電飾をはじめとしたクリスマスの舞台はますます豪華になっている現状があります。それに加えて、他の神仏に関わる行事に対する現状を見るに、「それが日本人」なのです。

　その神仏に関わる件については、1999年11月3日付朝日新聞に「『世間』の壁を崩していこう」と題した41歳男性公務員の記事に見ることができます。

> 「友引に葬式をするのは非常識だ」「友引のお見舞いはよくない」等々。日柄を見る慣習はまだまだ根強く、世間の常識となっている。世間には迷信的で時代にそぐわない慣習が実に多くある。信じるか否かは個人の自由であり、問題にすべきことではないのかも知れない。しかし、それらは世間の常識となり、憲法や法律以上に大きな影響力を持ち、私たちの生活を拘束し、窮屈なものとしている。その常識に従わない者は非常識で世間からはじき出される。

　このような合理的意見の主張者が多くなれば、世間の壁を崩すことができるのでしょうが、その壁を崩そうとしないのも日本人一般です。

　また、そのような意見は、2000年7月24日付の朝日新聞の「迷惑なカラス、供え物考えて」と題した60歳の主婦の投稿記事にも見ることができます。

> 墓にお参りする人が、食べもしない仏様に、買ったばかりの菓子やおまんじゅうをパック容器ごと置いていきます。待ってましたと、カラスと猫が食べに来て、散らかした袋やパックなどは排水溝の暗渠に入り、水が詰まります。（後略）

　投稿した主婦は、終戦直前に生れた方で、今では75歳くらいになるのでしょうが、その年代の人たちは今だからこそ、このような意見を述べることができるのだと思われます。というのは、かつてであれば諸先輩の前では、不合理だと思っても口に出して言えない世間だったのですが、今では、そうしたことに対する反

対の意見を述べることができる社会に変わりつつあるということです。

そして、2016年1月31日付け毎日新聞大阪には「寺のあり方　時代に合わせては」と題した東京都の57歳主婦の意見が報じられています。

> 僧侶サービスを取り上げたテレビの報道番組を見た。登録した僧侶は100人いるという。時代の流れを感じざるを得ない。まだまだ江戸時代の檀家制度の流れをくんでいる寺が多い。（中略）　いつまでも昔のやり方に執着するのではなく、時代に合わせて変化していくことも大事だと思う。その中で私が一番疑問に思うのが戒名。私が知る限りで戒名料は2万円ほどから100万円もすることがあるそうだ。（中略）　自分が生きたままの名前で死んでいく。それでいいと思う。（後略）

この記事のように、戒名に料金を取るなど「寺のあり方」に異議を唱える投書は多くなっていますが、次に挙げる2016年5月13日付け毎日新聞大阪の論点「アマゾン　僧侶派遣」の記事を読むと、そうした「慣習」に対する疑義の念が深まることになります。

> 「お坊さん便」のようなサービスが生まれてきた背景には、多くの人が仏式の葬儀をしながら、そこには信仰なく葬儀は慣習に過ぎないという状況がある。全日本仏教界は「宗教行為はサービスではない」と訴えるが、多くの人にとって読経はＢＧＭに過ぎず宗教行為とは思っていない。「宗教行為には値段がつけられない」と言いながらお守りや祈祷にきっちりと価格を示している現状を見れば、だれも説得力を感じないだろう。慣習が守られてきたのは、遺族が見栄と世間体を守るためだった。（中略）　東京ではすでに3割の人が火葬場に直行する「直葬」だと言われている。信仰がないのなら葬儀に僧侶は不要で、僧侶派遣サービスも不要と感じる人が増えるはずだ。（後略）　　　（第一生命生命保険）経済研究所　主席研究員　小谷みどり

「慣習が守られてきたのは、遺族が見栄と世間体を守るためだった」と述べ、そして「信仰がないのなら葬儀に僧侶は不要で、僧侶派遣サービスも不要と感じる人が増えるはずだ」と結んでいるのですが、これは、生きる上で不合理な事柄をなくそうとするものです。今後、その流れは全国的に広がっていくと思われます。

ところが、そうした合理的な社会を目指す動きとは逆行する動向もあります。例えば、その最たるものとして挙げられるのが「ゆるキャラ」[注2] です。

「ゆるキャラ」ブームは、自治体までが「ゆるキャラ」なるものを作って売り

だす（1980年代の地方博覧会ブームで作られたマスコットキャラクターがゆる
キャラの原点といわれる。2007年頃から、『国宝・彦根城築城400年祭』のイメー
ジキャラクター・ひこにゃんが火付け役とされる「ゆるキャラブーム」が起こる）
のですが、今では、町おこしの切り札的存在として扱っている自治体も少なくな
いようです。

　そうした「ゆるキャラ」ブームとは大いに関連あるものとして取り上げるのは
2002年1月4日付読売新聞の、「コドモ以上オトナ未満」として連載された記事
（年齢的には子どもの年齢は過ぎているが、言動的には大人とは見られない人た
ちのことを取り上げ、1月1日から12回にわたって連載された記事）中の「(3)
キャラクターがお守り」と題して報道された下記記事です。

> 「子どもの世界」の住人だったキャラクターに大人が浸食されている。バンダイキャラク
> ター研究所が一昨年、小学生から60代までの約千百人を調査したところ、8割以上が
> 「キャラクター商品を持っている」と答え、50代男性でも半数を超えた。（中略）　生身
> の人間なら傷つく場面でも、キャラクターなら許してくれる。むしろ癒してくれるとい
> うのだ。

　調査によると、「キャラクターをお守り」にした者が50代男性でも半数を超え
ていることを指摘しています。それは「生身の人間なら傷つく場面でも、キャラ
クターなら許してくれる。むしろ癒してくれる」からだというのです。2002年1
月の新聞で「50代男性でも半数超え」というのですから、15年後の今、そのまま
であれば、60歳を過ぎても持っている者が半数以上いるということになりますが、
はたしてどうなのでしょうか。

　そのことに関連して、東京ディズニーランドの入園者数のデータから見ると、
2009年の入場者総数は2,5818,000人で、その年齢別の割合は4〜11歳19.2％、12〜
17歳10.7％、18〜39歳52.2％、40歳以上17.9％。そして、2015年は同総数3,0191,000
人、同4〜11歳16.0％、12〜17歳13.7％、18〜39歳49.6％、40歳以上20.7％でした。
キャラクターの代名詞ともいうべき東京ディズニーランドへの40歳以上の入場者
数が17.9％から20.7％に増加していることは60歳を過ぎてもキャラクターをお守
りに持っている者が多いことを物語るのです。

　そして、そうしたキャラクターブームに乗っかった形で「猫を駅長」にすると
いう漫画チックな企画により、観光客を増やしたという和歌山電鉄のニュース

（フジテレビ系（FNN）2015年6月25日（木）配信）は次の通りです。

　日本で初めて猫として駅長を務めた和歌山電鉄の「たま駅長」死ぬ　　日本で初めて、猫として駅長を務め、全国的に人気を集めた和歌山電鉄貴志駅の「たま駅長」が死んだ。三毛猫のたまは、紀の川市にある和歌山電鉄貴志川線の貴志駅の売店で飼われていた猫で、2007年に、駅長に任命された。猫で駅長に任命されたのは、日本で初めてで、その愛くるしい姿見たさに、全国からファンが訪れた。就任後1年間で、貴志川線の利用者が1割以上増えるなどの業績がたたえられ、たま駅長は、2013年、社長代理にまで昇進した。2015年4月には、16歳の誕生日を迎え、元気な姿を見せていたが、22日、急性心不全で死んだ。（抜粋）

　「たま駅長」はテレビなどの映像で紹介されたことをどのように感じたのか。そして、暑苦しい服を着せられ、好きな時に好きな場所に行って好きなことができないことは嫌であったのでしょうが、おいしい食べ物を十分に与えてくれたので幸せな一生を送ることができたのか。「その愛くるしい姿見たさに、全国からファンが訪れた」というのですが、こうしたゆるキャラもどきの象徴に大人たちの心は真に癒され、明日への活力になるのでしょうか。

【注】

1）https://ja.wikipedia.org/wiki/Pokemon_GO
　　悪い例としては、日本では、リリースから僅か4日間で71件のながら運転が摘発された。東京都内だけでも自転車を含め、ながら運転による36件の事故が発生した。いずれもポケモンGOの操作に夢中で起きた事故である。（中略）　また、ポケモンGOがらみの深夜徘徊は、子供から大人まで、男女問わずゲームに夢中になりすぎて問題となっている。北海道内の10日間だけでも122人の少年少女が深夜の公園でポケモンGOを遊んでいるところを補導された。東京都内の公園でも夜中に遊んでいるプレイヤーによる近隣への影響が相次いだ。（中略）　良い面としては、うつ病などの治癒効果としてポケモンGOはGPS位置情報と連動しており、同じ場所に留まると実質的にほとんどプレイ進行できない仕様である。（中略）　地域活性化として、被災地の東北地方（岩手県、宮城県、福島県）ではレアポケモンが大量発生するイベントが行われた。

2）http://ja.wikipedia.org/wikiによると、ゆるキャラとは、「ゆるいマスコットキャラクター」を略したもので、イベント、各種キャンペーン、地域おこし、名産品の紹介などのような地域全般の情報PR、企業・団体のコーポレートアイデンティティなどに使用するマスコットキャラクターのことである。そういったかわいらしいイラスト全般を指す場合もある。狭義では、対象が国や地方公共団体、その他の公共機関等のマスコットキャラクターで着

ぐるみ化されているものに限られるが、広義では大企業のプロモーションキャラクター等も含まれる。

153

第5章

ルールとマナー

　遊びにもルールがあるからこそ楽しく遊ぶことができるのですが、高度に文化が発達し、人と人の関わりが複雑化する中では、よりルールに則ってこそ社会生活の円滑な営みを行うことができると思われます。とはいっても、そうしたルールだけで人と人の関係がトラブルなくスムーズに生活できるものでもないことも事実です。

　ルール以外に、マナー[注1]と称する他者への配慮の行為によって、他者に迷惑をかけることなく、自らも他者も快適に過ごすことのできる生活が成り立つことになると思われます。

第1節　交通ルール

　交通ルールは、子どもたちにとっても毎日の生活の中で安全に暮らすために必要なことですから、幼児期から家庭以外に幼稚園や保育園、そして小学校などで信号機の見方や横断歩道の渡り方、道路では人は右側、車は左側を通る等について指導されていると思われます。

　人と人、あるいは人と人が乗る乗物が道路を行き交う場面としては、①歩行者同士、②歩行者と自転車、③自転車同士、④歩行者と自動車（四輪車［乗用車・トラック・バス等］、二輪車）、⑤自転車と自動車、⑥自動車と自動車等が考えられます。

　そして、それらが行き交う際にはどこかで何らかのトラブルが起こる可能性があります。そのトラブルによっては、けがをする人、甚だしくは死者の出ることもあります。そうしたトラブルを未然に防ぎ円滑な通行ができるため、道路交通法という法律が存在するのです。

その道路交通法に関連し、1965年2月24日付朝日新聞大阪には「交通安全歌（十訓）」の記事が報じられています。

> 人は右側　車は左側通りましょう　踏み切り停車見よう右左右左　見てから渡ろう横断歩道順序よく　よい道だからといわず安全速度守りましょう守りましょう　急ぐとも心は前後目は左右目は左右　無免許運転大きな事故起こす事故起こす　泣くも一生笑うも一生安全運転一生安全運転　夜間雨天の運転は一層の注意一層の注意　車のハンドルにぎるとき酒のまぬ酒のまぬ　尊い命落とすよりスピード落として走ろうよ走ろうよ

この50年前の「交通安全歌」は、「人は右側　車は左側」ということから始まる交通ルールの基本を市民への理解が浸透するために歌われた実に分かりやすい内容だと思うのですが、今こそ、こうした基礎・基本となる交通ルールの呼びかけにより交通安全のための意識の高揚を図ることが必要とされます。

（1）歩行者とルール

1965年3月24日付毎日新聞の「ぼく　わたし」欄には、大人の交通ルールに対する言動に対して、小学6年生男子が反発する「ずるいおとな」と題した詩が投稿されています。

> ずるい。ずるい。おとなはずるい。おとなは「横断歩道は手を上げて渡れ！」というが、おとなは歩道じゃないところを通っている。ぼくたちは回り道してまでも横断歩道を通っていくのに。規則は子どもたちだけにあるんじゃない。みんなのためにあるんだ。おとなのみにくいところが目にうつってすみません。みんなが安全に生活できるように気をつけなければなりませんね。交通安全はわがままとゆだんが一番きんもつです。気をつけましょう。おとなってずるいな。

では、50年後の今、ずるい大人はいなくなったのでか、と問われれば、「いやいや、今でもずるい大人はたくさんいますよ」と即座に答えられる現状です。それは、家庭教育の所為か、それとも学校教育なのか。いずれにしても、それほどに交通規則に対する教育の成果が上がっていないということです。

2000年5月29日付朝日新聞には「信号を見ない女子大生たち　少し変です」という見出しによる33歳主婦の投稿記事が報じられています。

> 先日、娘が横断歩道が赤なのに渡ろうとしました。「お姉ちゃんたちがいつも渡っているから」と言いました。ある日、娘を連れて同じ横断歩道で、赤なのに渡ろうとする女子

大生たちに「赤ですよ」と言いました。そうしたら、チラッとこちらを見て「おばさんになんか私、今怒られてる？」と友達としゃべりながら行ってしまいました。娘の前で普段のしつけを否定されたようでショックでした。そして、昨日、娘の友達が横断歩道を赤で渡り、車にぶつかりそうになった。渡るのをためらっていると女子大生が「早く早く」とけしかけたらしいのです。お嬢様ぞろいの有名な学校の皆さん、全員とは言いませんが、交通ルールを守るようお願いします。

女子大生といえば経済的な面を除けばほぼ大人と見做されるのですが、ここに登場する女子大生は赤信号でも「渡ることができればＯＫ」と認識しているようです。そのことはその行為を見た幼児たちに"渡ることができればＯＫなんだ"と思わせる結果になっているようです。加えて問題にすべきは、赤信号で渡るのを注意され、「おばさんになんか私、今怒られてる？」との捨て台詞を発する女子大生です。注意されて反省をするどころか、そのような捨て台詞を言うくらいの人格ゆえにそのような行為ができると思われるのですが、彼女が親になった時、自分の子に対しても自分が育てられたのと同様の子育てを行う可能性が高いと思われます。

2002年4月19日付朝日新聞には「赤信号なんの、大阪人に驚く」という見出しによる70歳無職男性の投稿記事が報じられています。

奈良を歩くのだが、今回は大阪を歩いて驚いた。車の流れが途切れると、信号はまだ赤なのに、人々は一斉に横断を始める。忠実に待っている人が突当たられ押し出され、邪魔者扱いをされる。信号は間違いなく赤である。パチンコ店やたこ焼屋の前では立派にルールを守る大阪人が、赤信号が変わるのを待ちきれない。なぜだろう。おのぼりさんの私にはどうしても理解しきれないのである。信号を守ることの方がずっと大事なはずなのに。(抜粋)

「信号を忠実に待っている人が突当たられ押し出され、邪魔者扱いをされる」というのですが、そこで押し出す者の心理は"車の流れが途切れたら車にはねられないし、待つ時間が少なくて済む故に渡るのだ"との認識でもっての横断だと推察されます。それでは邪魔者扱いされる人があまりにも気の毒です。なぜなら、信号を待つ人と赤信号で横断する人たちとの違いは、前者は自分たちの生活する場での決められたルールを守ることを履行している＝このような人が多いからこそ交通社会の秩序を保つことがでするのですが、後者は自分の都合を優先しルー

ルを守らないということです。つまり、後者のような人たちの生活は前者の人たちによって安全が補完されていることになります。

その記事に関連して、2002年4月27日付朝日新聞には「赤信号横断も『いいやんか』」という見出しによる29歳主婦の投稿記事が報じられています。

> 生まれて初めて大阪を離れ、2ヵ月になる。「赤信号なんの、大阪人に驚く」を読み、私はクスッと笑ってしまった。「だって、そこは大阪やもん」。批判を承知で書くと、「いいやんかそれぐらい」と、思う。(中略)　私は逆に、どんな時も青になってから横断する東京人のマナーの良さに感心する一方、お行儀が良すぎて少し窮屈に感じる。(中略)大阪人は、マナーが悪いとかせっかちだとか、よく言われますが、少しだけマナーのかどが丸くてもいいじゃないですか。それが大阪なのですから。

それに対して、2002年4月29日付朝日新聞には「『赤は止まれ』親は手本です『大阪人へ』」という見出しによる33歳主婦の投稿記事が報じられています。

> 大阪出身の人が「赤信号横断も『いいヤンか』」という投稿を読んでびっくりしてしまいました。私には3歳になったばかりの息子がいます。最近やっと、手をつないで歩くようになり、赤信号のたびに「赤だから止まれだね。青になるまで待つんだよ」と教えています。命に関る大切な交通ルールなので、何度も繰り返し言い聞かせています。そう言っている脇から「ちょっと失礼」と赤信号で横断されてしまっては、息子に説明のしようがありません。「いいやんか」と赤信号を渡る方は自分の子どもにも「いいやんか」と教えているのでしょうか。

このように、赤信号横断に関する3件の投稿記事を取り上げたのですが、信号機のある交差点の横断は信号に従って通行するのですから、1件目と3件目の意見は全国の多くの人が支持する極めて常識的な意見です。

問題は2件目の記事です。「赤信号横断も『いいやんか』」は、車にはねられるようなことはないので大丈夫だし、待つ時間を少なくしたいからとの推測の理由はすでに述べたのですが、車に轢かれても自己責任だからとして済まされるものではないのです。車の流れが途切れたといっても車は速いので青信号での走行車はすぐに来るでしょう。その場合、走行車は歩行者を見つけても急停車できるとは限らない中で、それを判断力と身体的機能の不十分な幼児や高齢者、身障者等には車に衝突される危険性が高く、それは「いいやんか」で済む問題ではないはずです。それだけに投稿者の軽薄な発言が浮き彫りとなるのですが、その軽さは

第 5 章　ルールとマナー　*157*

この件に限らず、日常生活のすべてに通じるものではないかと思われます。

（2）自転車とルール

　自転車は軽車両であり、歩行者の通行と異なることは随分前から変わりのない中で、2013年12月1日から改正道路交通法が施行されました。自転車などの軽車両は歩道がない道路を含めて左側・右側どちらの路側帯も通行可能であったのですが、それ以降は左側の路側帯だけが通行できるようになっています。そうした中での自転車に関する様々な行為や意見を見ることにします。

　2013年3月22日付朝日新聞大阪には「交通規則守らないのは『甘え』」と題した54歳男性の投稿記事が報じられています。

> 自転車に乗って赤信号で止まっていると、後ろから来た自転車が何台もそのまま走っていく。車道の左側を通行していると、前からやって来る右側通行の自転車と衝突しそうなこともある。そういう時、交通違反しているのは自分であるかのような錯覚に陥る。私も適当に交通規則を無視してしまえば、すいすい走れるだろうか。いや、そうではないだろう。規則を守らない人がいても事故が起きないのは、規則を守っている人が余裕を持って対処していることが大きい。規則に違反する人ばかりであれば、事故は際限なく発生するだろう。要するに、違反者は規則を守っている人たちに甘えているのである。

　投稿者の言うように、交通規則を守る人の方が多いからこそ交通事故が少なくすんでいるのです。そして、「違反者は規則の遵守者に甘えている」とも言っていますが、それはつまり、違反者の多くは自己の都合を優先するあまり、人としての責任を自覚しないままに行動していることを指摘しているのです。

　では、自転車走行の交通ルールへの自制の意識が低いとすればそれはなぜでしょうか。その理由の1つに、自転車の公道走行に関する多くの規則は50年以上前からあるのですが、公務執行妨害等を除くとほとんど取締りの対象にはならなかったことです。それにより、"自転車は何をしても大丈夫"という認識を持つ者が多く見られたことになります。

　自転車の乗り方についての「自転車のマナー、気になるのは？」（アンケート実施　2013年10月25日〜10月31日　有効回答数5967　http://chosa.nifty.com/cs/catalog/chosa_report/catalog_131107003127_1.htm　）というアンケート調査の結果は次の表のようになります。

自転車のマナー、気になるのは

順位	項　目	割合（%）	人数（人）
1	携帯・スマホをいじりながら運転している	76	4537
2	２台以上で併走する	68	4046
3	歩道をスピードを出して走る	67	3972
4	暗くなってからの無灯火	64	3823
5	音楽を聴きながら運転している	47	2793
6	雨の日の傘さし運転	45	2787
7	駐輪場所以外での駐輪（放置自転車）	38	2283
8	左側を走らない	38	2283
9	指定の場所で一時停止しない	36	2119
10	歩道なのにベルを鳴らす	35	2109

　交通ルールは交通安全上、国民のために作られているはずですが、この表に挙げられた１位から10位までの項目はどれを見てもマナー違反というよりはルール違反というべきです。ですから、ルール違反行為をマナー違反と捉えている人が多いということになります。そして、“マナー違反程度なら許容される”だろう、それゆえに違反者が多くなるという図式になっているのです。そして、そのいずれの項目も自分の都合による違反行為といえます。では何ゆえに自己都合を押し通すのか、それについて考えてみます。

　順位１はスマホや携帯（以下スマホと略）を操作しながらの運転ですが、運転中のスマホ操作はよくないということはほとんどの者が認識できていると思われます。それでも停車し、通行の妨げにならない場所での操作ができないのは、“自分は大丈夫、これくらいのことだから許されるだろう……”等の軽い理由か、それとも第３章３節の（３）情報の項で述べたように、メールの返信は寸刻を争うほどに急ぐものだからなのか。いずれにしても、これらの項目のように危険に対するリスクが小さいと捉えたと見られる場合のルール違反者が目立って多い結果になっています。

　ところが、現実には無謀走行というべき自転車があまりにも多いことから、自転車通行に関わる規則の変更がなされ、自転車に対する取り締まりが行われることになります。

そのことは例えば、「自転車、その運転「赤切符」　車道右側走行・酒酔い・遮断機無視……14類型　きょうから」と題して次のように報じられています（朝日新聞デジタル　2015年6月1日05時00分）。

　　自転車の交通ルールが6月1日から変わる。14歳以上の人が、信号無視や車道の右側通行といった「危険行為」で3年間に2回摘発されると、有料講習が義務づけられる。

　そうした自転車に対する規則が実際に施行運用されることになると、自転車利用の多くの市民がそれに対応することになります。その一例を朝日新聞デジタルの「自転車に新ルール　売れる雨具　レインコート大売れ　梅雨だから、だけじゃない理由とは」との見出しによる次の記事（2015年7月1日　8時56分掲載）に見ることができます。

　　百貨店や雑貨店でレインウェアが売れている。といっても「梅雨だから」という理由だけではないらしい。6月1日に施行された改正道路交通法で、傘を差して自転車に乗り人身事故を起こすと「危険行為」に問われる可能性が出たからだ。売り上げが前年の3倍に迫る店もある。

　「傘を差し自転車による人身事故が危険行為に問われる可能性が出たからだ」ということで、そうならないようにレインウェアが売れることになったという報道です。つまり、自転車走行も違反検挙が現実のものになったことに対する利用者の防衛行為なのです。

　その後、2016年3月7日付けの毎日新聞大阪の夕刊には「自転車危険行為7924件　信号無視4割、講習7人　法施行後7カ月　大阪最多2673件」という自転車の交通違反の摘発状況が報道されています。これは以前に比べてそれだけ、自転車走行に対する取り締まりが厳しく行われるようになったことを示しています。

　交通上の強者である自動車がルールを守ることはいうまでもないことですが、弱者である人や自転車の通行に関しては、これまではルールが示されていながらほとんど取り締まりが行われてこなかったのが実情です。それが今、自転車の取り締まりが行われるようになったことは大きな変化といえます。

　もう1つの記事を取り上げます。2016年6月28日付けの毎日新聞大阪には「大人が信号無視とは情けない」と題した東京都に住む15歳の女子中学生の投稿記事が報じられています。

ある朝、私はいつものように「青」になった横断歩道を歩いていた。時刻は朝7時半ご
ろ。ちょうど通勤する人々の往来が激しい時だった。すると赤信号を無視して左からも
のすごいスピードで自転車が目の前を通り過ぎた。その自転車を運転していたのはこわ
おもてのサラリーマンだった。私はもう少しでぶつかるところだったので、本当に怖
かった。私の少し後ろを歩いていた小学生が、「赤信号は止まれだよ！」と叫んだ。その
一言は周りにいた人々の心にも響いたと思う。（中略）　大人から教わったはずの「止ま
れ」を、大人が無視することに腹が立った。私は信号無視をするような大人にはなりた
くない。（抜粋）

　信号無視をしてはいけないことは幼児でも分かることから小学生が叫んだと思
われるのですが、成人者と見られる「こわおもてのサラリーマン」は、小学生に
叫ばれた後に何を思ったのかを考えてみると、それは“①「何も思わない」②
「ぶつからなかったから文句をいわれることない」③「悪いことをしてしまった」”
の中のどれにあたるのでしょう。このうちの③であれば、次にはそのような行為
をしないと思われるのですが、こうした場面で信号無視をする者の多くは①②
に当たる者が多いように思われます。そして今、この「こわおもてのサラリーマ
ン」の行為は自転車走行中の信号無視について見られたことを述べたのですが、
このような人の多くは他の場面においても違反行為を行うものと推測されます。
　子どもには家庭以外に、幼稚園、保育園などの幼児教育施設や、小学校、中学
校、高等学校などでルールを守ることの必要性についての指導ができます。です
が、ルールを守る子どもの横で成人の者が上述したようなルール違反をすれば
ルールを守らない子どもが増加することは明らかです。
　ですから、交通ルール以外のものも含めてルールを守ることの重要性は学校の
授業で子どもたち同士が話し合い、守れるような方策を考えることができる体制
にもっていくことが必要です。
　成人については子どもを持つ家庭では子どもの意識の向上を通じて親も高める
ことにつながると思われますが、高齢者の集う場でルールの説明の機会を増やし
たり、職場でもそのような場が増えることを期待します。
　いずれにしてもマスメディアを含めて社会全体がルール遵守に対する意識の向
上に動かなければ解決にはならない問題です。そうでなければ、これまで示した
事例のように結局は、警察による取り締まりの強化でしか遵法者を増やすことは

できないことになります。

　このように、交通弱者といわれる歩行者と自転車の交通ルールに関する現状を述べたのですが、それに対して交通強者となる自動車の運転者はどうなのでしょうか。それを見てみます。

2016年9月27日のITmediaニュース

（11:18配信　http://headlines.yahoo.co.jp/hl?a=20160927-00000038-zdn_n-sci）には「信号のない横断歩道、歩行者が渡ろうとしても『止まらない』車9割　JAF調査」と題した次のような記事が報じられています。

> 信号機のない横断歩道で歩行者が渡ろうとしていても、9割以上の車が止まらない——日本自動車連盟（JAF）がこのほど、こんな結果を発表した。全国94カ所で調査したところ、半数以上の調査地点で停止率は5％未満と、「課題の大きさが浮き彫りになった」としている。JAFは8月15日〜9月1日、信号機が設置されていない片側1車線の横断歩道（各都道府県2カ所ずつ・計94カ所）で、午前10時〜午後4時（雨天除く）に調査した。JAF職員が渡ろうとしたところ、通過した車両（自家用自動車または自家用トラック）1万26台のうち、一時停止した車はわずか757台（7.6％）。半数以上に当たる48カ所の調査地点での停止率は5％未満だったという。JAFが6月に実施した交通マナーに関するアンケート（有効回答6万4677件）で、「信号機のない横断歩道で歩行者が渡ろうとしているのに一時停止しない車が多い」に「とても思う」と回答した人が全体の43.7％いたことから、実態を把握するため調査した。

　いつ頃から、そのように横断歩道で止まらない車が多くなったのか、それとも随分前からそうなのでしょうか。いずれにしても、それだけの車が止まらなくても事故にならないのは多くの歩行者の横断歩道での安全確認によるものです。

　また、交通事故に直結するものとして、その最たるものとして飲酒運転が挙げられるのですが、飲酒運転死亡事故件数は平成15年の781件が平成26年には227件で、件数としては3分の1以下に減少しています。そのこと自体は望ましいことですが、それでも227件も起きていることが問題なのです。しかも、それを取り締まる立場の警察官や教育者としての教員にも飲酒運転が少なくないということについては「それが人間なのだ」として済ませていいのでしょうか。

第2節 マナー

マナーは作法や礼儀、気配りなので「知っているかいないか、弁えているかいないか」の問題です。知らなかったら恥をかく、相手を不快にさせるのですが、だからと言って「ルール」のように「違反」とはならないのです。ですが、違反にはならないとはいえ、人に迷惑をかけることがあってはならないのです。

（1）車内でのマナー

現代人にとって、通勤や通学、そして旅行等のために電車やバスなどの交通機関を利用する機会はとても多いものです。そうした車内は、見知らぬ他人同士が共に利用する公共の場ですので、ストレスとならないように互いが気を配り、気遣いをする必要があります。では、現実にはどのような状況が展開されているでしょうか。時代の進展とともにそれらを見ていくことにします。

1953年5月19日付朝日新聞の「声」の欄には「遠足の子供たち」と題した主婦の意見が報じられています。

> この間小学校の遠足隊と電車に乗り合わせましたが、車内は喜声や奇声で湧きかえっていました。珍しく嬉しくまた楽しいことを子供と共に喜びたいのですが、一方この人達も立派な社会人であることを知るべきです。先生は落ちのないようにと準備をされるでしょうが、その中に是非とももう一つ、あるいは力を入れて一般の人々の中に出る時の心得を指導して下さるよう、そして付き添いの母姉達も共にこの事に協力していきたいものと思います。(後略)

「車内は子どもの喜声や奇声で湧きかえっていた」のですが、引率教師はそうならないような事前指導をしていたのか否かは定かではないのですが、その場での指導をしたようには見えないですね。ですが、そこでの乗客の多くは子どものことだから仕方ないとして我慢をしていたものと推察できます。

それから58年後となる2011年5月18日付朝日新聞大阪の「声」の欄には「車内走る児童　先生注意せず」と題した48歳の主婦の記事が掲載されています。

> 遠足帰りの小学生の一団と乗り合わせた。大阪まで、バカ騒ぎはエスカレートする一方。立っているお年寄りもいるのに優先座席を児童が占領し、付添いの教諭が「席を空けろ」と言うのかと思ったらその逆。立っている児童に詰めてもっと座れと指示するだけ。一

人の男性が教諭に注意したら、無視をして場所を離れた。車掌がきたので男性が注意を促したが、車掌も注意せず移動。動き回る子どもに足を踏まれた年配の女性が「あんたたち、いい加減にしてよ」と怒った。……こういう情けない先生が指導をした児童が大人になっていく、日本はどうなるだろうか、気分が悪くなった。

　1953年と2011年を比べると、子どもたちを取り巻く環境としては大きく変わっているのですが、電車内での教師の子どもへの指導は同じとは言えないまでも進化しているとも言えないのです。それは、児童の行為が迷惑行為だと認識できていないのか、それとも、子どもに対する指導能力の欠如なのでしょうか。いずれにしても児童たちに見られる迷惑行為の状況は変わっていないのです。

　1965年6月20日付朝日新聞には「傍若無人な車中の大学生」と題した高校三年生女子の意見が報じられています。

日曜日、汽車にゆられて弘前へもどる。その中での事。私の席の近くに大学生らしい人たちが座っていた。男性4人に女性1人のグループである。まるで汽車の中には、彼らだけしかいないかのような、遠慮のない笑い声である。（中略）　大学生の質の低下をいわれるが、なるほどと思った。話の内容はともかくとして、車内でのバカ笑いや、人のことなど気にしないようなラジオの音を聞くと、これでも大学生なのかと思う。（後略）

　この記事は高校生が大学生を批判した記事ですが、大学生は自分のことしか考えない、つまりは周りの人たちへの気遣い・気配りができない若者たちのようで、それは先ほどの1953年の記事に登場の車内でのあり方について、きちんとした指導を受けなかった小学生の子どもたちが大学生になった姿を映し出したものといえます。

　2010年11月20日付朝日新聞大阪の「声」の欄には「マナー守らない親も多い」と題した20歳の女子学生の記事が報じられています。

「子育てくじく『教育しろ』被害」に、「母親はマナーの大切さを知っているから余計に周囲の視線が苦しい」とあった。だが毎日、通学で電車に乗る私には、子ども連れの母親がマナーを大切にしているようにはとても見えない。満員電車でもベビーカーをたたまない。椅子に座った子どもに靴を履かせたまま窓の外を見させる。集団になった子どもたちが叫びながら車両内を走り回っても、親同士のおしゃべりに夢中で、注意もしない。子どもの行動は間違っていることがあっても理解できる。なぜなら私自身も通ってきた道だから。一方で、その子どもを連れた母親に厳しい目が注がれるのは当たり前で

はないだろうか。世間は、子どもに厳しいのではなく、マナーを守らない親に厳しいのだ。子育てがしにくい世の中だと嘆く前に、自らを省みてほしいと思う。

　ここでは、子どもの迷惑行為を注意しなかったり、満員電車時にベビーカーをたたまなかったり、「親同士がおしゃべりに夢中」であったりなど、子どもの迷惑行為より母親の迷惑行為の方が多いことを指摘しています。そこでは、女子学生から、"自省してほしい"と戒められるべき母親たちですが、彼女たちには周りの人たちへの迷惑に対する気遣いは感じられず、むしろ、"私たちは「それは大変なことである子育て」をしているのだからそのくらいのことは許されるべきである"とでも思っているようにも見えるのです。

　2013年11月17日付読売新聞の「談論風発」には「交通機関のマナー」と題した記事が報じられています。その中から「マスクなし迷惑」と題した81歳の男性の投書記事を取り上げます。

　　冬は、公共の乗り物で「ゴホン」とせき込む人が気になる。マスクを着けている人はまだいい。マスクなしの人は迷惑だ。周囲の乗客も顔をそむける。乗客が少なくて場所を移動できる時はまだいいが、混んでいる時は逃げ場がない。私は自衛手段として、外出する際はマスク持参をすることにしている。せき込んでいる人と居合わせたら、すぐにマスクをする。家族にも外出時はマスク持参を励行させている。風邪をひいている人は乗物に乗るなとは言わないが、最低のマナーとしてマスクを着けてほしい。

　バスや電車などの公共の乗り物の中で咳込む人がいればだれでも気になるところですが、周りの人を困らせるために咳をする人はほとんどいないと考えられます。ですが、同じ空間で咳をすれば咳により排出された空気は病原菌を含むことが多く、それを吸いたくない人たちから嫌われることになります。それにもかかわらず、マスクなしに咳をする人はそうしたことへの気遣いができないことで非難されることになります。

　また、2014年1月26日付朝日新聞大阪には「くしゃみエチケット　守ろう」と題した16歳の男子高校生の意見が報道されています。

　　風邪やインフルエンザが流行しているが、電車内で口を覆わずに勢いよくくしゃみをする人を見かける。手などで口を覆わずにくしゃみをすると、くしゃみをした人はすっきりして気持よいのかもしれない。しかし、周りの人は菌やウイルスをばらまかれているように感じる。僕が米国にいた頃、くしゃみをする時のエチケットに関して先生からよ

く注意された。くしゃみの時に口を手で覆うこと、手に菌やウイルスが付き、その後に
ドアノブやパソコンのキーボードなどいろいろなものに触ると、他の人に菌やウイルス
を移すことになるから、服の袖で口を覆うように言われた。実際、米国では比較的多く
の人がこのエチケットに気を配っているように感じた。この時期、受験生ら健康管理に
神経を使う人が多い。くしゃみをする人は周りに気配りしエチケットを守ってほしい。

　くしゃみが出るのは万国の人たちの共通した生理現象ですが、投稿者は公共の
場所におけるくしゃみに関する米国の行き届いたマナーを紹介しています。日本
では若者のファッションや音楽等ではやたらと米国の真似をする傾向にあるので
すが、くしゃみを含む公共のエチケットについても大いに見習うべきです。
　携帯電話の使用に関する記事として、朝日新聞大阪版2013年10月24日付の「声」
の欄には「携帯電源オフ　ルール守って」と題した大阪府の66歳主婦の記事が報
道されています。

先日、久しぶりに長時間電車に乗り、優先座席に座った。私は心臓にペースメーカーを
入れており、携帯電話が発する電磁波に不安を感じているからだ。優先座席付近では携
帯電話の電源オフを呼びかけるステッカーが各所にあるうえに、乗務員が巡回し、携帯
を使っている人、一人ひとりに注意してくれる。ところが、乗務員がいなくなれば、多
くの人はまた始めるのだ。私の隣に座っていた学生らしき女性もそうだった。私は思い
あまって「今、乗務員にも注意されたでしょ。もうやめましょうよ」と小さい声で言っ
た。すると女性は逆ギレして「大人もやっているじゃん！ゲームのじゃましないでよ」
と叫んでまたゲームを始めた。（中略）　後味の悪い外出となった。

　ここで注目すべきは、注意された学生らしき女性が叫んだ「大人もやっている
じゃん！」です。この学生は「大人もやっているのに自分が注意されるのは心外
だ」と叫んでいますが、大人がやっていることであれば、大人未満の者がやって
も許されること、のように認識していると思われます。それは、“お手本を示す
立場にある大人といわれる人が携帯を使っている。だから自分も使っているのに
自分だけが注意されるのはおかしい”とは自己責任を回避する発言です。
　大人も子どもも電車内で携帯電話を使うことは他人の迷惑になることは知って
いるはずですが、それにもかかわらず、年齢に関わりなく使う人がいる、それが
現実です。
　それとともに、携帯電話等の通信機器がペースメーカー着用者の健康、あるい

は生命に危険を及ぼすことになるのであれば、及ぼす条件を具体的に示す必要があります。ですが、それに対する明快な提示がないことも優先座席での使用が無くならない原因の1つだと思われます。

それ以外の迷惑行為としては、人前での会話があります。その会話は携帯電話以外の迷惑行為と共通するのですが、迷惑を受ける人の迷惑を考えない行為であって、マナー違反の大半を占めるものです。例えば、電車やバス内での無遠慮の会話が周りに迷惑を掛けるとすれば、それを行う者の心理は、自分のしている行為が他人に迷惑をかけていることに気づかない人、あるいは迷惑をかけても構わないと考えている人のことです。どちらも自分のことしか念頭にない人、自己中心的で自分がよければそれでよいとする人だと思われます。

2015年12月13日付毎日新聞大阪には「転んだ男児見ぬふりの日本人」と題した15歳女子高校生の記事が掲載されています。

> 今日、日本という国の恥を感じた。満員電車の中で小さい男の子が開くドアの近くにいた時、おじさんがその男の子に気づかなかったのか分からないが、その男の子を押しのけて降りて行った。男の子は転んでしまったが、そのおじさんは振り向きもせず、謝りもしないで行ってしまった。周りは見て見ぬふりで、電車の真ん中にいた私が手を差し伸べようとした瞬間、近くにいた外国人が片言の日本語で「ダイジョウブ？」と男の子の上体を起こした。私はそれを見た時、日本人でいることに恥ずかしくなった。日本人はなぜとっさに行動できないのだろうか。自分が良ければそれでいいという考えを多くの人が持っているためだろうか。それとも勇気がないからだろうか。私たちは変わる必要があると思った。人を思いやるという当たり前のことができるために。

ここでの男の子には保護者の同伴を感じられないことから幼児ではなく、小学生ぐらいの年齢だと推察するのですが、男の子を押しのけて行ってしまった男は自分の近くに男の子がいることには気がついたとしても、男の子が転んだことに気づかなかったのでしょうか。気づいたとしても、けがをするほどではなかったとの判断により行ってしまったのかもしれないのです。そして、周辺にいた人たちも男の子はけがをするほどでもないのでほっておいても大丈夫だろう、とでも思ったと受け取ることができます。おそらく、もう少しひどい状態で転んでいたら日本人も駆け寄って行ったと思われます。いずれにしても、投稿者が指摘するように日本人の他人事という意識が強いことが浮き彫りとなります。

車内の出来事ではないのですが、前例に類似した記事の紹介として、読売新聞の2002年1月3日に報道された、「コドモ以上オトナ未満」（連載）の記事中の「(2)「分別」失いキレる　コミュニケーション不全深刻」を取り上げてみます。

> レンタルビデオ店に連れて行った2歳の長男が出会い頭に30代のサラリーマンとぶつかった。あお向けに倒れて泣く長男を男性は不機嫌に見下ろすだけ。駆け寄ると、男性は何も言わずに立ち去った。『声に出して読みたい日本語』のベストセラーで知られる明治大助教授の斉藤孝（41）さんは、あの時の後味の悪さがいまだに消えない。
>
> 　数年前のことだ「大人だったら、大丈夫、の一言があってもいい。しかも、相手は幼児でしょう」。同じ頃、近所の公園でも「大人げなさ」にぞっとしたことがある。目を離したすきに長男を見失い、あわてて捜すと、釣り大会のイベントに使われていた子ども用プールに首まで浸かっていた。周りで釣糸を垂れていた十数人の大人たちは、溺れまいと必死で立つ長男を気にする様子もなかった。40代の“いい大人”もいた。「大人の多くが他者とのコミュニケーションを拒んでいる。言葉だけでなく、生身の身体としても相手を認識したくないのではないか」。つくづくそう思った。（後略）

この記事は幼児に対する30代や40代の“いい大人”のふるまいが「コドモ以上オトナ未満」な行為であるとして取り上げたものです。

2012年に短大の教員であった筆者は当時の短大学生約100名のこの記事に対する読後の感想文として提出したものを読んだのですが、結果はそのすべてが「当事者の“大人げなさ”は非難されるべきだ」とする斎藤氏の主張にほぼ同様の内容のものでした。

また、当時の同短大の教員約20名の感想文を読み、その結果を学生と比較すると、1名を除き言葉の豊富さと巧みな表現さに違いがあるにせよ内容的には大きくは変わらないものでした。

さて、その1名の教員の感想文は、「斎藤氏は2歳の自分の子が『出会い頭にぶつかった』『子ども用プールに首まで浸かっていた』ことに対する大人げない当事者の行為を非難するのだが、2歳の幼児がそのような事態に遭遇することは当然予想できることであるから、大人げない成人を非難する前に、親としてなすべきことをすべきではないか」という内容でした。つまり、その教員は「斎藤氏は当事者となる成人の大人げない行為を非難するが、親として、子がそのように遭遇することを想定しなかったことに対する斎藤氏自身の反省が見られないこと

が問題だ」と指摘しているのです。

　教育学・文学分野におけるエリート中のエリートとも称される斎藤氏ですが、ここで指摘された点への気づきがないとすれば、彼の主張する「心技体」のうちの「心」が欠けることになります。

　次に挙げることは、旅行で知り合った筆者の知人（旅行好きな元大学の教員。夫婦でバスによる宿泊旅行を月に1〜2回参加）から聞いた話です。

> バス旅行。いつものことだが、参加者のうち、夫婦の参加者は静かで、女性グループの参加者がとにかく騒々しい。そういう彼女たちの会話から推察すると、家庭での家事はすべて女性がしている日々の現状から解放されるために、「上げ膳、据え膳」の可能な旅行にグループ参加をしているようだ。無論、それを否定するものではなく、問題は、バス車中における彼女たちの私語だ。自分たちは喋ることが楽しいのだろうが、その行為はたまたま旅行で一緒になった車中に同席する人にとっては迷惑なことを本人たちは気づかないようだ。なぜ、そうなのだろうか。幼い頃から、そのような場面でしゃべることが迷惑になるということを教えられないで育ったのだろうか。それとも、大人となり、自分のすることは何も制限されることなく自由だと考えているからだろうか。いずれにしても、周りの人に対する気遣いができないことは事実である。

　このような話を聞いた後に、筆者がバスによる宿泊旅行に行った時のことです。その時にも、女性グループに騒々しいグループが参加しており、旅行の後半になってもそのグループは添乗員のアナウンスを静かに聞く状況はなく、筆者は一部聞き取れない箇所がありながらも黙っていたのですが、快く思わない人はほかにもおり、1人の男性が「うるさい」と怒鳴ったことで静かになったのです。

　旅行が終わり、バスから降りるときに、怒鳴られたグループの中の1人の女性が怒鳴った男性に「ごめんなさい」と言って降りたことは、怒鳴られたことで自分たちの行為が迷惑をかけていたことに気づいたようです。

　後日、先ほど述べた知人にその時のことを話したら、知人は「怒鳴られたり注意されたりしても、怒鳴られた女性のように皆が皆反省できるとは限らないように思う」と言います。また、知人は「そうした迷惑をかけるグループは高齢者だけではなく、高齢者の子に匹敵する年齢層（40代）にも同様なものを感ずる。さらには、大学で高齢者の孫に当たる年代の学生たちの、話を聞かず、私語に終始する受講態度にも同質なものを感ずる」と言うのです。

そうした高齢女性が子どもの頃の学校では私語をしないようとりわけ厳しく言われていたようですが、今では子どもが学校等の場所で注意されることは少なくなっているようですし、彼らが成人となればよほどのことがない限り注意されることはなさそうであり、当人が気付かなければ、そのまま歳を重ねることになります。

（2）図書館とマナー

図書館は図書を中心とした利用対象物の閲覧・貸出し等による情報提供を行うことを目的とするのですが、対象物を不特定多数の利用者への利用を可能にするわけですから、その利用には図書館としてのルールがあるのは当然のことです。

例えば、利用者は貸出物を期限内に返却すること、図書利用の場合、図書に線引きを含む書き込み、切り取り、よごし、ページの折り込みなどはしてはならないこと等があるのは当然です。

館内利用としては、静かにする、利用席を独占しないことなど、他の利用者の迷惑にならないようにすることは最も常識的なマナーですが、加えて、利用対象物を許可なく持ち出すことは窃盗として犯罪にもなります。

図書館の設備は冷暖房完備、日曜日・祝日も開館。職員のリファレンスサービス等……こうしたことは40年、50年前と比べれば格段の差でよくなっていますが、それに比べて、利用者の利用態度は向上したのか否か、そして、図書館利用において、変わったことなどを見ることにします。

では、1965年頃と最近のそれを新聞紙上の読者の意見から比較してみることにします（凡例：次に示す「朝63.9.7」は1963年9月7日付朝日新聞、毎は毎日新聞、「図書館での礼儀」は題目か見出し、「この夏……」は本文。「学生21」の21は年齢）。

　　朝63.9.7　図書館での礼儀　　この夏、国会図書館を利用してみて、利用者の態度がいろいろ気になった。まず、本の余白にインクや鉛筆でやたらに書き込んである。多数のための公共的な書物を、こんなふうにすることはやめたい。次に、喫煙所の長イスに長々と寝ている人がいる。中には借り出した本をまくらにしている者さえある。館外には、順番を待っている人もいるというのに（後略）。（東京都女子学生21）

　　朝64.1.25　よごされる図書館の本　　このごろ残念に思うことは、図書館の多くの本がひ

どくよごれ、こわしたりしていることである。赤や青のインクで傍線が引かれている
ものや明らかにハサミで切り取られたものもある。いろいろな書き込みも目につく。
大体、人が線を引いた本は読みにくいものである。公共の本を傷つけて人に迷惑をか
けるようでは、本当の愛読家とか学問を愛するものとはいえない。ある種の本は、歴
史的価値があり、二度と買えないものもある。その貴重なページに消すことのできな
い汚点を残すとは本および学問をぼうとくするものである。日本人は公共物を大切に
しない、とよくいわれることを、本を手にするほどの人ならばもっと考えてほしい。
（東京都女子会社員）

朝04.1.7　マナー忘れた図書館利用者　　私が勤めている図書館。学習席でしゃべり続け
ている女子高校生に、館長が「しゃべるなら別の場所へ移動して」と注意しました。
また別の日、幼児が２人で走り回った揚げ句、本の表紙に落書きを始めました。母親
を探し、子どもの近くにいてほしいと頼みました。その後投函箱に「注意の仕方が気
に入らない」「子どもは騒いで当たり前。大目に見てほしい」との意見が入っていまし
た。つい先日は、若い母親のグループがジュースを飲んだりお菓子を食べたりしなが
らしゃべっているのを見つけました。館内では飲食はできませんと伝えると、気分を
害したように去っていきました。最近、マナーを知らないのかなと思うケースがよく
あります。マナーというのは周りへの思いやりからきていると思います。自分と仲間
さえよければ後はどうでもいい、と考える人が増えているのでしょうか。（女子公務員
35）

毎14.6.17　若者に注意できない大人たち　　地元の図書館の自習室において、中、高生の
利用態度が悪すぎます。定期試験中に座席を占領したり、騒いだりするので一般の利
用者が利用できない最悪の状況が続いています。市民からも苦情が出ているのにもか
かわらず、彼らは情けないと思ったり、反省したりしていないのでしょうか？　それ
以上に問題だと思うのは市内の中学校、高校等の生徒指導の担当者や図書館のスタッ
フにも責任があるということです。私が見る限り高校生が騒いでいても注意する気配
はなく、既に図書館が各中学、高校に警告文書を送ったそうですが、まったく改善さ
れる気配はありません。昔はこのような問題が起きれば教師や図書館内のスタッフが
率先して注意をしていましたが、最近はほとんど注意できない有り様です。子供が悪
いことをしても大人が注意できない世の中になったのでしょうか？　（下関市会社員男
子35）

　時期にして40年以上の差のある双方間に共通することは、なんといっても本へ
の線引きが無くならないことです。公共の本に線引きをすることは悪い事だと知
らない者はいないと考えたいのですが、それでも線引きをするということはなぜ
か。それは、悪い事だとは思うが、どうせ、税金で買い揃えているのだからこれ

くらいのことはしても構わないというのか。それとも、そうしたことに対して無意識の行為なのか。いずれにしても、線引きを行う者は他の人も利用する公共の物を大切に使うという意識が欠落しているのです。つまりそれは、自分の都合だけを考えての行為で、そうした意識は長期間経っても変わっていないということです。というより、そういう利用者の意識改善については無策の状態で時代が進展したといった方が適切なように思われます。

　そして、後者の記事では中学生、高校生や幼児連れの母親の利用態度の悪さが指摘されています。また、ここには掲載しなかったのですが、禁じられている館内での携帯電話使用に関する記事も多く見られました。

　指摘された中高生の自習室利用は、数十年も前から始まっており、その利用の多くはいずれも試験準備にあるようですが、人の出入りの多い場所で受験勉強に集中できるのだろうかと疑問に思うのは筆者だけでしょうか。

　次に、図書館の利用者対応で困っていることの1つに幼児連れの母親の利用態度があるようです。というのは、幼児が長い時間をじっとしていることはむずかしいことです。幼児を連れて図書館に行けば、幼児が騒ぎ出す可能性は高く、そうなれば他の利用者に迷惑をかけることになります。問題はそこでの母親の態度です。かつては、母親と子が一緒に図書館に行く機会は現在のように多くはなかったことから、そのような場合の母親の対応がどのようであったのかよく分からないのですが、今は、「子どもは騒いで当たり前。大目に見てほしい」というように主張する母親が多いと聞きます。ですが、そのことが他の利用者に迷惑をかけることになることは明らかです。それを自分の所為ではないという人が多いとすれば、母親には明らかに自分のことしか頭になく、自分で善処するという意思を感じられないものです。

　館内での携帯電話の使用については、どうも中高年に多いという指摘があります。指摘される中高年は自分が大人だからその程度のことを言われたくない、とでも思っているようです。そうだとしたら、そのような人が他人への迷惑を考えない子どもを育てたことになります。

（3）マスクとイヤホン

　先ほどは電車内におけるマスク着用について述べたのですが、近頃はそれ以外

の場所を含めて、人の行き交う中でのマスクの着用者が多くなっています。

　しかも、以前であれば年配の人の着用が多かったようですが、今では若者、とりわけ高校生や大学生の年齢層に多く見られます。

　インフルエンザ等空気感染する病気に対しては、予防法として、手洗い・うがいの励行、睡眠を十分にとること、栄養ある食べ物の摂取すること等に加えて、マスクの着用が学校や職場等だけでなく、マスメディアを通じて日本中に広報されています。

　マスクの着用は周りの病原菌等を含む空気を吸うことをできるだけ防ぐため、あるいは自分の吐息の空気中への拡散を防ぐための健康上の理由によるものです。つまりそれは、自分の体を守り、また、周りの人に迷惑をかけないためのマスクの着用ですが、そのことは最近になって行われたことではなく数十年も前から行われていたことです。

　ところが、近頃では、自分の顔を見られたくない、見せたくない等の理由によりマスクを着用する者が増加したというのです。

　「25年度全国高校生生活意識調査報告書」[注2]によると、2013年の健康上の目的以外のマスク着用割合は男子12.9％、女子33.6％であったのですが、「26年度全国高校生生活意識調査報告書」[注3]によると、わずか1年後の2014年には同割合は男子14％、女子42％へと上昇することになっています。ちなみに、同報告書によると、マスク使用頻度としては男子69％、女子67％が使用しないというのですが、逆にその数値は男子31％、女子33％がマスクを使用することを示しています。そして、自分の顔を見せたくない理由は「マスク着用は安心するから男子38％、女子31％。肌荒れを隠す男子13％、女子28％。表情を人に見せたくないから男子13％、女子24％等」となっています。

　このように、高校生の男女ともに、着用者の3割以上が健康上以外の理由により、マスクを着用する状況になっているのですが、それは他人に迷惑をかけることを防ぐためではなく、あくまでも自分のためなのです。

　また、ここでのマスク着用と共通点が見られるのがイヤホン着用です。イヤホンは自分が聴こうとする音楽等の音が周りの人に対して迷惑をかけないようにするための道具ですから、その着用は自分が1人で音楽等を聴いて楽しむためのものです。ところが、その場合の着用は五官の1つである耳を塞ぐことになり、周

囲の情報をキャッチするのに少なくとも妨げの要因になり、その上、周囲に不測の事態が生じたとき、速やかにコミュニケーションをとるという態勢にはないといえるのです。

　携帯端末機の普及に伴って、音楽等を聴くためにイヤホン着用者が日増しに増加しています。電車やバス等の乗り物の中や歩行中やランニング中に多いのですが、加えて、自転車・二輪車・四輪車等の運転時の着用です。いずれもイヤホンをして、他の人の邪魔にならないためにしているということは理解できるのですが、暇さえあれば、というよりは寸暇を惜しんで聞いているように思われるのです。ですが、そこまでしても音楽を聴かなければならないものなのかと勘繰りたくもなります。いつもイヤホンをしていれば、不測の事故等に遭遇したときのリスクがあるのは明らかですが、そのことは考えなくてもいいのかと思うのです。考えないからこそイヤホンを着用して音楽を聴くということですが、そこには周りのほとんどの人がそうするから自分もするというニュアンスも大いに読み取れるものです。いずれにしても誰のためでもなく自分のための着用であるということにおいてマスク着用と共通点があるのです。

【注】
1）ウィキペディアによるマナーとは「他者を気遣う」という気持ちの現れであり、相手を
　　不快にさせないように個人個人が考えを巡らして行動すべきもの。例えば、公共のマナー
　　の一例としては、エレベーターが利用階まで来るのを待っている間、ドアの正面で待つの
　　ではなく、横に立って降りる立場の人の邪魔をしないようにするなどを説明している。
2）26年3月　全国高等学校PTA連合会
3）27年3月　全国高等学校PTA連合会

第6章

人間関係模様

　ここでは、すでに述べたことと重なる部分もあるのですが、時代の経過とともに人を取り巻く状況が変わる中で織り成す人間関係について見ていきます。

　親の言うことを聞き入れることが至上命令だとされていた戦前のような親子関係は、戦後次第に権威を失くしてしまうことになります。親ができないこと、あるいはしないことを子に言いつければ、子が親に反発をすることもあり得ます。例えば、1955年7月10日付の山陽新聞には「親の横暴に一矢　極東校で子供の声を聴く」と題した次のような記事が見られます。

> 　8日午後2時から学童50人が出席して"子供の声をきく会"を開いたが、席上学校、家庭、社会に対するいろいろな意見が述べられた。◇家庭＝父親はよく子供をしかりつけるくせにパチンコや酒を少しも止めないのはおかしい。「勉強しろ……」と云って居るかと思えば勉強中に用事を言いつけるのはよくない。茶碗をおとなが割ってもなにもいわないのに、子供が割ると激しく怒る。（後略）

　親のいないところでの子どもの声が「父親は子どもを叱りつけるくせにパチンコや酒をやめない。勉強しろと言っているかと思えば勉強中に用事をいいつける。茶碗を大人が割っても何も言わないのに子どもが割ると、激しく怒る」というようなことであれば、父親の横暴・自分勝手な様子がよく分かるというものです。その時代の家庭ではこのように振舞う父親が少なくなかったようです。

　また、1965年3月12日付毎日新聞の「ぼく　わたし」欄には「ずるいおとな」と題した小学6年生男子の意見が掲載されています。（再掲）

> 　ずるい。ずるい。おとなはずるい。おとなは「横断歩道は手を上げて渡れ！」というが、おとなは歩道じゃないところを通っている。ぼくたちは回り道してまでも横断歩道を通っていくのに。規則は子どもたちだけにあるんじゃない。みんなのためにあるんだ。おとなのみにくいところが目にうつってすみません。みんなが安全に生活できるように

> 気をつけなければなりませんね。交通安全はわがままとゆだんが一番きんもつです。気
> をつけましょう。おとなってずるいな。

　これは、大人と子どもの関係における大人の身勝手さを示す代表的な事例です。
このような大人に対しては、批判能力のある子どもであれば、そのほとんどが反
発するのと思われます。そして、親と子のトラブルの原因の１つに、家庭におけ
る親の子に対する言動に子が反発するという人間関係に端を発することがあると
思われます。大人の身勝手さが子どもに向けられた時、その子どもはどうするこ
ともできない思いが鬱積し、ひいては不登校、家庭内暴力を引き起こす要因にも
なります。

　さらに恐れるべきは、批判能力のない子どもが大人の身勝手な言動を見て、大
人であればそうすることが許される、あるいは当然だと認識してしまうことなの
です。そうなると、その子が成人し、親となったとき、自分の子に対して「○○
をしてはいけない」といいながらも、子どものいないところで、あるいは別の所
ではそれを行ってしまう、つまり、子どもに厳しく、自分の心に甘い行為となる
のです。それを言い換えれば、自活できない子どもだから「○○すること」はで
きないが、自活できる大人だから「○○すること」は許されると考えている成人
の存在が多いのです。

　1965年３月18日付朝日新聞大阪の「切抜帳」欄には「こどもをほめる」と題し
た記事があります。

> ほめることも「しかる」と同様、人間全体を「ほめる」ことになってはいけない。その
> 「善行」をほめるべきで、「そんなよい行動をした君は、なんというりっぱな人間であろ
> う」といったほめかたは避けるべき。(滑川達夫『家庭の道徳教育』から)

　1965年頃の社会風潮としては、子どもに対して褒めることを全面に出しての教
育体制ではなかったと思われます。その頃は、1964年の東京オリンピック開催直
後の高度経済成長期にあり、日々を一生懸命生きる中で、生きることに少しは余
裕ができたのですが、善悪の判断を考えることが一般的で、褒め方について深く
考えるまでには至らなかったようでもあり、むしろ、悪い事をする子どもを叱る
ことが一般的だったといわれています。

　滑川氏は、子どもの行為の一部を褒めることが、褒められた子どもは自分のす

べてを褒められたものと勘違いし、それに満足し、それ以上の高みを求めて進む
ことをやめることになりやすいと述べています。

　今では、子どもは褒められることが中心となり、子どもは何でも認められてい
ると誤解することになってはいないでしょうか。それは、「そんなよい行為をし
た君は、なんというりっぱな人間なんだ」という褒め方ではないにせよ、「悪い
事は悪い」ということを指摘しない。つまり、悪いという事に気づかない、ある
いは気づいても否定されないから許されると認識してしまうことになりやすいの
です。そして、子どもの自分が認められているという意識は、自分をよりよい方
向にしたいという高みを目指して努力をするという意識を低下させることになり
ます。それはつまり、子どもたちが自分を磨くことのプロセスを回避するような
生き方になりやすいということです。

　1966年2月8日付朝日新聞には心理学者の宮城音弥氏の「狂った世相（中）
教育の欠陥」と題した記事が掲載されています。

> 戦後、軍隊的教育が否定されてから、意志の教育は封建的とみなされることになった。
> 訓練や"しつけ"は民主主義的自由と両立しないという主張が行われた。コドモを"し
> つけ"ることはコドモを思うようにさせないこと、つまり欲求不満をおこすことだ。欲
> 求不満は人間を攻撃的にするし、人間をひねくれさせる。だから、"しつけ"ることは、
> よくない、というのである。（中略）　元来、日本人はコドモを甘やかしてきた。学校に
> 行き、さらに軍隊に行くと、だんだんに厳しい"しつけ"が行われるが、コドモ時代に
> は甘やかしてきた。この日本の家庭教育をそのままにして、戦後のアメリカ的教育法が
> 導入されたわけである。結局、日本の戦後のコドモは"しつけ"や意志の鍛錬を受ける
> 機会をまったく失ってしまった。（中略）　もし、教育ということが、将来、社会生活に
> うまく適応するための準備だとすれば、今日の教育方法と教育予算の使用法は、根本的
> にまちがっている。　（後略）

　宮城氏はその時期の世相を見て、戦前から続いている日本のコドモに対する甘
いしつけの改善のないままに民主主義が導入されてしまったことが「狂った世相
を招くことになった」と嘆いています。

　つまりここでは、日本では戦前から教育としてのしつけをどれだけ体系的に
行ってきたかが問われるのです。

　繰り返しになりますが、かつての家庭でのしつけは子どものために、子どもの

立場に立ってのものではなく、あくまでも家のために大人の都合を優先したものが多かったのです。そこでは言うまでもなく、親の言うことを素直に聞き入れることが親孝行であるとされていた中で、子どもがしなければならないことか否かを考慮することなく一方的に親の都合を押しつけ、させたとすれば、子どもが嫌がる態度を示すことは唯単なる子どものわがままではなかったと考えられます。それでも、"親の言うことを聞け"とばかりに、殴るということが行われたとします。そうすると、殴られた子どもは、痛い思いをしたくないことから殴られないように言われた通りにするのが子ども一般なのです。

戦後が進むにつれて、「戦前のしつけは、とかく大人の都合による押しつけが一般的」であったと指摘されるのですが、今ではそれが解消されたといえるのでしょうか。

その後、それまでは蔑ろにされていた子どもの権利に焦点が当てられ、それが認められるようになるのです。

そして、それは次第に個々の権利主張という形で表面化するのですが、それとともに教育現場だけでなく家庭においても褒めて育てるという傾向が強くなっていきます。それは、子どものいいところを見つけて褒めることであり、それ自体が批判されるわけではないのです。ですが、人に迷惑をかける行為があったとしても、それについては黙認し、いいところを見つけて褒めることになるという方向性を危惧するのです。その危惧が現実に見られることになれば、子どもは何をしても許されるという傾向が強くなるのです。そうすると、日常生活の中で、他人に迷惑のかかること、してはならないことを子どもが言われたりする機会が少なくなります。そして、迷惑をかけること、してはならない行為を行った場合、周りの人たちは子どもには将来があるのだからとして穏便に済ませることになりやすいのです。そして、そうした結果は一見解決したように思われるのですが、周りの人たちが臭いモノに蓋をしたのにすぎないのです。子ども自身の反省する機会を失くしてしまうことは自制心を身につける機会を奪ってしまうことにもなるのです。

そのことに関連して、1970年5月5日付の山陽新聞の社説には「子どもの教育」に関する次のような記事が述べられています。

子どもを取り巻く環境をよくすることは、子どもを甘やかすことではないし、また子どもを王様扱いすることでもない。戦後、アメリカから新しい教育のあり方として「子ども中心主義」の考え方が輸入されたが、これが形式的に受け入れられ、曲解されている面が少なくない。教育ママはその典型であろうか。子どもの個性を伸ばすために私塾に通わせ、ピアノを習わせ、子どもを理想的に育てようとハッスルする。しかし、母親の異常な熱意は、本当の意味で"子ども中心"になっているだろうか。子どもに対する過保護は、かえって個性を無視することになり、放任は非行化を招き、子どもを"悲劇の王様"にしてしまう。欧米の子ども中心主義の背景には子どもを"将来の市民"とする考え方がある。社会の単位は個人であり、個人の集まりが社会となる。個人は尊重されるが反面、社会の一員としての責任を伴う。そのことを、学校でも、家庭においても、もっと重視すべきではないか。のびのびと創造的である一方、あまやかされず、規律が守れる子どもの世界を広げたい。(抜粋)

　教育ママは「子どもの個性を伸ばすために私塾に通わせ」とありますが、その当時も今もはたして、私塾は子どもの個性を伸ばしているといえるのでしょうか。塾における指導方法も時代とともに変わってきている中で、受験生が点を取るための手法の進歩は確かだといえるのですが、そのことが個性を伸ばすとはいえないのです。つまり、学習塾の個に応じた指導とは、あくまでも点を取るために個に応じるのであって、それは真の個性を育む教育とは別のものです。

　では、「のびのびと創造的である一方、あまやかされず、規律が守れる子ども」について考えてみますが、「のびのびと創造的」とは子どもにどのように接するのでしょうか。大変むずかしいのですが、子どもをしばりつけることなく、大人のような社会のしがらみに囚われないところから出る子ども特有の発想、とでも解釈すればいいのかもしれないのです。そして、ここでの「あまやかす」は、個々のわがままを許すことだと思われます。つまり、個々の都合による行為を許すことです。その場合、お手本となる大人が自らの都合による行為を示すとすれば、子どもはそれに対して反発をすることになり、そしてそれが特に高圧的であれば、委縮することになり、ひいては自分より弱者となる者に対して自分がされたことと同様の行動をとることにもなります。

　1971年3月17日付読売新聞の読者の投稿欄「気流」には高校生男子の「子にたしなめられても飲むオヤジ　事故起こさねばいいが」という見出しの記事が報じられています。

> ある土曜日の午後、レストランに親子連れ三人が入ってきた。小学生ぐらいの子供が「お父さん、酒はいけないよ。車だからお酒はだめよ」と言った。母親は周囲に気づかっていた。けれども当の父親は、そんないじらしい事を言ってくれる子供をよそに酒を飲み始めた。（中略）　僕にはあの父親の心理が全く理解できなかった。

　飲酒運転が悪いことは多くの人が理解をしている中で、ここでの父親は飲酒をやめるように言う子を無視しての飲酒だったようです。この時代になり、子が父親に対するこうした発言ができるようになったとすれば、それは家族の中での父子関係が社会的に好転したといえます。

　ですが、レストランでは他人が聞いている中で、運転をするなら飲酒をやめるように子が言ったのを聞かずに酒を飲んだことに子どもは恥ずかしい思いをしたと思われます。そして、食後に父親が飲酒運転で帰ったとして、その後の家族関係を探ってみることにします。

　1つはこれを機に、子が父親の言うことを聞かなくなり、親子関係がぎくしゃくするようになることも考えられます。そして、その後その小学生が成人し、人の親になったとき、自分の子の前で「父は飲酒運転をしたが、自分はしない」となれば、その人は「父を超えた」ことになり、その行為は、その人自身の強い意思によるものと、その人を取り巻く環境がそのようにさせるものとがあることになります。

　もう1つは、父子の関係は何事もなかったように年月が経ち、小学生だった子が成人し、人の親になった時、父親と同様に飲酒運転をする可能性もあります。そうなれば、子は親を超えたとはいえないのですから親子関係に進化はないということになります。

　1997年6月10日付朝日新聞の「声」の欄には「悪童が出世し、秀才伸び悩み」と題した62歳の会社役員男性の記事が掲載されています。

> 学生時代の学業成績と、その後の社会における活躍ぶりとの相関関係を、それとなく観察するのは面白い。学生時代、授業をボイコットしては体育館の屋根に上り、奇声をあげては先生を困らせた輩は大手建設会社の重鎮に。スポーツで身体を鍛えた勉強嫌いの輩は印刷会社を起業、中堅企業の会長に。キセルの常習犯は旧国鉄に入り、苦労の末に主要駅の駅長に上り、不正乗車防止策に頭を痛めた。カンニングが得意だった悪童は小学校の校長に、と多士済々である。彼等は必ずしも秀才学生ではなかったが、そこに共

通するものは積極性と優れた判断力である。一方、コツコツ勉強に励んだ、かつての秀才たちが社会ではもう一つ伸び悩みの傾向にあるのはなぜか。このことだけから教育の在り方を論ずるのは勿論早計ではあるが、知識を詰め込むだけの偏差値教育の弊害の一端を見る思いだ。学校はあくまでも社会に役立つ人間を養成する場であり、そこで大切なのは単に物知り博士の養育ではなく、国際社会に通用する勇気、自主性、創造力、協調性と優れた判断力を養う教育ではないか。(抜粋)

　この記事の62歳の投稿者は自らが会社役員であることによって、自らを成功者の１人であると見做したと思われます。彼の見解はあくまでも結果論を述べたものですが、挙げた事例の、「キセルの常習犯」はいつの時代であっても明らかに犯罪で、どう見ても許されるものではないのです。

　また、後に小学校校長になる者の「カンニング」による不正行為は見つからなかったがゆえに「得意」としたといえるもので、発覚していれば当然何らかの指導を受け、その後、教員を志望しなかった可能性が高いのです。

　そして、「授業をボイコットしては体育館の屋根に上り、奇声を上げて先生を困らせた」行為は身体・生命の安全、授業妨害ということでは大変な迷惑をかけたことになります。

　いずれにしても、ここで登場する悪童たちは文面から読み取るに程度の差はあれど、周りの人に迷惑をかけたことは事実です。それにもかかわらず、投稿者の主張はまるで若い頃は周りの人に迷惑をかけても構わないとでも言っているようにも受け取れるものです。

　さらに、「かつての秀才たちが社会ではもう１つ伸び悩みの傾向にある」と言うのですが、そういう人たちは迷惑行為を行わなかったが、知識を詰め込むことだけをしていたと言うようです。また、成功者といわれるには、「コツコツ勉強に励む」必要はなかった、とも言っているようです。

　投稿者の学生時代において、「悪童」と称する者の方がそうではない者より多かったとは考えにくいのです。むしろ、時代的にはおそらく、悪業といわれる行為を自制できる学生の方が多く、「コツコツ勉強に励む」者の方が多かったのではないかと思われますし、そういう人たちの自制できる力があるからこそ、社会秩序が維持できることになっているのです。であるならば、「コツコツ勉強に励む」者が損をすることがないように考えるべきであり、学校はあくまでも社会に

役立つ人間を養成する場であることを認識すべきではないかと思われます。

1997年5月19日付朝日新聞の「声」の欄には「先生に服従が『いい子』なの」と題した32歳の主婦の投書記事が報じられています。

> いたずらをせず、食事中おしゃべりをせず、先生の言うことに服従し、規範の中にいれば、それで「いい子」なのだ。その中で、人生で大切な自発性や創造性は育つのか。これからの3年間で、息子が園で言う「いい子」の観念を植え付けられてしまうのが心配だ。私は以前、高校で教えていた。登校拒否や家庭内暴力を起こす生徒は、今まで親の言うことをよく聞き、学校でおとなしい子が多かった。「いい子」を演じてきたが、本当の自分を必死で探す姿に見えた。しかし、夫や母は「このまま頑張らせれば、慣れる」という。頑張る？ 何のために？これからの競争社会の規範からはみ出さない訓練のため？ 友達もできたようだが、毎日、園で怒られ、口数も少なくなった息子を見ると、胸が痛む。このまま頑張らせるか、それとも彼のユニークな個性を受け入れてくれる場所に変えるか、悩んでいる。(抜粋)

投稿者は、園で息子が「いたずらをせず、食事中おしゃべりをせず、先生の言うことに服従……」させられていると言い、そうしたことが自発性や創造性を育むことを阻害していると主張しているようです。

「いたずらをする、食事中におしゃべりをする、……」等に対してはどこの園でも集団生活に必要なこととして、しつけをするのが一般的で、そうしたしつけの時期としては幼児期が最も相応しい時期だと思われます。

確かに、私立幼稚園の中には幼稚園をミニチュアの小学校だと考えて時間割通りの教育を行っている所も稀には見られます。また、幼児教育の場となる幼稚園における教師すべてが幼児教育の本質を十分に理解した上で子どもたちに接しているわけでないことも事実です。さらには、投稿者のいう教師と子どもが「主従関係」であるとすれば大きな問題ですし、教師の指示・説明による指導力には個人差があることも否めない事実であり、そうした指摘を解消あるいは最小にするためには、組織による効率のよい研修等だけでなく、教師自らのレベルアップに対する学びの姿勢が重要であることはいうまでもないことです。

しかしながら、高校で教えていたという投稿者は、高校生の知識の習得を中心とした授業と、幼児期の基本的生活習慣を身につけることを主眼とした遊び中心の保育・教育とを同じ次元に捉えているように思われます。

仮に、「いたずらをする、食事中におしゃべりをする……」等の行為に対する
しつけを幼児教育の場である幼稚園や保育園がしなければ子どもたちはどのよう
に育つのでしょうか。

そして、投稿者の「規範の中でのいい子づくりでは自主性や創造性は育たない」
とする主張はあたかも自由と放任により自主性や創造性は育つ、とでも言ってい
るようにも受け取ることができるのです。そうではなく、それは生きるために必
要とするコミュニケーション力や様々な場面での自己の役割等の基本的生活習慣
を身につける中で育むことだと思うのです。

2000年12月４日付朝日新聞の「声」の欄には18歳女子高校生の「理由をつける
必要あるのか」と題した記事が報じられています。

> いじめにしても、教師が「なぜやったのか」と聞き、言うまで帰してもらえないから
> 「ムカついたから」などと理由を作る。本当は理由なんかないのだ。ただ何となく靴を隠
> したりしただけで、なぜ靴を隠したのか問われても理由はない。だからこそいじめたこ
> とをあまり覚えていない。もしかすると、いじめられた側がいつまでもいじめられたこ
> とを覚えているのは、「なぜ私がいじめられるのだろう」と理由を考えるからかもしれな
> い。(抜粋)

ここで、いじめる側は「ただ何となく靴を隠したりしただけ」だと言う。そし
て、「なぜ靴を隠したのかを問われても理由はない」と言うのです。つまり、こ
の高校生は自分のした行為がいじめだと思っていないようですが、教師などから
それはいじめだと指摘されたようです。それでもまだいじめだという認識が十分
ではないようです。

そもそも、靴を履こうと思い、置いた所に行って、それが無くなっていれば誰
でも困るのです。靴が無くなっていた時のその心理状態は誰しも不安になるのは
当然です。

投稿した女子高校生は「靴を隠した理由はない」と言っているのですがそれが
事実であるのなら、この高校生は被害者の気持ちをまったく考えていないことに
なります。だからこそ、こうした行為ができるのだと思われます。

また、いじめ問題に関連して次のような事例があります。

> ＡがＢにいじめにつながるような行為をした。それを大人に注意されたことで、Ｂに
> 「ごめんなさい」と謝った。ところが、Ａは、ＢにしたことをＢに謝ったのに、別な局面

でAはCに対していじめにつながるような行為を行ったというのである。それは、Bに謝るように大人に注意されたのでBに誤ったのである。AはBにした行為そのものを悪いことだと謝ったわけではなかった。なぜなら、Bに謝罪をしたあと、Cに対してBにした行為をしたのである。

AがBに謝ったのはBへの行為が悪いことだったと気が付いたからではなく、大人から謝れといわれたからなのです。つまり、Bへの行為は誰に対しても悪いことだということを理解できないままBに謝ったのです。ですから、その行為はBにはしてはならないが、Cに対してはしてもよいと思って同様の行為を行ったということになります。

そもそも、前述した「靴隠し」の事例もそうですが、いずれも自分以外の人に対する迷惑行為です。

このような事例から分かるように、学校はこれまでに人の迷惑になるような行為はしない、ということに関する体系的で具体的な指導をどれだけ行ってきたのかが問われるのです。

2000年２月13日付朝日新聞の「声」の欄には「親も反省して学び直しては」と題した40歳女性ホームヘルパーの投稿記事が報道されています。

> 先日、子供の中学校入学説明会がありました。午後１時からの予定でしたが、半分くらいのお母さん方が５分から30分過ぎまで、ゾロゾロと遅れて入ってきました。校長の話はちょうど今時の子供の問題として「我慢出来ない子供、限度を知らない子供」でして、親のその不思議な現象と無関係とは思えなくなりました。自由と平等の精神が根付き、豊かになった現代ですが、自由も平等も行過ぎて、自分を律する厳しさや他の人との調和に配慮する心の欠如があるように思えます。（中略）　自分中心で自分に甘くて自分の都合ばかり主張し行動する姿は、今の子供の姿であり、今回のような親の態度にも通じることです。結局、子供は大人の真似をしているのではないでしょうか。子供を教育する前に大人の方を育て直す教育が必要では、と感じます。

「半分くらいのお母さん方が遅れて入ってきた」というのですから投稿者の言うように、「自分を律する厳しさや他の人との調和に配慮する心の欠如」は子どもだけの問題ではないでしょうし、そうであれば「我慢出来ない子供、限度を知らない子供」はまさに親の言動の産物といえるものです。とにもかくにも、親自身に学ぶ気持ちがないのであれば大人の立て直し教育は不可能です。

2014年1月9日付朝日新聞大阪には「人が人と生きること」と題して「人は人とつながりながら生きてきた。これからもそうやって生きていく。たぶん、それは変わらない。でも、つながりの有り様はどうなんだろう。時代と共にどう変わったのか」という序詞で始まる記事が報道されています。そして、その中には、小説家であり脚本家である山田太一氏の「『絆』より悲しみが人を潤す」と題した次のような記事が掲載されています。

　　1977年に放映されたテレビドラマ「岸辺のアルバム」は、核家族化が進み、都心に一戸建てがどんどん立ち始めた時代の物語でした。外からはきれいに見える平凡な家族ですが、内情を見ると、バラバラになってしまっている。身も心も会社に捧げる父。孤独を不倫で癒す母。レイプされて妊娠し、堕胎した姉。国広が演じる高校生の長男が、それでも問題がなかったように振る舞う欺瞞だらけの家族に耐えきれず、声高に非難します。今はそんな高校生はいないよ、という時代になった。子どもも情報が多く訳知りにもなり、日常を保証してくれる親に、その生き方を問うような反発はしなくなっているでしょう。親も子どもの扱いが上手になり、なるべく衝突を避けがちです。お互い本当はどう思っているかが、分かりにくくなって、上っ面で生きている気がします。社会全体も70年近く戦争をしないでやってきて、それは何度強調しても足りないくらい素晴らしいことですが、戦争の実際を知らない人が大半になり、いざ戦争になったらどういうことになるかの想像が甘くなってはいないでしょうか。（中略）　戦いの中での敵と味方と自分を含めた人間の弱さ、醜さ、怖さは平和時の想像を軽く超えてしまう。無論、そういう時代だからこそその美しい話も生まれるでしょうが、それはもうほんの一握りといっていい。（中略）　東日本大震災の翌日、「テレビを見て、すぐ食料品や日用品の確保に走った人がこんなにもいたのか」と、自分の甘さ、呑気さを思い知った。（中略）そこで「絆」という言葉が注目されたが、「絆」というのは「少し大げさではないか」と感じた。（中略）　本当の苦しみと悲しみは当事者が生きる他はないのだから。（中略）今の社会は「本当」のマイナスとは向き合わず、プラスの明るさだけを求めている気がする。テクノロジーの進歩がマイナスの排除に拍車をかけている。社会を効率化し、洗練させることを永続的に追求しようとする動きである。　　（後略）

　この文章を通して、約40年前と今の生活の中での人間関係を考えてみると、昔は「身も心も会社に捧げる父」であり、家庭での育児は女がするもので、男は何をさておき、仕事をすることがすべてであったことを述べています。それが今では、企業ができるだけ残業をしない方針を掲げることも珍しいことではなくなり、早く帰宅し、その分を育児や家庭生活での役割を分担することが男の役割である

というように変わってきています。

　ドラマでの「高校生の長男が、それでも問題がなかったように振る舞う欺瞞だらけの家族に耐えきれず、声高に非難します。今はそんな高校生はいないよ、という時代になった」は、高校生は家族であるからこそ、人としてのあり方を真剣に考え悩み、声高に非難するに至ったようです。ところが、今は「そんな高校生はいない」とは、そこまで深く考え悩む必要のない生活が整えられているということです。それは、深く考え悩むことにより、人として深みのある生き方を体得することができたことが、深く考え悩む必要がなくなったことで体得できなくなることを示すのです。

　「子どもも情報が多く」は、多くの子どもがスマホ等の通信機器を保有し、大人と同じように様々な情報を取得することが可能になっています。子どもは自分の望むモノ、望むことの大部分を叶えてくれる親は「日常を保証してくれる存在」ですから「生き方を問うような反発はしない」のも理解できます。そこでの親は、子どもが嫌がることは言わない、しないというように子どもの扱いが本質に触れないところで上手にもなっています。そして、「上っ面で生きている」ということは物事を深く考えなくても済む方向に向かうことになります。つまり、家族といえども深く考えることは相手も自分も傷つくことになるので、生き方を問うような反発はしないように変わったことになります。

　また同氏は「今の社会は『本当』のマイナスとは向き合わず、プラスの明るさだけを求めている」と述べていますが、それは今の学校社会等の"褒めて育てる"流れとリンクするものです。したがって、今や子どもたちは生まれたままの自分を誰もが認めてくれる、甚だしくは何をしても許されると思っている者も少なくないようです。それゆえに、今では親も子も外面的な装飾を好み、というよりは外面的なモノに時間と金銭を費やすことを厭わず、自分自身の内面を高めようとする機会を少なくしているようです。だからこそ、日常的に見られる言動に軽さというか、軽薄というか、"今が楽しければそれでよし"とする傾向が強まっているのです。

　では、上述のような状況に至る過程を辿ってみることにします。3世代家族が中心であった頃、家長たる者の発言力はとても大きかったものです。それを子どもの世代から見ると、祖父母に対して気遣いをする両親の様子も伺い見ることも

あったのです。そういう状況であれば祖父母の監視下においては、いかに自分の子であっても、あまり親の身勝手なしつけはできなかったこともあったのではないかと思われます。そして、子の世代は両親のしつけが例え上意下達式であったとしても、祖父母からも同様のしつけをされるとなれば、そうしたしつけを受け入れる可能性が高かったと思われます。つまり、親世代の祖父母世代に対する気遣いの中で育った子世代は自分以外の人に対する気遣い、あるいは気配りというものが身に付きやすかったと考えられるのです。

　それが2世代家族の時代になり、同居の祖父母がいなくなれば、親世代は目上の人に対する気遣いをする機会が少なくなり、家族の中では父が家長あるいは世帯主です。そこでは終戦後の新しい体制下とはいえ、目上の人の視線から解放された心地よさの中で、家長となった親世代は曾祖父あるいは祖父母世代から受けたしつけを基本とするのですが、子世代に対する上から目線となるしつけによる説得力は半減することになるのです。子世代からすれば、親の都合で何かと指図されることに不満を持つことになるのです。すなわち、3世代家族においては自分以外の人に対して気遣いをする機会が多かったのですが、2世代家族が一般的となった現在においては自分以外の人に対する気遣い等の機会が減少し、気遣いの機能は低下することになります。

　そうした3世代と2世代家族の人間関係の構図をまとめると次の表のようになります。

家族形態による人間関係の構図

	3世代世帯	2世代世帯
世代	祖父母世代、親世代、子世代	親世代、子世代
人間関係	祖父と祖母、祖父と父、祖父と母、祖父と子、祖母と父、祖母と母、祖母と子、父と母、父と子、母と子、子と子	父と母、父と子、母と子、子と子
家族構成人数	多い	少ない
家長か世帯主	祖父→父	父（母子家庭の母）
兄弟姉妹	多数	少数

　この表で分かるように、2世代家族と3世代家族という社会の中で、人と人との関わり合う機会はどう見ても3世代家族の方が多いことは明らかです。つまり、

戦前の３世代家族においては、その家族に加えて丁稚や奉公人と言われる他人の存在もあり、世代間の気遣いの機会は極めて多かったのです。そして、家庭内で多くのやりとりができることは家庭の外で他人と関わることに役立ったと思われます。ひいてはそれが自制心を養う機会とリンクしていった可能性もあります。

　戦後は日本国憲法に変わり、個人の尊重が謳われた中で、昔の教育を受けたものは昔流のしつけを行い、団塊の世代といわれた子どもたちはそれを比較的忠実に受け取ることができたのです。ところが、時代が進み、団塊の世代が成人し、親となり、しつけをする立場になった頃から２世代家庭が多くなります。そうすると、そこでの家長となる者は家庭内での気遣いをする機会が少なくなり、監視される立場から解放された気楽さもあり、子どもたちへのしつけの態度は横柄になりがちです。一方、子どもは兄弟姉妹が少なくなり、気遣いをする対象が少ない状況になります。そうすると、家庭内におけるしつけをする親もしつけをされる子も気遣いの機会が減ることで人間関係が直接的、つまり感情的な図式になりやすく、それが、子にとっては押しつけの教育だとして反発する者が多く見られることになります。

　その結果は家庭での親子の間にぎくしゃくした関係が生じ、加えて学校での教師との間にも同様な関係が生じることになります。それが、家庭内暴力、学級崩壊へとつながっていったのではないかと考えられるのです。

　その後、団塊の世代の２世が親になると、同じ２世代家族にあっても家庭内の人間関係は大きく変わることになります。それは家庭内での親が自分自身を高めようとする意志のないところで、その日、その日と今という瞬間を楽しく過ごそうとすれば、深く考えることなく、上っ面で生きることになるので、そこでの子も同様の生き方で育つことになりそうです。なぜなら、その方が"楽"だからです。

　2014年３月４日付の朝日新聞大阪の「天声人語」には次のような記事が報道されています。

　　ごくふつうの父と娘の関係はいまどうなっているのだろう。きのうのひなまつりにちなんでカルピスが、女子学生と父親についての調査をしている▼全国の大学２年以上の女子930人にきいた結果、７割強が父を好き、またはどちらかといえば好きと答えた。以前の調査では、小中高と成長するにつれて嫌いが増えていたが、大学進学で傾向が好転す

ることがわかったという▼父親約300人にきくと、中高生の頃はコミュニケーションがとりにくかったが、大学生になって改善したと4割弱が答えた。アルバイトなどを通じて社会を知り、大人になったということか▼100点満点で父を採点してもらうと、平均71点。高い。「世のお父さんは救われるのでは」と担当者。ところが父親の自己採点は58点。ふつうのお父さんは角栄のように自信にあふれてはいない。それでいいのだと思う。(抜粋)

　かつての父親の多くは自分のやりたいように子どもに命令し、やらせることは珍しいことではなく、むしろそうすることが当然のことであったようです。そこでの父親は命令された子どもがどのように感じ、どのように反応するかということを考えることなく一方的な命令であったと思います……そうであれば父親を嫌う子が多かったことも理解できます。

　それはいつの頃からでしょうか、子どもが嫌がることを言わない、というよりは子どもの顔色を見ながらご機嫌伺いをする父親さえ見られるようになります。そして、それが重なることになれば子どもは自分の思い通りにしてくれる父親を好きだという結果になります。この件については第3章の意識のアンケート結果と重なるものです。

　つまり、かつては父親が娘の立場を気遣うことなく、一方的に自分の意思表示を通そうとしていたのですが、今では娘の都合を気遣う父親が多くなったということです。それが娘の父親採点71点に繋がり、父親自身の採点58点は、娘に対する自らの意思を明確に示すことができないもどかしさからくるものだと推察できます。

　2014年6月4日付の朝日新聞大阪の「声」の欄には「水鉄砲かけた君たちに問う」と題した71歳の嘱託男子社員の記事が報じられています。

　　近くの古書店へ出かけた時、自転車に乗った3人組の中学生くらいの男の子たちが、すれ違いざまに「元気？」と言いながら私をめがけて水鉄砲を発射した。一瞬のことであっけにとられたが、気が付いたら顔をはじめ上半身に水を浴びていた。彼らは笑いながら過ぎ去った。しばらく、これをどう考えたらよいのか老いの身には分からなかった。今の子どもの遊びの一つなのか。面白くない学校生活のうさ晴らしなのか。だが君たち、他人の気持ちを考えたことがあるだろうか。人にはそれぞれ気持ちがある。君たちは、自分の気持ちのまま私に水をかけ、うさ晴らしができたと思う。しかし水をかけられた私の気持ちを、今からでもいいから推し量ってみてほしい。それが出来たら今回の出来事が単なるいたずらで終わるのではなく、少しは君たちの心の成長の糧になるのではな

いか。今、道徳の教科化が取りざたされているが、単に教室で教えるだけでなく、こう
した日常生活の場での問題にどう結びつけるか、教育関係者は考えていただきたい。

　水鉄砲で仲間に水をかけるのはゲームであり、ゲームに参加している者はさぞ
かし楽しいことだと思われます。ですが、記事にあるように、通りがかりの人に
水をかける、あるいは水がかかることは、被害を受けた者は誰しもが不愉快です。
文面から推察すると、故意に行っている行為ですからこれは犯罪で、水を掛けた
中学生は加害者です。しかし、当該の中学生は悪いことをしているとは思ってい
ないようです。いつもしているゲーム機での操作の延長だという行為なのかもし
れないのですが、ここで登場する3人組の中学生は中学生として平均的な者なの
か、それとも特別な者なのか、そこが問われるところです。なぜなら、そのよう
な行為を行う中学生が平均的だとすれば、大問題です。被害を受けた被害者がど
のような気持になるかを無視し、自分たちが楽しければ何をしても許されるとい
う行為です。こうした行為は中学生等の間ではしばしば行われている可能性があ
ります。すなわち、この行為における問題点が学校等におけるいじめの構造の中
核をなすもので、人としての生き方を語る上で真に重要なポイントとなるもので
す。

　2016年12月13日の神戸新聞（http://www.msn.com/ja-jp/news/national神戸新聞
NEXT）には「過去の"不良"行為　市長が中高生に自慢　西宮」との見出しで
始まる記事を見ることができます。

　兵庫県西宮市の今村岳司市長（44）が、中高生を対象にした催しで「中高生のころ、教
　室の鍵を盗み、授業を抜け出してたばこを吸っていた」と発言し、物議を醸している。
　（中略）　発言があったのは11月27日、市立子育て総合センターで開かれた「中高生3万
　人の夢プロジェクト」。中高生18人が、行政施策について市職員と議論するさなか、今村
　市長が唐突に自身の中高生時代を振り返った。「私に必要な居場所は、授業を抜け出して
　楽器がひけるところだった」。さらに「教室の合鍵を作り、面白くない授業を抜け出して、
　たばこを吸い、マージャンをした」と自慢げに披露。「見回りのガードマンにはエロ本や
　お酒を渡して味方に付けた」とも話し、中高生に「居場所は自分で手に入れよう」と訴
　えた。今月8日の市議会本会議で女性市議が「公の場で言うことか。市長として自覚を
　持つべきだ」と指摘。これに対し、市長はブログで「ピンクのダサいスーツに黒縁眼鏡
　で『お下品ザマス！』って言っている女教師みたい」とやゆ。「キレイゴトは中高生を子
　ども扱いし、敬意を欠いている」と持論を展開した。（後略）

第6章　人間関係模様　*191*

　中高生の頃の市長は鍵を盗むことは犯罪であることを認識しながら、"その程度のことは許される、あるいは発覚しなければよい"のように考えていたようです。そして、市長になった今、中高生に対してそれを自慢気に話したということは中高生にはその程度の犯罪は許される、との認識を有してのことのようですから、中高生の頃の考えと変わっていないということです。だからこそ、「市長として自覚を持つべきだ」と女性市議に指摘されたことに対しては責任を感ずるどころか、その女性市議をこきおろす羽目になったようです。

　それにしても、「キレイゴトは中高生を子ども扱いし、敬意を欠いている」とは、自らの中高生時代の大人に対する反発した思いを増幅させた結果なのか。京大法学部卒という学歴が自省の心を養うことなしに市長になったことで増長し、自らの行為を正当化し、今の中高生に押しつけることになったと推察されます。

　親の経済力と子の学業成績が比例し、親の学歴と子の学業成績もまた比例することはすでに述べたのですが、そのことからは学歴と人間性の相関関係にも興味を持つことになります。しかしながら、学歴と人間性の相関関係が仮に証明されたとしても、この市長の言動からは、学歴と人間性には相関関係がある、ただし、それには例外がある、とすべきものです。

終　章

　大日本帝国憲法による施政下において、日本の傲りから始まったと思われる太
平洋戦争は、原爆投下を受け悲惨な形での終戦となるのですが、敗戦であったが
ゆえの“自省できる今の日本”があると思われます。

　1946年、国民主権の日本国憲法に変わり、そこから70年を経た今、そこでまず
挙げるのは男女の関係です。それは、“この世の中には男と女しかいない”とし
た男と女による結婚の枠組みが、女と女、男と男の組み合わせも公的に認められ
るようになったことはすでに述べた通りです。

　その男と女のどちらの性も中性化しつつある、と言われ始めて久しいものがあ
ります。かつては、女は一歩下がり男を立てる場面を見るのは珍しいことではな
かったということですが、今では女の男に対する控えめな場面が少なくなってい
ると聞きます。その一方では、すでに述べた高校教師の生徒に対する気配りの場
面が多くなるのと同じように、男一般の女に対する気遣いという場面が増えてい
るといわれます。日常生活における男女の役割分担は公平化というよりは大幅な
同等化に向かっているようでもあり、男女関係の様相が大きく変わったことにな
ります。そしてそれは、まるでそうなることが未来の社会で生きていくための1
つの条件であるかのようでもあります。

　次は、大人と子どもの関係の変化です。かつて、子どもは親や教師など大人の
顔色を窺うような場面が数多くあったのですが、それは大人の顔色を見て、自分
が大人になるのに必要とすることは何かを探し求め、そして自分を変えようとし
たのでした。そのことが、「子どもは大人の姿を見て育つ」と、言われることの
真の意味であったのではないでしょうか。

　それが今では、子どもに対する大人の“ご機嫌窺い”のような妙な気遣いが大
量に注ぎ込まれます。それが子どもに嫌われたくないという意識によってそうす
るのであれば、子どもの未来のためにするのではなく、今の自分のためにするこ

とになります。

　その所為でしょうか、子どもは大人のその行為を心得ており、子どもは大人の顔色を窺う必要がないのです。なぜなら、顔色を窺う前に、大人が子どもにとって"楽"となる手を差し出すのです。だからこそ、そこでは"子ども様"となるのです。それゆえに、子どもは大人の安易で自己中心的な姿を真似ることになるのです。

　そして、再び大人と子どもの境界線ですが、生業とするものを持てる年齢は、今、子どもの身体的成長は早期化しているとはいっても、法律上は早くとも義務教育を終えての中学卒業後の15歳以降で、その後も98％以上の者が高校生、50％の者が大学生となるので、その年齢を過ぎなければ生業を持つことができない状態です。

　一方で、今の子どもは幼少期からアダルト映像やアニメ的で現実と幻想が同居するような映像を見たり、スマホなどによりネット通信を行ったり、各種の電子ゲームなどは成人と同じようにすることができます。

　子どもがそのような状態にある中で、成人も日常生活の中で、キャラクターを持ち、アダルト映像やアニメ的で現実と幻想が同居するような映像を見たり、スマホなどによりネット通信を行ったり、各種の電子ゲームなどに関わり合う時間が多くなっています。そして、特定の職場に通勤することなく自宅等で余暇を過ごすような形で電話やパソコンなどを使っての仕事をしたりする機会が多くなり、それを見た子どもが成人と同じようにできることに気づかされるとすれば、大人になる必要も、苦しい思いをして自分を高める必要もなくなるというものです。

　そのことを示す具体例を紹介します。1つは「沖縄県恩納村で小学6年生が飲酒運転の死亡事故　酒気帯びバイク3人乗り」と題した記事（http://breaking-news.jp/2017/02/23/030892）です。

> 沖縄県恩納村山田で2月12日に発生した死亡事故に関して、バイクを運転していた小学生が飲酒運転をしていたことがわかりました。この事故は恩納村山田の国道58号線で2月12日、3人乗りのバイク（125cc）が単独事故を起こし、同乗していた那覇市内に住む中学3年生の男子中学生（15）が頭を強く打って死亡、那覇市内に住む中学2年生の女子中学生（14）が鎖骨を骨折する重傷を負ったもの。バイクを運転していたのは、那覇

市内に住む小学６年生の男子児童（12）でした。バイクは縁石に接触して転倒したということですが、その後の捜査で男子小学生からは基準値を超えるアルコールが検出されたということで、飲酒が事故の原因である可能性もあります。どこで飲酒したのかは不明。（後略）

　もう１つは「今度は中３女子が飲酒し運転　沖縄県警、容疑で逮捕、２人乗りバイク転倒、けがなし」と題した記事（http://ryukyushimpo.jp/news/entry-455793.html　2017年３月６日07:30）です。

沖縄県警那覇署は５日、酒気を帯びた状態でバイクを運転したとして、沖縄本島南部の公立中学校３年生の少女（15）を道交法違反（酒気帯び）容疑で現行犯逮捕した。同署によると、少女からは基準値の約２倍のアルコールが検知された。少女は「知らない」などと話し、容疑を否認しているという。（後略）

　小学生と中学生の飲酒後のバイクの無免許運転から生じた事件ですが、これは小・中学生の飲酒と無免許運転による事件が珍しいからこそ世間を驚かせるのです。その小学生と中学生の行為は大人と同じことをしているのです。資格がないのに運転できるということは、双方とも以前から何回もの運転経験があると思われ、保護者がその行為に対して制止しようとしなかったのか、制止をしたとしても制止の目を盗んでしたことになります。飲酒についても同様に思われます。そのように考えれば、この事件は通報があったことで発覚したのですが、発覚しないケースも少なくないのではないかと推察できます。つまり、子どもには禁止されている行為であっても成人が行っている所に、子どもが加わり同じようにする、その機会が増加しそれを制止しないとなれば成人も子どもも区別がないということになります。

　本書の冒頭で、大人と子どもの境界線を「生業による生活力の有無」だとしたのですが、このような状況により、今では「生業による生活力の有無」に関わりのないほどにその垣根が低くなり、自由に行き来するようになっています。つまり、そうしたことが、ますます大人と子どもの境界線を見えにくくすることになるのです。

　ルールとマナーについてはすでに第５章で触れたのですが、『「昔はよかった」と言うけれど　―戦前のマナー・モラルから考える―』（大倉幸宏　新評論2013）の中で、著者の大倉氏は、

> 2011年の東日本大震災に際し、日本人の冷静に行動する姿、マナー・モラルの高さは世界中で称賛の的となりました。非常時においてもパニックを起こさず、みんなが助け合い、譲り合う気持ちを持ち続けている。商店への襲撃、物資の略奪、あるいは暴動といった事態が起きない。日本人にとっては、世界的に見ても特異な存在であると見なすことができます。これこそ、日本人が近代化のなかで地道に道徳水準を高めてきた成果といえるのではないでしょうか。日本人のマナー・モラルは、その低さによって数々の大問題が露呈していた戦前に比べ、格段に高まっていることはまちがいないでしょう。この点において、「昔はよかった」という認識はまったく説得力をもちません。繰り返しになりますが、現在の基準で考えれば、「戦前を生きた人々よりも、今の人たちのほうがむしろ高い道徳心を身につけている」とはっきり言うことができるのです。(234頁)

として、戦前より現在の人の方が高い道徳心を身につけていることを力説していますが、それははたして「高い道徳心」といえるのでしょうか。

　年配の人たちが若い人たちの道徳的に低い行為を捉え「昔はよかった」との意見を述べることに対して、大倉氏はそれが本当に「昔はよかった」のかという疑問を持ったことから上記のような結論を出すのです。

　そのことを全面的に否定するものではなく、大倉氏の主張するように社会全体としてのマナー・モラルは向上しているといえるものです。

　ただ、大倉氏の挙げた東日本大震災の中での状況は、テレビカメラが注視する場面での出来事を捉えてのことであり、「日本人が近代化のなかで地道に道徳水準を高めてきた成果」というのであるならば、それは表向きの成果であって、本質的には「高い道徳心を身につけている」といえるものではないことは、これまでに述べてきたことから明らかです。

　そして、そのことを再度確認するための一例として、2016年12月6日付の毎日新聞大阪に報じられた「善意の傘、返却なく残り2本に」との見出しによる67歳の女性予備校講師の投稿記事を取り上げます。

> 私は松江市の国宝・松江城周辺で観光ボランティアをしている。いつもとても楽しいけれど、先日は嫌なことがあった。その日は、弁当を忘れても傘忘れるなという山陰独特の冬の天候だった。ガイドの詰所には、お客様へのおもてなしの一環として、市内の団体から寄付された傘が置いてあり、傘を持っていなかったお客様が使われた。しかし、返してもらえなかったのだ。うっかりして連絡先を聞かなかった私たちにも落ち度があったが、かなりの時間待っても返却されなかった。このため詰所の入り口に張り紙を

して帰宅した。翌日、淡い期待を持って行ってみたが、返却されていなかった。残念な
がらこのようなことが多々ある。傘の貸し出しは善意で行っていることであり、それが
踏みにじられた気がして悔しく、情けなかった。10本あった傘はとうとう2本になって
しまった。

　この場面では傘10本のうち8本が貸し出されたようですので、貸し出したもの
のすべてが返されなかったということになります。傘を借りた人は寄付された傘
だということを知っていたから返さなかったのか、それとも安価だとして返さな
かったのか分かりません。いずれにしても、借りる際に、"返さなくてよい"と
言われたわけではないことから推察すると、善意で提供された傘に対する行為を
見るに「高い道徳心を身につけている」とはいえるものではないのです。
　また、2014年1月21日付毎日新聞の「みんなの広場」の欄には「5分間のすて
きな出会い」と題した75歳の主婦の意見が報道されています。

　　電車内でとても素敵な光景に接した。母親と乗ってきた4、5歳の男児が私の横で靴を
　脱いで正座するなり、頭を床にくっつけるようにして脱いだ靴の向きをそろえ、それか
　ら窓の外を見始めた。たったこれだけの仕事なのに、私は感動した。思わず「いいしつ
　けをしていらっしゃいますね」とお母さんに声をかけ、「坊や、えらいね」と言うと、
　「うん」とうなずいてニッコリ。昨今は、子供を座らせたら下車するまでずっとスマホに
　夢中になる母親がほとんど。老いも若きもただ下を向いて指を動かし、まるで無人列車
　のように思う時がある。人は皆機械に動かされているみたいだ。母子は2駅で下車し、
　たった5分の出会いだったが、心の温かさを頂くとともに、このほんわかした気分をど
　なたにもお裾分けしたくなった。母子に幸せあれと願いながら。

　これまでに、マナーの悪い事例を数多く取り上げたのですが、この投書の前半
部分に記された電車内でのすがすがしい風景に遭遇すれば、心が和むのは多くの
人に共通することのように思われます。
　ところが、その風景とは打って変わったように展開されるのは「昨今は、子供
を座らせたら下車するまでずっとスマホに夢中になる母親がほとんど。老いも若
きもただ下を向いて指を動かし、まるで無人列車のように思う時がある。人は皆
機械に動かされているみたいだ」という後半の2行に見られる記述です。
　「子供を座らせたら下車するまでずっとスマホに夢中になる母親がほとんど」
は、車内で子どもが他の乗客に迷惑をかけることも起こり得るのですが、多くの

母親は、例えそうなったとしても子どものすることだから許される、とでも考えるのか。また、子どもが転んだとしても誰かが助けるだろうから、自分はスマホに夢中になっていても大丈夫だと思うのか。それとも、そうしたことを考えることなく操作していたのだろうか、そのあたりの気遣いが感じられないのです。

また、「老いも若きもただ下を向いて指を動かし、まるで無人列車のように思う時がある。人は皆機械に動かされているみたいだ」は、スマホに夢中になるのは若者だけではないようですし、その様子はまるで人が皆、機械に動かされているように映るというのです。

スマホというような通信機器が普及し、ある時の満員電車の中での乗客の８割から９割がそれを操作し、そのうちの６割以上がゲームなどで一心不乱に遊ぶ様子があるとすれば、それは暇を持て余しての行為というよりは、その操作を行うことが自らに課せられた使命であるかの如く、何かが起こったとしても簡単には止めないのではないかと思われるほどに夢中になっているようです。

社会人が通勤時間や業務移動時に、大学生や高校生などが通学時間に、そうした行為をすることが当たり前となっているとすれば、これからの社会はそのような人が求められ、生き残ることになるのでしょうか。

繰り返しになりますが、情報検索、連絡、買い物等の日常生活に必要なことに加え、ゲームで遊ぶことを含め、１台の通信機器により何もかもすることが可能な時代になり、そのほとんどを相手と顔を合わせることなく済まされることになれば、それまでのコミュニケーションの取り方とは変わった形が見られるようになります。

すなわち、これまでの日常生活に必要とした相手との意思の疎通というものが無くてもすむ可能性が生じることになるのです。そしてそうなれば、人と人の関係は直接の対話による信頼関係を築くことへの気遣い・気配りという行為は不必要ともなるものです。

そもそも、生きるために便利なモノとして多くの機械が作られてきたことはすでに述べたのですが、それが今や、使う本人の気付かないところでは機械を使うための時間であるようにも見えるのです。

科学技術が高度に発達した今、ips 細胞の発見は他人からの細胞をつくることを可能にするなど医療技術の進歩に寄与することになるのですが、その一方では

高度の情報化の波は人と人との関わり合いを少なくする現実があり、それは結局、人は人がつくったモノに支配される方向に生き方が変わることになっているのです。

あ　と　が　き

　科学技術は個人あるいは組織として、今ある理論に新しい理論を加え、その上にまた新しい理論を積み重ねていくことができる限りないもので、それが人々の生活のあらゆる分野における進化をもたらし、人の生き方に多大な影響を与えることになるのですが、人の人間性あるいは人格とは個々人が85歳程度の限りある生命としての肉体の上に積み上げていくもので、個人の死とともにこの世から消滅するのです。

　科学技術の分野でも、テレビとインターネットによる情報化の進展は人の生き方を大きく変える要因の1つになっています。

　テレビはテレビ局が発信する音声付きの背景を含むカラー映像を動画として送信するもので、視聴者はスイッチを入れるだけで見ることができます。送信された映像を何も疑うことなく見るとすれば、見る者が幼少であればあるほどにその情報は脳裡に深く刷り込まれていくことになりやすいことはすでに述べた通りです。また、ネットは利用者が求める生の情報をいち早く獲得できる情報源としてテレビ以上に重視する者が多くなっています。スマホ等によるネット利用の状況は、朝起きて、通勤や通学時、勤務先や学校の授業中、退勤や下校時、寝る前……というように1日の内の多くの時間を費やすことが人としてのステータスであるかのごとく関わりの多い状況です。ちなみに、平日の朝8時前後の街角での人の通行状況を観察すると、四輪自動車・二輪車・自転車を運転中や歩行中のスマホ等による通話（メール操作を含む）は珍しいことではなく、あわただしい時間帯といえどもそれだけスマホ等の通信端末は多くの人にとって離せない存在となっているようです。

　親と子、学校の教師と生徒、年長者と年少者、職場の上司と部下という人間関係は変わってきました。かつての人間関係は、男と女の関係を含めても、そのいずれも上下関係、つまり、縦の関係であり、下位者の上位者への気遣いは当然のことでした。今では縦の関係が残るとはいえ、いずれも横の関係の方向に向かうことになっています。つまり、横の関係ではかつてのような気遣いを必要としな

いようです。気遣いの機会が少なくなれば、横の関係、あるいは下位の者（親から見た子、教師から見た生徒、上司から見た部下、年長者から見た年少者）に対する気配りの機会が少なくなると考えられます。かつての人間関係が下位者の上位者への気遣いにより上位者の下位者に対する気配りが生じていたとすれば、今は気遣いの機会の減少が他人に対する気配りが減少したということになります。

　男と女の関係ですが、出産は女の持つ特権、身体的な強さは男にあることを不変とする中で、かつての男尊女卑という上下関係は女が男にする気遣いが当然だったのですが、今では男女同一労働同賃金が謳われ、男の育児休暇制度の導入等により男の育児や家事への機会が著しく増加し、そうすることが男女平等だと認識する男性が多くなっています。それは、男の女に対する気遣いの機会が増えたことを示すのですが、その一方では、男と女が同席する場での女性群の高笑いや、飛行機・列車・バス等における私語などのふるまいは女性の周りへの気遣いが少なくなったことを示し、かつての女性像とは大きく変わったことを示すものです。

　社会保障制度の進展により、国民の生活が一定の水準に達したと思われる中で、大人と子ども、男と女、健常者と障害者のそれぞれの関係における垣根は低くなりつつあるのですが、そこでの人の生き方の方向はあくまでも「個」にあり、今という瞬間を、そしていつも楽しく過ごすことにあるようです。

　さて、筆者自身は心身の機能が日増しに衰えていくのを感じ、そう遠くない日への次のような自らへの問いが募ることになります。

　死の時は、日頃の睡眠中の熟睡時のように「無」の状態での死なのか、それとも悪夢のようにひどく魘されたままの死なのか。そのような意識のあるところでは次の世界のことを思うのです。例えば、人一般の死だけでなく、新生児の死や事故などによる不慮の死も、また、深い憂国の思いを抱きながらクーデターを起こし、壮絶な割腹自殺をした作家の三島由紀夫氏の死も「無」であって、その死後の世界は同じものなのかと問うのです。

　このような過程を経ての本書は、筆者の生き方を探し求めた記録のようなものになってしまいました。

本書の執筆を終えるにあたって、これまでに多くの方の支援をいただきました
ことに深く感謝を申し上げます。ありがとうございました。

2017年 7 月

景山　雄二

新聞資料 I

〈A群〉
山陽新報

1927.1.29 高梁署に引致　訓導が教え子と関係　胎児を堕胎させたか　　小学校訓導某（35）が同補修学校生徒某（16）と関係し遂に妊娠せしめ昨年11月5ヵ月の胎児を堕胎したものであると

6.25 板張りに投げつけて一生徒を殺す　小学校訓導の大乱暴　福岡県教育界不祥事　川内尋常小学校訓導　六年生担当N（24）は同校五年生受験準備生S（11）ほか6名を呼び出したが時間が遅れたことに激高しSを殴打

9.10 受持の先生に十四の処女を奪わる　お腹がふくれて妊娠5ヶ月　厳談されて先生は姿を晦ますM子（14）は小学校を卒業後間もなく和田山町に子守奉公をしていたが、妊娠が発覚

10.26 児童の首を絞めて窒息させた小学校教員　　熊本県小学校訓導T（29）はさる12日受持ち生徒たる高等科2年生S（14）が足を痛めているので13日行わるべき秋季運動会の役割を変更して貰いたいと願い出た所、それを許さぬのみか生意気だとて矢庭に鉄拳制裁を加えた上、更に控室に連れ込み桑畑で投げ飛ばした末無謀にも千太郎の首を絞めその窒息セルを見て大いに驚き応急手当てを加え、約30分間の後辛うじて蘇生せしめたが学校当局は事件の発覚を恐れ被害者Sをはじめ目撃者全部に固く口外せぬことを誓わしめていたが同級生の口から洩れて大問題

1928.1.31 いたづら（ママ）した罰に　犬の真似をさす　尋常四年の全生徒に　父兄憤って校長に詰め寄る　大阪中河内郡布忍村尋常小学校校長T氏

東京日日新聞

1935.4.21 児童謎の死　受持訓導を傷害罪で起訴　　静岡県磐田郡農O氏長男T君（13）は本年2月13日（当時小学尋常科五年生）発病、15日吐血して死亡した、当時校医は肺血症と診断したが、最近に至り同校訓導S（29）がいうことを聞かぬので突き飛ばしたところ机の角で胸を打ったと分かった

読売新聞

1933.4.2 三重県四日市市の小学校で、訓導（33）が担任をしていた6年生14人の児童貯金250円を引き出して横領、カフェーと遊郭で使い果たす　別の小学校で主席訓導となったが逮捕

1934.7.8 大分県別府市で、高等女学校の数学教師（27）が洋品店で30円相当を万引きをし逮捕。これまでも百件以上、数百円相当を万引きしていた。

1936.2.11 現職の小学校長が教え子に桃色触手　待合誘惑に義憤した運転手　少女を救って警察へ　問題の熊木校長は大正4年青山師範を卒業後引き続いて市内小学校に在

勤、昭和7年37歳の若さで赤塚校長に栄進した

〈B群〉

朝日新聞東京版

1950.6.11　麻雀資金に困って中学校教員が盗み　　中学校教員S（45）は自転車1台を盗んだほか、鳥取市内数箇所で金品1万余円の盗み。

　1956.7.8　教員、少女に乱暴　群馬県に教員の慰安旅行中の東京の中学校の教員H男（30）は、夜9時半ごろ少女（9）に乱暴、1週間のけが。

1958.3.20　N教諭自首　女生徒に乱暴　　小学校教諭N（48）は受持ちの女生徒に乱暴をした疑いで指名手配をうけていたが自首した。

1959.12.28　小学校長S（51）は夜11時40分ごろ、酒に酔って隣家の大工O（46）方へ菜きり包丁を持ってあばれ込みO氏にけがをさせた。

朝日新聞大阪

　1965.7.3　女児も並ばせなぐる　八尾の小学校「集まり悪い」と教師

　　9.28　女子高盗難事件で　クラス全員パンツ姿　“ひどい”と批判の声

山陽新聞

　1957.7.9　先生に殴られ死ぬ　東京　教室のぞいた中学生　　正午過ぎ、三年C組の生徒I君（14）は午前中の授業が終わったので友達3、4人と廊下を走り回り、雨戸を開閉して遊んだのち、まだ授業をしていた隣の組を覗いたところ、そこの教師（25）に見つけられ、ものもいわずゲンコツで顔を続けざまに殴られ、蹴られ暴行を受けた。

　　9.28　女生徒の裸体写真とる　三重　非難浴び先生姿消す　　中学校の体育担当の先生（26）が夏休み中に写した女生徒A子（16）のヌード写真が父兄に発見され、非難を浴びた。

　1965.6.9　少女にいたずら　高松の小学校教師　父兄の訴えでわかる。

　　2.17　無理な進学させるな　山梨県立高校長が指導文書　貧乏人は就職を　管内中学校に配付。

　　2.27　教材費など80万円　小豆島の中学教諭　着服してバクチ。

1970.1.24　先生が二度も暴力　中学生の鼓膜破れる　　玉野市立宇野中学校のK教諭（30）が昨年10月午前、一年B組の授業中、A君（13）の反抗的な態度に腹を立て、なぐるなどの暴行をした。さらに11月午後、体育館で同組の授業のあとA君を残し「いうことをきかない」と平手でA君の左耳をなぐった。

読売新聞

1965.1.10　教え子いたずら　中学の音楽教師が20人　三鷹

　　1.22　先生（36）、棒で生徒なぐる　音楽授業中“脳震盪”も　板橋の加賀中

1967.8.25　学童、首つり自殺　長崎県T子さん（41）の四男で小学六年のY男（12）が首

つり自殺をした。登校日に宿題を持っていくのを忘れ、教壇に立たされたのを苦にしたらしい。

1973.2.28　先生、学校で女性徒切る　鹿児島の小学校　いたずら、騒がれ　自分も自殺図り重体　四年生担任のA教諭（36）

〈C群〉

毎日新聞東京版

1995.3.17　指示に従わぬ　「目つきが悪い」と殴打　髪をひっぱり「くずだ」　男子教師、女子中生に体罰　事件報告書を公開　東久留米市教委　父親の請求で市立中二年の女子生徒が昨年の11月、授業中に社会科の男子教師に暴力を振るわれたとして、生徒の父親（48）が、市公文書公開条例に基づき事件の報告書などの公開を求めていた。

読売新聞

1995.4.24　埼玉県　電車内で女子高校生（15）のスカートに手を入れるなどにより小学校教諭T（45）を逮捕

　　6.9　教え子二人を裸にした疑いで中学の男性教諭（40）を逮捕

　　7.18　体罰で女子高二年生（16）が重体　倒れて壁で頭打つ　教諭（50）を逮捕　飯塚市

　　10.28　強制わいせつ容疑　小学校教諭を逮捕　午後11時40分ごろ、埼玉県内の公園で小学校教諭K男（27）はアルバイト帰りの女子専門学校生（19）を押し倒すなどした。

1996.2.2　国立大助教授（33）が小学校に侵入　女子児童の体育着盗み目的　埼玉県

　　3.3　担任（32）が平手打ち、中三男子（15）の鼓膜破れる　「校内ガム」疑われ　宇都宮市

1997.2.7　教諭暴言で女児転校「ばか」「死ね」日常的に　大分市内の小学校で五年生担任の女性教諭（44）がささいなことで児童を数時間立たせたり、床に正座させたりしていた。

　　3.3　女医に無言電話千数百回　傷害容疑で中学教諭を逮捕　福岡県警は女性医師（47）に無言電話をかけて精神的苦痛を与えたとして、A男（56）を逮捕した。

　　3.8　山口・豊浦の中学校で体罰、生徒が骨折　町教委、県に報告せず　男性教師（42）が生男子生徒（14）をけり、左手を骨折させていた。

　　3.28　校長先生"二日酔い授業"　東京・あきる野の小学校　児童の"評判"……厳重注意

　　4.25　宮崎の中学教諭が「清掃遅い」と生徒12人殴る　男性教諭（32）が担任している二年生12人（男7人、女5人）の頭を殴り、一人の男子生徒（13）に3針縫うけがをさせた。

5.10	わいせつ教諭が論旨免　受持ち女児に数回、1年後判明　　この教諭は3年目の い独身男性で、昨年95年8月、担任していた三年生の女子児童を呼び出し、また 別の児童にもわいせつ行為をくり返していた。
6.2	剣道部顧問が女子部員7人を平手打ち　一人けが　　愛知県岡崎市の中学校で剣 道部の顧問の男性教諭（33）
8.26	浜松市立中学校教諭（37）は家出の中学三年女子（15）とテレフォンクラブで知 り合い、ホテルでわいせつな行為をした容疑で逮捕　2万円を渡す約束が、実際 には千円を渡しただけだった。
9.13	小学校教諭を逮捕　福岡県の小学校教諭K男（33）は佐賀県のホテルで伝言ダイ ヤルを通じて知り合った久留米市の中学二年の女子（14）にいたずらした疑いで 逮捕された。
9.17	中学教諭2人を逮捕　ツーショットで知り合い、少女いたずら容疑　下関署
11.12	わいせつ講師論旨免職　部活指導の女子7人に
11.21	体罰、わいせつの教師過去最多　全国の小中高　精神性疾患での休職も増加
11.26	中学教諭（42）、わいせつ行為で懲戒免職　教育実習の教え子（24）に　福岡・ 大牟田
1998.2.20	女高生買春の教諭逮捕　ビデオ撮影　300巻押収　　警視庁は埼玉県公立中の 教諭O男（46）を女子高生二人を買春した容疑で逮捕。
3.6	中学校長が体罰　計3回、訓告処分　　鹿児島市立中学校の校長（58）が昨年9 月から11月にかけて
3.12	女性教諭を覚せい剤所持容疑で逮捕　「日に5～10回吸引」　　千葉県警は小学校 教諭のT子容疑者（32）をイラン国籍の男二人と共に逮捕
4.30	女生徒に校内でわいせつ行為　県立高校教諭（46）を懲戒免職
7.4	小学教諭がわいせつ行為　教室に中三女子連れ込み　埼玉・春日部
7.9	家出女子中学生に滋賀の教頭がみだらな行為　淫行容疑で逮捕　京都府警　テレ フォンクラブを通じて知り合う
8.25	美術の先生とんだ"美意識"　スカートの中、隠し撮り容疑で聴取　広島
8.28	小学教諭、強制わいせつ容疑で逮捕　女子中学生に医者装い　名張署
9.18	飲酒の中学校教諭が2生徒殴る、1人けが　深夜の外出見つけ　大阪
9.25	中一男子2人の全裸写真写す　容疑の教諭（32）逮捕　茨城　モデルにならない かと誘い車中で撮影
11.19	わいせつ盗撮で小学校長（58）聴取　神奈川
1999.1.13	46歳中学教師、女装で温泉露店風呂盗撮　現行犯逮捕　福井
4.8	少女にいたずら容疑の高校教諭（39）逮捕　山口署　　ツーショットダイヤルで 知り合った中学二年生の少女（14）に2万5千円を渡しいたずら
5.13	教え子（23）と覚せい剤所持容疑　岐阜県の高校教諭（42）に逮捕状

6.2 女生徒とみだらな行為　足利の中学校教諭を逮捕　Ｙ（30）はテレフォンクラブで知り合った女生徒をホテルに連れ込み1回につき２万円を渡しいかがわしい行為をした。

6.13 福島県の小学校長（60）、セクハラで依願退職　同じ学校の20～30歳代の女性教諭らにダンスを強要したりセクハラめいた発言を繰り返す

7.1 中学教師がストーカー　東京八王子の45歳を逮捕　盗撮写真で交際迫る

7.3 女性教諭（44）を神奈川県教育庁が懲戒免職　先月20日、ひき逃げで逮捕

7.6 教え子にわいせつ行為　横浜市教委の減給処分に疑問の声

7.9 いじめ、自殺……「隠せることは隠す」茨城県北高校長会がマスコミ対策文書配布

11.16 「児童買春」初の適用　神奈川、千葉の中学教諭を相次ぎ逮捕

11.27 懲りないワイセツ小学教諭（52）　横浜市教委、「２度目で」懲戒免職　この教諭は1988年にも別の小学校で同じ様なわいせつ行為をしたとして減給十分の一の懲戒処分を受けていた。

11.27 校長が事故隠し　教頭はうそ報告　福岡市教委が処分２件公表せず

2000.2.22 長崎県で公立中学校教諭（56）が飲酒し女子トイレに侵入　停職６月　飲酒後バイクを運転し駅まで行き

3.19 山形の中学教師（42）が女子トイレに侵入、逮捕　ビデオカメラ持ち込む

3.31 延岡市の小学校教諭（26）が教室で女児（8）にいたずら逮捕　懲戒免職

5.12 午後８時50分ごろ、奈良の近鉄線で中学教諭（32）が女子高生（17）に公然わいせつ　現行犯逮捕

6.1 福岡で教頭（49）がわいせつ図画をネット販売

6.6 豊田市でわいせつ教諭（23）逮捕　小六のスカートに手を入れる

10.8 女子トイレを小学校長（55）がのぞき、逮捕　奈良・御所のパチンコ店　仕事や家庭の事で気分的にむしゃくしゃしていたと供述。

12.13 久留米市で女生徒にわいせつメール　同じ中学の教諭（30）「秘密交際」も求める

2001.6.4 福井の中学校長（57）がＴＶ万引き　犯行後、県教育研究所に異動

7.25 女子児童の入浴、教諭（31）が盗撮　「魔がさした」　富山県教委が近く処分

8.11 福岡県で小学教諭（35）、児童買春で逮捕　テレクラで中三誘う

8.29 わいせつＤＶＤネット販売の高校教諭（39）逮捕　小学校教諭（51）、僧侶（64）ら申込み　京都府警

8.31 長崎県壱岐で中学校長が女生徒殴る　服装乱れ理由

9.9 手錠少女（12）死・中学教諭（34）を逮捕　「聖職者」の暴走衝撃　兵庫県教委、対応を緊急協議　“幼稚化”しすぎた教師

10.1 29歳女性教諭を脅迫容疑で逮捕　失恋腹いせに無言電話　鹿児島県

新聞資料Ⅰ　*209*

11.27　前任の中学でも1500万円の横領容疑　元教頭を再逮捕　千葉・船橋東署

12.27　わいせつ教員、過去最多　公立校で昨年度141人処分　文部科学省　教え子に
　　　　対する行為による処分が6割。体罰による処分も428人と過去最高。精神疾患によ
　　　　る教職は2262人と初めて２千人を超えた。

2002.2.8　小学教諭（36）を懲戒免　酒飲み運転、事故３度　三重県教委

2.21　出会い系サイトで知り合った男子生徒にわいせつ行為　私立高校男性中学教諭
　　　　（24）を逮捕　岡山県警

4.3　大阪で児童の水着姿を男性小学校教諭（47）が撮影　ネット掲載　容疑者は今
　　　　年2月、わいせつ図画販売容疑で大阪府警に逮捕されたが、「立証は困難」として
　　　　起訴猶予処分とした。

4.27　中学女性教諭（46）が万引き、体験学習準備で商店街訪問中　大阪市教委が諭旨
　　　　免職処分

10.29　早実中等部の教師が授業中知人女性とわいせつメールのやりとり　パソコン誤操
　　　　作で生徒が閲覧

2003.9.21　中学で生徒指導主事を務める教師、教室で少女のヌード撮影　容疑の44歳を逮捕
　　　　富山・高岡署　　インターネットの出会い系サイトで知り合った飲食店の少女
　　　　（16）に現金２万７千円を渡し、中学校の教室内で少女の裸などをデジタルカメ
　　　　ラで撮影した疑い。

10.29　43歳小学教諭、「愛してる」教え子小六女児に毎日メール　体触って懲戒免職
　　　　昨年度まで２年間別の小学校で担任をしており、女児が現在の担任に訴えて分
　　　　かった。

2004.6.28　元教え子の小六女児にわいせつ　容疑の教務主任（48）逮捕　埼玉　容疑者は
　　　　新宿のホテルで、かつての教え子だった同県の別の小学校の六年生女児（11）に
　　　　わいせつな行為をした。女児は「嫌だったけど、先生だから断われなかった」と
　　　　話しているという。

8.6　下着狙い強盗の教諭（41）を懲戒免職　福岡県教委　容疑者は昨年10月、自転
　　　　車で帰宅中の女子高校生の腰を後ろからつかみ、下着の一部をはぎ取った。今年
　　　　6月にも女子高校生を押し倒し、下着を奪った。

8.31　中学校長（55）、女性教諭へ腹いせで路上に裸合成写真まく　逮捕　岡山県
　　　　容疑者は1998年から４年間、女性教諭と同じ中学校に勤務。「当時の態度や言葉
　　　　づかいに腹が立ってやった」などと供述。

11.12　校長室でアダルトサイト　長岡京の中学校長（58）処分へ　京都府教委

新聞資料 II

戦前の警官の犯罪

読売新聞　1935.3.27　　又も現職警官の醜行　二女性を「結婚」で弄ぶ　嫉妬の届出発覚
　　　　　警官の非行頻発して論難を受けている折、今度は現職警官が若い二人の女性に絡
　　　　　まる結婚詐欺の醜行が露見した。非行警官は八王子市の○○（26）　　（後略）

山陽新報　1928.3.20　　意外、犯人は元巡査部長　池谷峠の女生徒（16）惨殺事件

読売新聞　1936.9.11　　警官が娘に暴行　茨城県で夜10時ごろ秋祭りを見物中のT（19）は
　　　　　帰途境内の暗がりで泥酔男に暴行を受けたが加害者は駐在巡査（34）で、懲戒免
　　　　　となった。

読売新聞　1936.9.12　　若き女車掌4人を裸にして調べる　桃色侮辱と警官へ抗議　　H（16）、
　　　　　S（17）、M（17）、K（17）は高輪署に検束留置された際に下着以下までもとらせ、
　　　　　その上並ばせてニヤニヤ薄笑いし若い女性に言語に絶する屈辱感を与えたという。

戦後の警官の犯罪 1

山陽新聞　1950.5.23　　2警官　街の女を同伴　被疑者引き取りに行った東京から　津山署
　　　　　に不祥事。

山陽新聞　1958.6.21　　警官が勤務中盗み　倉吉　合鍵使い忍び込む

朝日新聞大阪版　1965.6.20　　無視された中学生の善意　拾い主に礼もいわず　警官の落と
　　　　　したピストル　神戸

読売新聞　1965.5.9　　警官がそろってたかり　大阪　料理店などに手心加え

読売新聞　1965.7.12　　警官、交番で酒盛り　大阪　トラになり町へ暴走

読売新聞　1966.3.22　　泥酔警官、懲戒免　上野の暴行　さめてガックリ

戦後の警官の犯罪 2 （ここでの1995年から2004年記事はすべて読売新聞による）

1995.3.11　　勤務中にテレクラ　女高生とホテルへ　警察学校教官（警部補34）を処分　愛知
　　　　　県警

1996.10.24　刑事、老女の20万円盗む　一人暮らし宅を訪れ　懲戒免職処分　岩手県警

1999.9.29　　警官2人の覚せい剤不法所持事件　京都府警本部長が府議会で陳謝

2002.1.9　　秋田・角館署で警察官20人、勤務時間に署内でマージャン大会　先月28日午後2
　　　　　時半から3時間

2002.1.18　　交通課長（54）の速度違反を隣接署が処分せず、記録も紛失　埼玉県警

2002.3.22　　大阪府警職員（32）が恐喝メール　内偵捜査応援の情報を悪用　容疑で逮捕

2002.5.24　　万引き巡査長停職処分　福岡県警　停職1カ月の懲戒処分　巡査長は事件後、
　　　　　退職願を提出し受理

2002.9.17	警官（50）が鏡で駅ビルのエスカレーターで女性（24）のスカートの中のぞく　警視庁　バッグにはデジタルカメラ
2002.11.30	警官（56）が女児にわいせつ行為　高知南署、ボランティアでスポーツの指導中　退職届を受理
2004.3.5	警官（28）また逮捕　女高生にわいせつ容疑
2004.6.11	中三買春容疑で巡査部長（32）を逮捕　滋賀県警
2004.6.23	わいせつ巡査（22）逮捕　2女性触った疑い　十数件の関連捜査　熊本　生活安全課に所属
2003.11.5	よみうり寸評　臭いものには蓋の神奈川県警　今度は諭旨免職にした元警部補が覚せい剤使用の疑いで逮捕された。実は免職処分の陰にこの容疑事実を隠すもみ消しがあったらしい。（中略）尿検査が陰性になるまで検査を繰り返したとは、とんでもない念の入れようだ。警察が身内の犯人を隠しては示しがつかない。（後略）

■著者略歴

景山　雄二（かげやま　ゆうじ）
　　1946年12月　鳥取県境港市生まれ
　　　　　　　　民間企業勤務後、10年間を小学校教員として勤務
　　1991年3月　鳴門教育大学大学院学校教育研究科修士課程修了
　　1997年4月〜2012年3月　大阪女子短期大学専任講師〜同短期大学
　　　　　　　　教授
　　2012年4月〜2013年3月　大阪女子短期大学特任教授

人の生き方の変容を問う
── 大人と子ども・男と女の境界線──

2017年10月10日　初版第1刷発行

■著　　者── 景山雄二
■発 行 者── 佐藤　守
■発 行 所── 株式会社 大学教育出版
　　　　　　　〒700-0953　岡山市南区西市855-4
　　　　　　　電話(086)244-1268(代)　FAX(086)246-0294
■D T P── 難波田見子
■印刷製本── モリモト印刷(株)

© Yuji Kageyama 2017, Printed in Japan
検印省略　　　落丁・乱丁本はお取り替えいたします。
本書のコピー・スキャン・デジタル化等の無断複製は著作権法上での例外を除き
禁じられています。本書を代行業者等の第三者に依頼してスキャンやデジタル化
することは、たとえ個人や家庭内での利用でも著作権法違反です。

ISBN978-4-86429-471-3